KB193908

중세의 사람들

Medieval People

Eileen Power

Yeesan Publishing Co.

중세의 사람들

아일린 파워 지음/김우영 옮김

당신의 마음도, 당신의 서재도 닫혀 있지 않도록 주의하시오.

—찰스 램

히스토리아 문디 09

중세의 사람들

2007년 10월 23일 1쇄 인쇄
2007년 10월 27일 1쇄 발행
지은이 아일린 파워
옮긴이 김우영
펴낸이 강인황·문현숙
도서출판 이산
서울특별시 마포구 솔내5길 14(서교동 399-11)
TEL: 334-2847/FAX: 334-2849
E-mail: yeesan@yeesan.co.kr
등록 1996년 8월 8일 제 2-2233호

편집 문현숙
인쇄 한영문화사/제본 한영제책

ISBN 978-89-87608-63-1 04900
ISBN 978-89-87608-30-3 04900(세트)
KDC 900

가격은 뒤표지에 있습니다. 잘못된 책은 바꿔드립니다.

Medieval People by Eileen Power
First published by Methuen & Co., 1924.

www.yeesan.co.kr

1913~1920년, 케임브리지 대학교 거턴 칼리지에서
고락을 함께 한 동료와 학생들에게 바침

곰곰이 생각해보니, 만일 현세에 인간의 영혼을 위로해주는 천국이 있다면,
그곳은 바로 수도원과 학교이다.
사람이 수도원에 가는 것은 다투거나 싸우기 위함이 아니라,
가르침에 따라 책을 읽고 배우기 위함이다.
수도사가 배움에 뜻을 품으면 학교에서 망신을 당할 수도 있지만,
크나큰 사랑과 호의도 느낄 수 있다. 그곳에서는 사람들이 서로 사랑하기 때문이다.

—랭런드, 『농부 피어스』

차례

머리말 9

1장 농부 보도 17
〔샤를마뉴 시대 농촌영지의 생활〕

2장 마르코 폴로 47
〔13세기 베네치아의 여행가〕

3장 마담 에글렌타인 97
〔초서가 묘사한 수녀원장의 실생활〕

4장 메나지에의 아내 131
〔14세기 파리의 주부〕

5장 토머스 벳슨 167
〔15세기의 지정거래소 상인〕

6장 코그셜의 토머스 페이콕 215
〔헨리 7세 시대 에식스의 직물업자〕

주와 자료 247
그림설명 273
찾아보기 277

일러두기

1. 이 책은 Eileen Power, *Medieval People*(Methuen & Company, 1924)을 완역한 것이다.
2. 일련번호가 붙은 주는 모두 지은이 주이고 후주로 처리했다.
3. ＊† 등으로 표시한 각주 가운데 '—지은이'라고 밝히지 않은 각주는 모두 옮긴이가 덧붙인 것이다.
4. 원문의 'God'는 종교에 관계없이 하느님으로, 'god'는 신으로 번역했다.
5. 원문에서 이탤릭체로 강조한 부분은 방점을 붙였다.

머리말

사회사는 간혹 모호하고 막연하다는 비난을 받곤 한다. 또한 저명한 인물이 등장하지 않기 때문에 정치사에 비해 전문가와 일반 독자의 관심을 끌기가 어렵다는 말도 듣는다. 하지만 실제로 지극히 평범한 인간의 생활을 재구성하는 데 필요한 자료는 노르망디 공(公) 로베르나 에이노의 필리파*의 역사를 쓰는 데 필요한 자료 못지않게 풍부한 경우가 적지 않다. 그리고 그렇게 해서 복원된 평범한 사람들의 일생은 유명인사만큼 화려하진 않아도 결코 재미가 덜한 것은 아니다. 나는 사회사가 개인 위주의 서술방식에 특히 잘 어울린다고 믿고 있다. 장원(莊園)의 발달이나 중세의 무역에 관한 학술논문 같은 형식은 전문가에게는 반드시 필요한 것이겠지만, 일반 독자를 위해서는 과거를 되살려 개인의 생생한 모습을 드러내는 방식이 훨씬 효과적이라고 생각한다. 요컨대 역사란 그것이 살아 있을 때 비로소 가치를 지니는 것이므로, "죽은 자는 없다"라는 메테를링크†의 외침은 언제나 역사가의 표어가 되어야 한다. 역사란 죽은 사람을 대상으

* 잉글랜드 국왕 에드워드 3세의 왕비.

† 1911년에 노벨문학상을 받은 벨기에 시인. 우리에게는 동화 『파랑새』가 유명하다.

로 하는 학문이라는 잘못된 통념, 또는 살아 있는 인간의 노동이나 감정과는 거의 무관한 사건이나 상황을 취급하는 학문이라는 더 잘못된 통념이야말로 현재 역사소설이 환영받고 있는 서가에서 정통 역사서가 밀려나게 된 이유인 것이다.

이하의 장에서, 나는 다종다양한 사료를 통해 중세 사회생활의 다채로운 모습을 소개하고자 한다. 보도는 농민의 생활과 전형적인 중세 영지의 초기 단계를, 마르코 폴로는 베네치아의 동방무역을, 마담 에글렌타인은 수녀원의 생활을, 메나지에의 아내는 중간계급의 가정생활과 중세의 여성관을, 토머스 벳슨은 양모무역과 대규모 무역조합(지정거래소 상인조합)에 소속된 잉글랜드 상인들의 활동을, 토머스 페이콕은 이스트앵글리아의 직물업을 설명해줄 인물들이다. 마르코 폴로를 제외하면 이들은 평범하기 그지없는 무명의 사람들이다. 각 장의 설명에 사용한 자료는 장원 영주의 토지대장, 연대기와 여행자의 이야기, 주교의 등록부, 가사에 관한 교훈서, 가족의 서한집, 가옥, 기념비, 유언 등이다. 이 책 말미에 나는 소재의 전거가 되는 자료와 약간의 주 및 참고문헌을 밝혀두었다. 나는 "우리를 낳아준 선조"의 일부에게 다시 생명을 불어넣으려는 나의 소박한 시도가, 개인의 모습을 통해 중세 사회경제사의 보편적 사실을 좀 더 구체적으로 알아보려는 일반 독자들과 교사들에게 적어도 한두 시간의 흥밋거리를 제공할 수 있기를 희망한다.

나의 저서 『코그셜의 페이콕 가(家)』(*The Paycokes of Coggshall*)에 나오는 한 장의 대부분을 이 책의 6장에 수록하게 해준 메슈언 출판사(Methuen and Co.)와, 나의 연구서 『중세 잉글랜드의 수녀원』(*Medieval English Nunneries*)의 몇 문장을 본서의 3장에 인용하게 해준 케임브리지 대학 출판부에 감사드린다. 다양한 제안과 비판을 해준 케임브리지 대학 거턴 칼리지의 친구 M. G. 존스와 H. M. R. 머리에게, 그리고 '찾아보기'를 만들어준 여동생 로다 파워에게도 고마움을 전한다.

1924년 5월, 런던 정경대학에서
아일린 파워

중세의 사람들

이제 명성 높은 사람들과 우리를 낳아준 선조들을 칭송하자……
어떤 사람들은 후세에 이름을 남겨 아직까지도 그 영예가 드높다.
그리고 어떤 사람들은 아무런 기록도 남기지 않고,
마치 이 세상에 태어나지도 않았던 것처럼 사라지고 말았다.
선조들이 그러하니, 그 뒤를 이은 자손도 남긴 것이 없기는 마찬가지다.
그러나 그들은 훌륭한 사람이었고, 그들의 의로운 행동은 잊히지 않았다.
그들의 후손도 의로움을 간직했고, 그들의 자식도 하느님과의 계약을 잘 지키고 있다.
그들의 핏줄은 대대손손 확고하게 뿌리를 내렸다.
그 후손은 영원히 존속할 것이며, 그들의 영광은 소멸되지 않을 것이다.
그들의 육신은 평화롭게 땅에 묻혀 있고, 그들의 이름은 만대에 살아 있다.

—「집회서」 44장

1

농부 보도

〔샤를마뉴 시대 농촌영지의 생활〕

세상을 지탱하는 세 개의 가느다란 것: 젖소의 젖꼭지에서 양동이로 떨어지는 가느다란 우유 줄기, 대지에서 파릇파릇 자라나는 오곡의 가느다란 잎, 솜씨 좋은 여인네의 손에 감긴 가느다란 실.

점점 커지는 세 가지 소리: 젖을 내는 젖소의 울음소리, 대장간의 쿵쾅소리, 쟁기질소리.

—『아일랜드의 삼제가(三題歌)』(9세기)에서

경제사는 분명 역사의 모든 분야 중에서 가장 새로운 분야이다. 18세기 중반까지 역사가와 일반인은 공히 정치와 입헌제도의 역사, 정치적 사건, 전쟁, 왕조, 정치제도와 그 발달에 주로 흥미를 느꼈다. 따라서 사실상 역사는 지배계급에 관한 것이었다. "이제 명성 높은 사람들을 찬미하자"는 것이 역사가의 표어였고, "우리를 낳아준 선조"는 찬양의 대상에서 제외되었다. 역사가는 눈에 띄지 않는 대다수 인간의 생활과 활동에는 관심을 기울이지 않았다. 하지만 그 사람들의 노고 덕분에 세상은 번영을 이룩했고, 그들의 숨은 노력을 발판삼아 역사가의 찬미를 받는 유명인사들이 정치적·제도적 금자탑을

쌓을 수 있었던 것이다. 평범한 사람들에 대해 서술하는 것을 역사의 위엄에 걸맞지 않은 것으로 여기는 풍조에 대해, 칼라일은 의미심장한 반란의 일성을 날렸다. "내가 알고 싶은 것은 관청문서의 목록이나 궁정일지, 의회의 공식문서가 아니라, 잉글랜드에 살고 있는 인간의 생활, 다시 말해서 그들의 행동·사고·고통·기쁨이다. ……이 개명한 시대에 '역사'라 불리는 작업이 여전히 구태에 젖어 있다는 것은 참으로 비통한 일이다. 여러분이 만일 눈이 빠지게 역사책을 읽는다면 다음과 같은 중대한 문제에 대해 신통찮은 답변이나마 얻을 수 있을까? 인간은 어떻게 생계를 꾸리며 생활했는가? 경제적으로 표현하자면, 그들은 어떻게 임금을 벌었고, 그 돈으로 무엇을 구입했는가? 불행히도 여러분은 그 답을 얻을 수 없을 것이다. ……서가에 꽂혀 있는 호화장정의 역사책은 목제 주사위놀이판과 마찬가지로 이렇다 할 가르침을 주지 못한다."

칼라일의 항변은 광야에서 절규하는 목소리였다. 오늘날 그가 갈구하던 새로운 역사가 마침내 등장했다. 수세기 전과는 달리, 현대의 역사는 지금까지 무시되었던 길거리의 사람 또는 (과거에 흔히 볼 수 있던) 괭이를 든 사람의 존재를 명확히 인식하고 있다. 이제 역사가는 귀족들 간의 전쟁이나 음모뿐 아니라 과거의 사회생활에도 주목하고 있다. 오늘날의 역사가는 14세기를 단지 백년전쟁, 흑태자(黑太子),* 에드워드 3세의 세기로만 이해하지는 않는다. 그에게 더욱 중요한 것은 14세기 잉글랜드에서 예농†의 토지보유가 서서히 해체되었다는 점이다. 장기적인 관점에서 볼 때, 예농토지보유(villeinage)의 해체는

* 잉글랜드 왕 에드워드 3세의 아들로, 백년전쟁에서 검은 갑옷을 입고 맹활약한 데서 유래한 별명이다.

† villein. 중세에 영주에게 예속된 부자유농민. 농노(serf)와 거의 같은 뜻이다.

프랑스 영내의 잉글랜드 영토를 둘러싼 쟁탈전보다 훨씬 획기적인 사실이기 때문이다. 우리는 여전히 유명한 인물을 찬미한다. 역사의 페이지에 영광을 아로새기고 이야깃거리를 남긴 위대한 인물을 다루지 않는다면 무능한 역사가일 것이다. 그러나 우리는 그들을 칭찬하면서도, 위대한 개인뿐 아니라 민중 전체, 지금은 어느 묘지에 잠들어 있는지도 알 수 없는 이름 모를 평범한 민초도 역사에 참여했다는 사실을 공정하게 인식하고 있다. 우리를 낳아준 선조들이 마침내 본디의 모습을 되찾은 것이다. 액턴*은 이것을 가리켜 "위대한 역사가는 이제 부엌에서 밥을 먹는다"고 표현했다.

이 책은 주로 '역사'의 부엌에 관한 것이다. 우리가 제일 먼저 방문할 곳은 9세기 초의 한 농촌영지이다. 우리는 그런 영지에 대해 놀라우리만치 많은 것을 알고 있다. 이는 샤를마뉴가 왕가의 집사(토지 관리인)에게 내린 일련의 포고가 남아 있는 덕분이다. 그는 텃밭에 어떤 야채를 심을 것인가를 비롯하여 자신의 토지를 어떻게 관리해야 할지를 세세하게 지시했다. 그러나 내가 주로 사용할 자료는 파리 근교에 위치한 생제르맹 데 프레 수도원의 원장 이르미농이 수도원의 토지 소유현황과 그 토지에 살고 있는 사람들의 신상을 정확하게 파악하기 위해 작성한 훌륭한 토지대장이다. 윌리엄 1세도 자신의 전 영토에 대한 토지대장을 만들어, 그것을 '둠즈데이 북'이라고 칭한 바 있다. 그 토지대장에는 피스크(fisc)라 불리던 모든 소(小)영지의 명칭이 기입되어 있고, 수도원을 위해 집사가 관리하던 토지, 소작인이 보유하고 있던 토지, 소작인과 그 처자식의 이름, 이들이 토지를 보유하는 대가로 지불해야 했던 노동과 소작료가 널빤지 한 장, 달걀 한 개에

* "권력은 부패하고, 절대권력은 절대 부패한다"는 명언을 남긴 영국의 역사가 겸 철학자.

이르기까지 상세하게 기록되어 있다. 우리는 현재 그 소영지에 살고 있던 거의 모든 남녀와 그 자녀의 이름을 알 수 있고, 그들의 일상생활에 대해서도 상당히 많은 것을 알고 있다.

그들이 살고 있던 영지가 어떻게 구성되어 있었는지 잠시 살펴보기로 하자. 생제르맹 수도원의 토지는 몇 개의 소영지로 분할되었는데, 그 넓이는 집사가 관리하기에 적당한 규모였다. 각 소영지의 토지는 직영지와 보유지로 구분되는데, 직영지는 수도원이 집사나 다른 직원을 고용해서 관리하던 땅이고, 보유지는 여러 소작인이 수도원으로부터 임대하여 농사짓던 땅이었다. 보유지는 다시 망스(manse)라 불리는 몇 개의 작은 농지로 나뉘고, 각 농지는 한 가족 또는 그 이상의 가족이 보유했다. 수도사들이 직접 관리하던 중앙의 망스, 즉 영주관과 그 대지에는 방이 서너 개 딸린 석조가옥 한 채가 안뜰을 바라보고 있었다. 안뜰 한쪽에는 일군의 특별한 가옥이 원형을 이루고 있었는데, 그곳은 영주관에 소속된 여성 농노들이 기거하며 일하는 장소였다. 또한 안뜰 주위에는 가내 농노들이 기거하는 몇 채의 목조가옥과 작업장·조리장·제빵소·헛간·마구간, 그 밖의 농장 건물들이 있었다. 그 모든 건물의 주위에는 나무가 가지런히 심어져 있어서, 중앙 망스의 경계를 나타내는 울타리 구실을 했다. 이 중앙 망스에는 상당한 넓이의 토지, 즉 경작지·목초지·포도밭·과수원, 그리고 영내의 거의 모든 삼림이 부속되어 있었다. 이 모든 토지를 경작하려면 틀림없이 많은 노동력이 필요했을 것이다. 그 노동력의 일부를 제공한 것은 영주관에 살면서 중앙 망스에 소속되어 있는 농노들이었다. 그러나 가내 농노만으로 수도원 소유의 모든 영지를 경작한다는 것은 어림도 없는 일이었고, 필요한 노동력의 대부분은 그 영지의 보유농이 제공하는 부역에 의해 충당되었다.

1월: 쟁기질

3월: 밭갈이

8월: 수확

12월: 탈곡과 선별

그림 1. 일하는 보도(*MS. Tit. B.V., Pt. I.* British Museum).

중앙 망스(직영지) 외에도 소규모 종속 망스(단위 보유지)가 있었다. 이 토지를 보유한 남녀가 누리던 자유의 정도는 저마다 달랐지만, 모두 중앙 망스에서 일해야 하는 의무를 지고 있었다. 그들 사이의 계급적 차이에 신경을 쓸 필요는 없다. 그들 사이에는 실질적인 계급의 차이가 거의 없었을 뿐 아니라, 2세기 만에 모두 중세 예농이라는 하나의 공통된 계급으로 통합되었기 때문이다. 가장 중요한 존재는 콜로누스(colonus)라 불리던 사람들로, 이들은 신분상으로는 자유로웠지만(다시 말해서 법률상 자유인으로 취급되었지만) 토지에 얽매인 몸이었다. 그들은 농지를 이탈할 수 없었고, 영지가 판매될 경우 함께 팔렸다. 각 종속 망스는 한 가족 또는 공동으로 작업하는 두세 가족에 의해 보유되었다. 그곳에는 1채 또는 2~3채의 가옥, 중앙 망스의 건물과 용도는 비슷하지만 훨씬 볼품없는 목조건물들이 있었고, 경작지, 목초지, 그리고 경우에 따라서는 작은 포도밭이 딸려 있었다. 그것을 보유하는 대가로 그 보유자나 공동보유자는 1주일에 사흘 정도 직영지에서 일해야 했다. 집사의 주된 임무는 그들이 일을 제대로 하는지 감독하는 것이었다. 그는 모두에게 두 가지 노동을 부과할 권한을 갖고 있었다. 첫 번째는 농사일이었다. 각자는 매년 직영지(domain land)—나중에 이렇게 불렸다—에서 일정량의 경작에 종사해야 했고, 필요에 따라 매주 집사가 부과하는 부정량(不定量)의 노역(corvée)도 수행해야 했다. 두 작업의 차이는 중세 후기의 주(週)부역과 특별부역의 차이와 같다. 농지를 보유한 모든 이가 수도원의 토지에서 반드시 수행해야 하는 두 번째 임무는 손이 많이 가는 잡역이었다. 건물의 수리, 벌목, 과실 채취, 에일(ale)의 주조, 운반 등 누군가 반드시 맡아야 할 일, 또는 집사가 명령한 일이라면 무엇이든 해야 했다. 이런 노동에 의해 수도원은 직영지를 경영할 수 있었다. 보유농은 이토록 혹사를 당했지만, 부역이 없는 날에는 전력을 다해 자신의 얼마 안되는 보유지를 경작했다. 이때에는 아마도 의무노동을 할 때보다 두 배 이상 힘을 쏟았을 것이다.

그러나 그들의 의무는 거기에서 그치지 않았다. 그들은 부역 외에도 영주에게 특별공납의 의무를 졌다. 당시에는 국세가 없었지만, 모든 보유농은 군역 대납세를 내야 했다. 샤를마뉴는 그것을 수도원 단위로 강제징수했고, 수도원은 그것을 소작농으로부터 뽑아냈다. 그것은 수소 한 마리와 양 몇 마리, 또는 그에 상응하는 가치의 화폐로 지불되었다. 모든 자유민에게 부과되던 공납표의 첫머리에는 "영주에게 은화 2실링을 납부해야 한다"고 되어 있다. 농민은 수도원에서 어떤 특전을 받은 경우에도 대가를 지불해야 했다. 예컨대 수도원 전용인 숲에서 땔감을 주워도 좋다는 허가를 받은 경우, 그들은 수레 1대분의 목재를 영주의 저택으로 운반해야 했다. 그 귀중한 숲에다 돼지를 방목할 권리를 얻으면, 포도주 큰 통을 바쳐야 했다. 또한 직영지의 목초를 양이 뜯어먹을 수 있게 해준 데 대해서는 3년에 한 번씩 양 한 마리를 헌납했다. 그리고 일종의 인두세로 1인당 4펜스를 납부해야 했다. 이런 특별공납말고도, 모든 농민은 생산물을 지대로 내야 했다. 각각 매년 닭 세 마리와 달걀 15개, 다수의 가옥수리용 목판을 영주에게 바쳐야 했다. 경우에 따라서는 돼지 두 마리를 바칠 때도 있었고, 곡물·포도주·벌꿀·밀초·비누·기름 등을 바칠 때도 있었다. 농민이 직인을 겸하고 있을 때는 그가 만들어낸 제품도 바쳐야 했다. 대장장이는 수도원의 군대에서 사용될 창을, 목수는 통이나 테, 포도선반을, 수레바퀴 만드는 사람은 짐수레를 만들어야 했다. 농민의 신분이 농노인 경우에는 그 아내들도 무척 바빴다. 농노인 여성은 영주를 위해 매년 옷감을 짜고 의복을 만들어야 했다.

이상의 모든 노역과 공납은 빌리쿠스(Villicus) 또는 마요르(Mayor)라 불리던 집사에 의해 징발·징수되었다. 그는 대단히 근면했다. 샤를마뉴가 영지를 관리하던 집사들에게 내린 70개조에 이르는 칙령을 읽어보면, 그들에게 동정심을 느끼지 않을 수 없다. 그는 소작인에게 각종 부역을 빠짐없이 부과하고, 매주 작업을 지시하고, 그 지시가 제대로 이행되고 있는지 감독해야 했다. 또한 소작인이 영주에게 바치는 달걀과 돼지의 수가 정확한지, 그들이 가지고 온 목재 중에 휘거나 구부러진 것은 없는지 주의 깊게 살펴야 했다. 그는 가내 농노들의 작업을 감독했고, 직영지의 생산물과 소작인의 지대를 보관하고 매각하거나 수도원으로 발송하는 업무를 총괄했다. 그리고 해마다 완벽하고 상세한 근무일지를 작성해서 수도원장에게 제출해야 했다. 집사도 자신의 보유지를 갖고 있었기 때문에, 당연히 부역과 공납의 의무를 졌다. 샤를마뉴는 집사들이 솔선수범하라는 뜻에서, 그들에게 부역과 공납의 신속한 납부를 채근했다. 집사는 아마도 공무에 쫓겨 자기 농지를 돌볼 겨를이 없었을 것이다. 샤를마뉴가 영지 관리를 집사들에게 위임했듯이, 그들도 다른 사람을 고용해서 자신의 토지를 경작하게 했을 것이다. 또한 종종 보좌역이 고용되어 그들의 일손을 덜어주었고, 때로는 물품의 수납과 영주관의 창고관리를 전담하는 청지기가 따로 있었다.

요컨대 이상이 샤를마뉴 시대에 생제르맹 수도원의 수도사들과 그 밖의 프랑크인 지주들이 자신의 영지를 관리하던 방식이다. 이제 그 영지들을 좀 더 인간적인 각도에서 조망하여, 그곳에 살고 있던 농민의 생활이 어떠했는지 살펴보기로 하자. 생제르맹 수도원은 현재 생클루 공원이 들어서 있는 파리 근처에 비야리스라는 작은 영지를 소유하고 있었다. 토지대장에서 비야리스에 관한 부분을 찾아보면, 우리는 그곳에 보도(Bodo)라는 남자가 살고 있었음을 알 수 있다.[1] 그에게는 에르망트뤼드라는 아내와, 그 슬하에 위도·제르베르·일드가르라는 세 자녀가 있었다. 그는 경작지와 목초지가 있는 약간의 농지와 몇 그루의 포도나무를 갖고 있었다. 보도에 대해, 우리는 오늘날 프랑스의 소(小)자작농에 대해 알고 있는 것만큼이나 많은 것을 알고 있다. 그의 하루가 어떠했는지 한 번 상상해보기로 하자. 샤를마뉴 치세 말년의 어느 화창한 봄날 아침에 보도는 일찍 일어난다. 오늘은 수도원 소유의 농장으로 일하러 가는 날이기 때문이다. 집사가 무서워서 지각은 꿈도 꿀 수 없다. 물론 그는 1주일 전에 집사의 비위를 맞추기 위해 달걀과 야채를 선물로 바쳤을 것이다. 그러나 수도사는 집사가 많은 뇌물을 받는 것을 허락하지 않았고(다른 영지에서는 그런 일이 종종 벌어졌다), 보도는 자신이 늑장을 부릴 처지가 아니라는 것을 알고 있다. 오늘은 쟁기질을 하는 날이라서 황소를 데리고 가는데, 어린 아들 위도가 옆에서 막대기로 소를 몬다. 그는 곧 근처에 농지를 보유하고 있는 친구들을 만나는데, 그들 역시 영주의 저택에 일하러 가는 길이다. 말과 황소를 데리고 온 사람도 있고, 곡괭이·괭이·삽·도끼·낫을 가지고 온 사람도 있다. 그들은 집사의 지시에 따라 영주 직영지의 경지와 목초지와 숲에서 일하기 위해 무리를 지어 일터로 향한다. 보도의 이웃 망스는 여러 가족, 즉 프랑베르, 에르무앵, 라주놀과 이들의 처자식이 공동으로 보유하고 있다. 보도는 그들에게 아침인사를 건넨다. 프랑베르는 숲 주위에 울타리를 쳐야 한다. 토끼들이 들락거리면서 채소의 새순을 뜯어먹는 것을 방지하기 위해서이다. 에르무앵은 많은 양의 땔감을 영주의 저택으로 운반하라는 지시를 받은 바 있다. 라주놀은 헛간 지붕에 난 구멍을 보수하고 있다. 보도는 휘파람을 불면서 황소와 어린 아들을 데리고 차가운 아침공기를 가르며 걸어간다. 그는 하루 종일 쟁기질을 하고 다른 농부들과 함께 나무 밑에서 식사를 한다. 그것은 지극히 단조로운 일이기 때문에 더 이상 그의 일상을 추적하는 것은 무의미하다.

이번에는 보도의 아내 에르망트뤼드가 무슨 일을 하는지 살펴보자. 그녀도 바쁘기는 매한가지다. 오늘은 살찐 영계 한 마리와 달걀 다섯 개를 지대로 바치는 날이다. 그녀는 아홉 살 난 둘째아들에게 갓난아이 일드가르를 맡기고, 역시 영주의 저택에 가야 하는 이웃집 여자를 방문한다. 그녀는 농노의 신분으로, 집사에게 모직포를 바쳐야 한다. 모직포는 생제르맹에 보내져서 수도사의 제의(祭衣)를 만드는 데 사용된다. 그녀의 남편은 온종일 영주의 포도밭에서 일한다. 이 영지에서는 일반적으로 농노가 포도밭을 돌보고 자유인이 경작에 종사한다. 에르망트뤼드와 농노의 아내는 함께 영주의 저택으로 향한다. 그곳에서는 누구나 바쁘다. 남성 작업장에는 몇 명의 솜씨 좋은 직인, 즉 제화공·목수·대장장이 각 한 명과 은(銀)세공사 두 명이 있다. 그 수가 5명에 불과한 것은 생제르맹의 영지에서 가장 기량이 뛰어난 직인들은 수도원 근처에 살고 있기 때문이다. 그곳에서 수도사들이 원하는 것을 만들어주면 물건을 운반하는 데 드는 인건비를 줄일 수 있다. 그러나 각 영지에는 반드시 몇 명의 직인이 있었다. 농노의 신분으로 영주의 저택에 소속된 자도 있었고, 자신의 보유지에 살고 있는 자도 있었다. 현명한 지주는 솜씨 좋은 직인을 되도록 많이 거느리려고 했다. 샤를마뉴는 자신의 집사들에게 각자의 담당구역에 "우수한 직인, 이를테면 대장장이, 금세공사, 은세공사, 제화공, 도공(陶工), 목수, 칼 제작자, 어부, 연습용 펜싱칼 제작자, 비누 제조공, 맥주·사과술·배술을 비롯한 온갖 음료의 제조법을 아는 자, 고급 페이스트리를 만드는 제빵사, 수렵·어로·들새잡이에 쓰는 그물을 만들 줄 아는 자 등 일일이 열거할 수 없는 각종 직인"을 두라고 명령했다.[2] 비야리스의 영지에서도 그런 직인들이 수도사들을 위해 일하고 있다.

그러나 에르망트뤼드는 남성 작업장에는 들르지 않는다. 그녀는 집사를 만나 공손히 인사하고 닭과 달걀을 건네준 다음, 서둘러 여성들의 가옥으로 가서 그곳의 여자 농노들과 이러쿵저러쿵 수다를 떤다. 당시 프랑크인은 고대 그리스인과 마찬가지로 관습적으로 한 집안의 여성들을 별도의 숙소에 기거하게 했으며, 그곳에서 여성에게 적합한 일을 하게 했다. 프랑크인 귀족이 영주관에 살고 있었다면, 그의 아내가 여성의 작업을 감독했을 것이다. 그러나 비야리스의 석조 영주관은 비어 있었기 때문에 집사가 여성들을 감독했다. 이들은 몇 채의 가옥에서 기거했고, 숙소 옆에 작업장이 하나 있었다. 그 주위로 빽빽하게 들어선 나무들이 울타리를 이루고 있었고 문에는 튼튼한 자물쇠가 채워져 있었기 때문에, 하렘과 마찬가지로 누구도 무단으로 출입할 수 없었다. 여성 작업장은 따뜻한 난로가 있는 비교적 안온한 장소였다. 그곳에서 에르망트뤼드(여성이기 때문에 출입할 수 있었다)는 약 10명의 여자 농노가 실을 잣고 천을 염색하고 옷을 꿰매고 있는 모습을 보았다. 깐깐한 집사는 매주 그녀들에게 일할 재료를 갖다 주고, 그녀들이 만들어놓은 것을 가지고 갔다. 샤를마뉴는 자신의 망스에 소속된 여성들을 다루는 방식에 대해 집사들에게 몇 가지 명령을 하달했는데, 생제르맹의 수도사들 역시 자신의 대표적인 영지에서 그에 준하는 조치를 취했을 것이다. 샤를마뉴는 다음과 같이 말했다. "여성의 임무에 대해 말하자면, 그들에게 제때에 재료를 공급해야 한다. 이를테면 아마포, 양모, 청색·주홍색·진홍색의 안료, 소모기(梳毛機), 기모기(起毛機), 비누, 유지, 용기 등의 필수품이다. 그리고 여성 숙소에 신경을 써야 한다. 가옥을 제공하고 방에는 난로와 저장고를 비치하라. 또 울타리를 튼튼하게 치고 대문을 단단히 단속하여 한눈 파는 일 없이 작업에 충실하게 하라."[3] 하지만 에르망트뤼드는 수다를 떨고 난 뒤에 급히 자리를 떠나야 한다. 그녀는 자신의 농지로 돌아가 작은 포도밭에서 일한다. 한두 시간 뒤에는 집에 가서 아이들에게 먹을 것을 챙겨주고, 그 후 나머지 시간에는 아이들에게 입힐 따뜻한 털옷을 짠다. 그녀의 친구들도 남편이 보유한 농지에서 일하거나 가축을 돌보거나 야채밭을 일구거나 집에서 바느질을 한다. 여성도 농가의 남성 못지않게 열심히 일해야 한다. 예컨대 샤를마뉴의 시대에 양털 깎는 일은 거의 전적으로 여성의 몫이었다. 마침내 일을 마친 보도가 집에 돌아와 저녁을 먹는다. 해가 지자마자 그들은 잠자리에 든다. 집에서 만든 양초의 불빛이 어둠침침한데다, 두 사람 다 이튿날 아침에 일찍 일어나야 하기 때문이다. 일찍이 드 퀸시*는 감히 모방할 수 없는 필치로 옛날사람들은 세계 어디서나 "착한 어린이처럼 7시에서 9시 사이에" 잠자리에 들었다고 말한 바 있다. "당시 사람들은 존경받아 마땅한 어머니인 대지가 양초를 주지 않았다는 단순한 이유로 일찍 잠을 청했다. 노년의 선량한 그녀, 대지는……인간이 양초를 달라는 소리를 들었다면 틀림없이 몸서리를 쳤을 것이다. 그녀는 이렇게 말했을 것이다. '양초라니! 누가 그런 걸 들어본 적이라도 있는가? 내가 공짜로 주는 훌륭한 햇빛이 이렇게 헛되이 내려쬐고 있지 않은가! 이 가증스러운 자들이 다음에는 무엇을 요구할 것인가?' "[4] 보도의 시대에도 상황은 마찬가지였을 것이다.

작업이 있는 날, 보도와 에르망트뤼드는 보통 그런 식으로 하루를 보냈다. 이쯤에서 독자들은 다음과 같이 반문할 것이다. 농민이 살고

* 1785~1859. 『영국인 아편쟁이의 고백』으로 유명한 영국의 수필가 겸 비평가.

있던 영지, 그리고 그들이 납부해야 했던 지대와 제공해야 했던 부역에 대해서는 잘 알겠는데, 그들이 일을 하지 않을 때는 무엇을 느끼고 무엇을 생각하고 무엇을 즐겼을까? 지대와 부역은 단지 표면적인 현상에 불과하고, 토지대장은 규칙적인 일과를 기록하고 있을 뿐이다. 학생의 수강목록만 보고 대학생활을 묘사한다는 게 어리석은 일이듯이, 영주의 토지대장만 보고 보도의 생활을 기술하려는 것 역시 어리석은 일이다. 하인들과 이런저런 대화를 나누지 않는다면, 부엌에서 식사를 하는 것은 부질없는 짓이다. 따라서 보도의 생각과 감정, 그가 누리던 휴일의 즐거움을 이해하기 위해서는 수도원장 이르미농의 토지대장을 덮어버리고, 매우 컴컴한 구석을 들여다보아야 한다. 초서와 랭런드, 몇 가지 법정기록 덕분에 15세기 농민의 감정에 대해서는 많은 것을 알 수 있으나, 9세기에 관련된 자료는 턱없이 부족한 실정이다. 그러므로 우리는 기록에 남아 있지 않은 그 어떤 비밀을 밝혀낼 필요가 있다.

보도는 분명히 여러 가지 감정, 그것도 매우 강렬한 감정을 지니고 있었다. 자신의 농지를 돌보기도 힘든 판에 수도원의 토지를 경작하기 위해 서리가 내린 추운 아침에 일어났을 때, 그는 와들와들 떨며 수염에 묻은 서리를 털면서 영주의 저택과 영지가 온통 바다 속에 가라앉아버리면 좋겠다고 생각했을 것이다(실제로 그는 한 번도 바다를 본 적이 없기 때문에, 구체적인 바다의 모습을 상상할 수는 없었을 것이다). 아니면 숲속에서 사냥을 하는 수도원의 사냥꾼, 또는 수도원의 예배당에서 우아하게 노래하는 생제르맹의 수도사, 또는 옷보따리를 잔뜩 짊어지고 간선도로를 따라 파리로 향하는 상인이 되기를 꿈꾸었을 것이다. 실은 다른 사람의 토지를 경작하는 가난한 농민만 빼고 그 무엇이 되어도 좋다고 생각했을 것이다. 한 앵글로색슨인 작가가 상상한 그와의 대화는 다음과 같다.

> "여보게, 농부, 일은 할 만한가?" "예, 나리, 저는 아주 열심히 일합니다. 동틀 무렵이면 소를 몰고 밭에 나가 일을 합니다. 살을 에는 듯한 겨울날에도 영주님이 무서워서 집에 가만히 있을 엄두조차 낼 수 없습니다. 매일 소에게 멍에를 메운 다음 경작용 쟁기에 크고 작은 날을 끼워 1에이커 이상의 땅을 갈아야 합니다!" "도와주는 사람이라도 있는가?" "아들녀석이 작대기로 소를 몹니다. 녀석은 평소에 워낙 고함을 많이 질러야 하는데 지금은 감기까지 걸려 목이 쉬었습니다." (어린 것이 불쌍하기도 하지!) "음, 잘 알겠네, 일이 몹시 힘든 모양이군." "예, 힘들어 죽을 지경입니다."[5)]

아무리 일이 힘들어도 보도는 자기 자신과 아들을 격려하기 위해 즐겁게 노래를 불렀다. 한 성직자가 샤를마뉴 앞에서 '할렐루야'를 불렀을 때, 대제는 한 주교를 바라보며 "노래실력이 상당하군"이라고 말했다. 그러자 그 무례한 주교는 "우리 농촌의 시골뜨기들이 밭을 갈면서 소에게 흥얼거리는 노래솜씨도 그 정도는 됩니다"라고 답했다고 하는데, 이 이야기가 지어낸 이야기만은 아닐 것이다.[6)] 또한 샤를마뉴 대제가 각 달에 붙인 프랑크어 명칭에도 보도는 틀림없이 동의했을 것이다. 이를테면 1월을 '겨울의 달,' 2월을 '진창의 달,' 3월을 '봄의 달,' 4월을 '부활절의 달,' 5월을 '기쁨의 달,' 6월을 '경작의 달,' 7월을 '건초의 달,' 8월을 '수확의 달,' 9월을 '바람의 달,' 10월을 '포도수확의 달,' 11월을 '가을의 달,' 12월을 '거룩한 달'이라고 불렀다.[7)]

그리고 보도는 미신을 믿는 인간이었다. 프랑크인은 이미 오래전에 그리스도교로 개종했다. 그러나 농민들은 그리스도 교도이면서도 오래된 신앙과 미신을 버리지 못했다. 생제르맹의 신성한 수도원 영지에서도 농촌사람들은 오래된 주문(呪文)을 외웠다. 그 주문은 프랑크인이 로마 제국으로 남진하기 한참 전에 자신들의 저주받은 대지를 향해 외치던 노래의 일부, 또는 양봉가들이 발트 해 연안에서 꿀벌을 분봉(分蜂)할 때 행하던 주술의 일부였다. 그 주문은 그리스도교의 영향으로 변질되었지만, 그 이교적 기원까지 사라지지는 않았다. 그리고 땅을 경작하는 것은 가장 오래되고 가장 영속적인 인간의 노동이었기 때문에, 오래된 신앙과 미신은 그 땅에 밀착되어 있었고, 옛 신들은 집과 거리에서 자취를 감춘 뒤에도 누런 밭고랑 사이를 활보했던 것이다. 그래서 이르미농 수도원장의 영지에서도 농부들은 병든 가축(또는 아픈 자녀들)이 낫기를 바라며, 또는 농작물이 잘 자라기를 바라며 주문을 외웠다. 보도는 고랑을 처음 맬 때면, 에르망트뤼드가 여러 곡물의 가루를 섞어 구워낸 작은 과자를 윗도리에서 꺼내 고랑에 내려놓고 다음과 같은 노래를 불렀을 것으로 짐작된다.

대지여, 대지여, 대지여! 오 대지여, 우리의 어머니시여!
만물의 지배자, 영원의 주여, 허락하소서.
경지가 더욱 더 비옥해지는 것을,
오곡이 힘차게 무르익는 것을,
풍성한 곡식과 빛나는 작물을,
커다란 보리꽃의 만개를,
새하얀 밀알의 발육을,
대지 전체의 수확을.……

충분한 거름이 뿌려진 토지여, 우리에게 먹을거리를 주소서!

오곡이 찬란하게 영글고, 영광이 오게 하소서!
모든 곡물이 우리가 원하는 만큼 여물 수 있게
대지를 관장하는 하느님은 생장의 은혜를 베푸시옵소서.[8)]

이 주문을 외운 다음에 보도는 쟁기로 밭을 갈았을 것이다.

교회는 현명하게 그 오래된 의식에는 간섭하지 않았다. 교회는 '아버지 하늘' 대신 '영원하신 주님'에게, '어머니 대지' 대신 '성모 마리아'께 기도하라고 보도에게 가르쳤다. 교회는 그 점만 바꿨을 뿐, 보도가 조상에게 배운 오래된 주문을 이용하든말든 내버려두었다. 예컨대 꿀벌에게 주술을 걸 때는 그리스도와 마리아의 힘에 의지하라고 가르쳤다. 자신의 벌들이 분봉한다는 말을 들었을 때, 에르망트뤼드는 집 밖으로 나와 다음과 같은 짧은 주문을 외웠다.

그리스도여, 벌들이 바깥에서 분봉을 하오니,
그 작은 생명체가 이쪽으로 날아들게 하소서
주님의 축복과 가호를 받아
무사히 제자리로 돌아오게 하소서
꿀벌이여, 보금자리로 내려앉으렴,
마리아님의 명령대로.
떠나면 안돼,
숲으로 날아가 버리면 안돼.
나를 버리고 도망치면 안돼,
내게서 멀어지지 마.
조용히 내려앉아,
하느님의 뜻에 따르렴.[9)]

만약 보도가 집으로 돌아가는 길에 자신의 벌 한 마리가 찔레나무 덤불에 걸려 있는 것을 보았다면, 그는 곧장 걸음을 멈추고 기도를 올렸을 것이다. 오늘날 사람들이 사다리 밑을 통과할 때 기도하는 것처럼 말이다. 고통을 덜어주기 위한 주문의 마지막에 '아멘'을 덧붙이라고 보도에게 가르친 것 역시 교회였다. 그런데 그의 선조들은 대대로 옆구리나 다른 부위에 통증이 생기는 것은 골수에 있는 벌레가 신체를 좀먹기 때문이라고 믿었다. 그리고 그것을 제거하는 유일한 방법은 칼이나 화살촉 같은 금속을 통증이 있는 부위에 올려놓고 주문을 외움으로써 그 벌레가 밖으로 나와 그 날카로운 금속에 찔리게 하는 것이라고 생각했다. 이교도였던 보도의 조상들은 항상 그런 주문을 외웠기 때문에, 보도도 어린 위도가 병에 걸리면 같은 주문을 외웠다. "벌레여, 밖으로 나오라. 9마리의 작은 벌레여, 골수에서 뼈로, 뼈에서 살로, 살에서 피부로, 피부에서 이 화살촉으로 나오라." 그런 다음에 (교회가 가르쳐준 대로) '아멘'을 추가했다.[10] 그러나 보도의 행위에는 그리스도교적 의미로 해석할 수 없는 부분도 있었다. 때때로 그는 마력을 지녔다고 간주되는 사람을 방문하거나, 미신에 사로잡힌 사람들이 숭배하는 구부러진 나무를 찾아갔다. 이 나무에는 쉽게 잊히지 않는 옛날이야기들이 전해 내려오고 있었다. 그런 경우에 교회는 엄격한 태도를 취했다. 그가 고해를 하러 갔을 때, 사제는 이렇게 물었을 것이다. "주술사나 마술사의 도움을 청한 적이 있는가? 나무와 샘에 소원을 빈 적이 있는가? 마법의 미약(媚藥)을 마신 적이 있는가?"[11] 그러면 보도는 지난 번에 소가 병에 걸렸을 때 자신이 행한 바를 고백했을 것이다. 그러나 교회는 엄격하기만 한 것이 아니라 친절하기도 했다. 한 주교는 사제에게 다음과 같이 말했다. "농노 신분인 자가 찾아왔을 때는 부자들과 동일한 횟수의 금식을 요구해서는 안된다. 그들에게는 회개의 표시로 부자들의 절반만 금식하도록 지시하라."[12] 교회는 사냥과 음주와 향연을 즐기는 프랑크인 귀족이야 몇 끼쯤 굶어도 아무 문제가 없지만, 보도 같은 농민이 공복인 채로 하루 종일 쟁기질을 할 수는 없다는 것을 잘 알고 있었던 것이다.

보도가 안식일을 지킨 것도 이 엄격하지만 친절한 교회의 지시에 따른 것이었다. 교회는 신앙심이 깊은 대제의 이름으로 일요일과 제일에는 부역을 비롯한 모든 노동을 금한다는 포고를 내렸기 때문이다. 샤를마뉴의 아들은 827년에 부친의 포고를 반복했다. 그 내용은 다음과 같다.

> 짐은 하느님의 법과 돌아가신 부왕의 칙령에 따라 다음과 같이 명하노라. 안식일에는 부역노동을 금한다. 옥외 부역, 이를테면 포도밭 돌보기, 경작, 곡물 수확, 건초 운반, 울타리나 담장 세우기, 벌목, 채석, 집짓기를 금한다. 또한 텃밭 가꾸기, 법정 출석, 사냥도 금한다. 다만 세 가지를 운반하는 부역은 안식일에도 행할 수 있다. 예컨대 군대를 위한 운반, 음식물의 운반, (필요한 경우) 영주의 시신을 묘지로 운반하는 것은 해도 된다. 또한 여성은 옷감을 짜거나 재단을 하거나 바느질을 하거나 양모나 마(麻)를 손질하거나 사람들 앞에서 옷을 빨거나 양털을 깎아서는 안된다. 안식일에는 쉬도록 하라. 그날 그리하여 사방의 사람들이 교회의 미사에 참석하여 하느님이 우리에게 베풀어주신 모든 은혜를 찬양하도록 하라.[13]

하지만 안타깝게도 보도와 에르망트뤼드, 그리고 그 친구들은 안식일에 조용히 교회에 갔다가 조용히 집에 돌아오는 것만으로는 만족할 수 없었다. 그들은 안식일을 춤추고 노래하며 왁자지껄하게 보내는 관습에 익숙해져 있었다. 농촌사람들은 좀 더 침울하고 자의식이 강한 우리 시대에도 그런 관습을 간직하고 있다. 그들은 매우 쾌활했고, 품위 따위는 안중에도 없었다. 그들이 춤추는 장소로 선택한 곳은 교회 앞마당이었다. 불행히도 그들이 빙빙 돌며 춤출 때 부르던 노래들은 유서 깊은 오월제 이래 잊히지 않고 대대로 전승된 이교의 노래이거나 교회가 혐오하던 저속한 사랑타령이었다. 공의회는 백성들(때로는 사제들)이 "춤추는 여성들의 합창에 맞춰 사악한 노래"를 부르거나 "민요와 무용, 악마의 유혹과도 같은 비속하고 외설적인 노래"를 즐긴다고 거듭 불만을 표했다.[14] 주교들은 그런 노래와 춤을 누차 금지했지만, 소기의 목적을 달성하지 못했다. 유럽의 모든 나라에서는 중세를 거쳐 종교개혁 시대에 이르기까지, 그리고 그 후의 시대에도 농촌 주민들이 교회마당에서 춤을 추고 노래를 불렀다. 샤를마뉴가 죽은 지 200년쯤 지났을 때, 사제의 경고를 무시하고 크리스마스 이브에 교회 경내에서 춤을 췄다는 쾰비크(Kölbigk)의 무용수들에 대한 전설이 생겨났다. 그들은 바로 그곳에서 1년 동안 족쇄에 묶여 있다가 쾰른 대주교에 의해 방면되었다고 한다. 혹자는 그들이 족쇄를 차고 가만히 서 있었던 것이 아니라 1년 내내 춤을 춰야만 했고, 따라서 풀려나기 전에는 허리 아래쪽이 완전히 땅속에 파묻혔다고 말한다. 사람들은 짧은 라틴어 시를 반복해서 노래했다.

울창한 숲속을, 보보는 말을 타고 달리네
사랑스러운 메르스빈드도 옆에서 함께 달리네
어찌하여 우리는 꼼짝없이 서 있는가?
어찌하여 우리는 갈 수 없는가?[15]

좀 더 후대에 나온 또 다른 이야기는 우스터셔의 사제에 관한 것이다. 이 사제는 사람들이 교회마당에서 춤을 추면서 "연인이여, 내게 연민을"이라는 후렴구가 있는 노래를 계속 불러대는 바람에 밤새 한숨도 자지 못했다. 그 후렴구를 머리에서 떨쳐버릴 수 없었던 그는 다음날 아침 미사에서 "주님께서 여러분과 함께 하시기를"이라고 말해야 할 것을 "연인이여, 내게 연민을"이라고 말하고 말았다. 이 일은 큰 파문을 불러일으켰고, 기록에도 남았다.[16)]

간혹 우리의 주인공 보도는 춤을 추지 않고 음유시인의 노래에 귀를 기울였다. 사제들은 그런 음유시인을 전혀 인정하지 않았다. 그리스도교의 찬송가 대신, 이교도인 프랑크인 영웅들의 위대한 행위를 기념하는 저속한 노래를 부르는 음유시인은 필히 지옥에 떨어질 것이라는 게 사제들의 생각이었다. 그러나 보도는 그런 노래를 좋아했고, 보도보다 신분이 높은 자들도 마찬가지였다. 때때로 공의회는 음유시인의 노래를 들었다는 이유로 수도원장과 수녀원장을 질책하기도 했다. 가장 곤란한 문제는 대제 자신, 즉 경건한 샤를마뉴조차도 그런 노래를 좋아했다는 것이다. 그는 언제나 음유시인에게 귀를 기울였다. 그의 전기를 쓴 아인하르트에 의하면, "대제는 여러 왕의 행위와 전쟁을 노래한 야만적인 고대의 노래들을 받아 적고 외웠다"고 한다.[17)] 그리고 그런 고대의 영웅설화 가운데 적어도 한 편은 라틴어 사본의 표지에 남아 아직까지 전해지고 있다. 대제는 자신이 좋아하던 그 노래를 사람들에게 베끼게 했는데, 어떤 수도사가 한가할 때 그것을 그 책의 표지에 갈겨썼던 것이다. 그의 아들 경건왕 루이(루트비히) 1세는 전혀 달랐다. 그는 어린 시절에 배운 프랑크인의 시를 배격했고, 그것을 읽거나 암송하거나 가르치는 것을 금했다. 또한 음유시인이 법정에 호소하는 것을 허용하지 않았고, 일요일에 공공장소에서 쓸데없는 춤과 노래, 이야기로 소일하는 것을 금했다. 그러나 그는 불명예스럽게 아버지가 물려준 왕국을 약화시키고 도탄에 빠뜨렸다. 음유시인들은 샤를마뉴에게 불멸의 영예를 부여함으로써, 친절한 대제에게 은혜를 갚았다. 중세를 거치면서 샤를마뉴의 전설은 그 빛을 더했고, 그는 중세를 풍미한 가장 위대한 로망(romance)의 영웅으로서 아서 왕 못지 않은 명예를 누렸다. 세기가 새로 바뀔 때마다 음유시인들은 그에게 새로운 옷을 입혔고, 그에 대한 새로운 시를 노래했다. 수도원 독방에 기거하던 연대기 편찬자들이 샤를마뉴를 위해 해내지 못한 일을, 경멸받고 저주받던 음유시인들이 해냈던 것이다. 그들은 그에게 역사상의 지위보다 더욱 매력적이고 더욱 영속적인 지위, 즉 전설상의 지위를 부여했다. 아무 황제나 키츠가 표현한 황금의 나라* 를 현세의 왕국처럼 통치할 수 있는 것은 아니다. 샤를마뉴는 아서 왕과 함께 황금의 나라를 통치하고, 그의 신하들은 원탁의 기사들과 마상에서 창술을 겨룬다. 어쨌든 샤를마뉴가 음유시인을 사랑한 것은 보도에게도 득이 되었다. 보도는 후세에 샤를마뉴의 이름에 덧붙여진 전설적인 이야기의 초기 버전을 대제의 생전에 들어보았을 것이다. 우리는 샤를마뉴가 파비아로 진격하는 흥미진진한 이야기, 생골 수도원의 늙은 수다쟁이 수도사가 훗날 기록에 남긴 그 이야기를, 교회마당에서 눈을 동그랗게 뜨고 경청하고 있는 보도의 모습을 상상할 수 있다.[18)]

아마도 보도가 대제의 모습에 가장 가까이 다가선 것은 그런 전설적인 이야기를 듣는 순간이었을 것이다. 궁정이나 군대와 무관한 가

* 존 키츠의 『채프먼의 호메로스를 처음 읽고서』(*On First Looking Into Chapman's Homer*, 1816)에 나오는 한 구절이다. 키츠는 그 시에서 호메로스를 황금의 나라, 즉 시가의 세계를 지배한 자로 찬미했다.

난한 농노들조차 그런 이야기를 듣고 대제를 자랑스러워했다. 그런데 샤를마뉴는 여행을 대단히 좋아했다. 중세 초기의 모든 군주와 마찬가지로, 그는 전쟁이 없을 때면 자신의 왕국을 여행했다. 대제는 일행과 함께 자신의 영지를 방문하여 속된 말로 그곳을 완전히 거덜낼 때까지 머물다가 다음 영지로 이동했다. 때로는 주교나 귀족의 영지를 방문하여 왕으로서 융숭한 대접을 받기도 했다. 어쩌면 파리로 가는 도중에 보도가 속한 수도원을 방문하여 영주관에서 하루쯤 머물렀을지도 모른다. 그때 보도는 그를 보통사람이라고 생각하며 바라보았을 것이다. 왜냐하면 샤를마뉴는 말을 타고 여행할 때는 수달가죽으로 만든 상의와 수수한 청색 외투를 걸치고 다녔기 때문이다(아인하르트는 대제가 화려한 복장을 싫어했고, 평상시에는 평민들과 비슷한 옷을 입었다고 말한다).[19] 그 뒤에는 세 명의 아들과 호위무사, 그리고 다섯 명의 딸이 따랐을 것이다. 아인하르트에 따르면,

> 대제는 자녀교육에 세심한 주의를 기울였기 때문에, 집에 있을 때는 언제나 그들과 함께 식사를 했고, 여행을 할 때면 반드시 그들을 대동했다. 왕자들은 그와 나란히 말을 탔고, 공주들은 행렬 맨 뒤에서 그들을 따랐다. 호위무사들 중의 일부는 행렬 후미에 있는 공주들을 호위하기 위해 특별히 선발되었다. 딸들은 무척 아름다웠고, 아버지의 사랑을 듬뿍 받았다. 그러므로 그가 딸들을 외국인은 물론이고 내국인에게도 출가시키지 않은 것은 어찌 보면 당연하다. 그뿐만 아니라 대제는 죽을 때까지 딸들 없이는 살 수 없다고 말하면서 모든 공주를 옆에 끼고 있었다.[20]

운이 좋았다면 보도는 무릎을 꿇고 바들바들 떨면서 난생 처음 왕

의 코끼리를 보는 놀라운 경험을 했을 것이다. 그 코끼리는 『아라비안 나이트』에 등장하는 위대한 술탄 하룬 알 라시드가 샤를마뉴에게 보낸 것으로, 대제는 자신의 행차에 코끼리를 데리고 다녔다. 코끼리의 이름은 아랍어로 '지성의 아버지'를 뜻하는 '아부-루바바'*였다. 이 코끼리는 810년에 데인인(덴마크인)을 상대로 한 군사원정에서 용맹하게 전사했다.[21] 코끼리를 본 뒤로 에르망트뤼드는 어린 제르베르가 칭얼댈 때면 분명히 "아부-루바바가 와서 긴 코로 너를 잡아갈 것"이라고 겁을 줘서 달랬을 것이다. 그러나 집안일을 돕던 여덟 살짜리 위도는 코끼리와 마주쳐도 하나도 두렵지 않다고 큰소리쳤다. 하지만 다시 한 번 다그쳐 물으면 자신은 '베케릴로'라는 순한 개가 훨씬 더 좋다고 대답했다. 이 개도 하룬 알 라시드가 대제에게 보낸 선물이었다.

이런 귀빈들이 방문할 때면 보도는 무척 바빴을 것이다. 손님을 맞는 쪽에서는 그들이 도착하기 전에 모든 것을 깨끗하게 정리하고, 파이 굽는 자와 소시지 만드는 자를 호출하여 대기시키고, 큰 잔치를 준비해야 했기 때문이다. 대부분의 일은 가내 농노들이 했지만, 보도도 뭔가 도와야 했을 것이다. 말 많은 생골의 늙은 수도사는 샤를마뉴가 갑자기 가신을 방문했을 때의 소동을 재미있게 묘사하고 있다.

> 샤를마뉴의 행차가 지나가는 길목에 위치해 있어서 그의 방문을 피하기 어려운 어떤 주교령(主敎領)이 있었다. 그곳의 주교는 언제나 대제의 기분을 맞추기 위해 노심초사했고, 자신이 가진 모든 것을 대제의 처분에 맡겼다. 그런데 한번은 대제의 갑작스러운 방문을 받았다. 주교는 제비처럼 동분서주하면서 하인들을 닦달하여 관저

* Abu-Lubabah. 이 이름이 기록에 그대로 남아 있다는 점은 특기할 만하다—지은이.

와 가옥뿐 아니라 안뜰과 광장까지 청소하게 했다. 그런 다음, 심신이 피곤한 상태에서 대제를 알현했다. 사려 깊은 샤를마뉴는 사태를 파악하고 구석구석 살펴본 다음에 주교에게 말했다. "친절한 주인장, 그대는 짐이 방문할 때마다 모든 것을 굉장히 깨끗하게 치워놓는구려." 그러자 주교는 신의 영감이라도 받은 듯이 피곤한 기색을 감추고 머리를 조아리며, 전쟁에서 단 한번도 패한 적이 없는 대제의 오른손에 입을 맞추면서 이렇게 아뢰었다. "폐하, 폐하께서 납실 때는 모든 것이 완벽하게 정리되어 있어야 합니다. 이는 너무도 당연한 일이옵니다." 여러 왕 중에서도 현명하기로 이름난 샤를마뉴는 그의 심중을 헤아리고, "짐이 비워버린 것은 짐이 채워 넣겠노라"고 말했다. 그리고 덧붙였다. "그대의 주교령에 가까운 저 토지를 그대에게 하사하노라. 그대의 후계자들도 그 토지를 영원히 관리할 것이다." 또한 같은 여행에서, 대제는 자신이 통과하던 곳에 살고 있던 주교를 방문했다. 그날은 일주일의 여섯 번째 날이었기 때문에, 대제는 들짐승이나 날짐승의 고기를 먹을 생각이 없었다. 주교는 그 지역에서 생선을 급히 조달할 방도가 없어서, 맛이 진하고 부드러운 최상급의 치즈를 대제에게 바치도록 명했다. 자제력이 유난히 강하고 언제 어디서나 뛰어난 적응능력을 보여주던 샤를마뉴는 주교의 체면을 살려주고자 그 이상의 요리를 요구하지 않았다. 그러나 나이프를 집어든 대제는 냄새가 역한 치즈의 껍질 부분을 잘라내고 안쪽의 하얀 부분을 먹기 시작했다. 하인처럼 대제 가까이에 서 있던 주교는 그 모습을 보고는 바싹 다가가서 여쭈었다. "폐하, 무슨 연유로 제일 맛있는 부분을 버리십니까?" 자신이 타인을 속이지 않듯이 타인도 자신을 속이지 않을 것이라고 믿고 있던 샤를마뉴는 주교의 조언대로 껍질의 일부를 입에 넣고 천천히 음미하다가 버터처럼 삼켰다. 그리고 "정말 그렇군, 친절한 주인장"이라며 주교의 충고에 동의했다. "매년 이것과 똑같은 치즈를 마차 2대에 실어 엑스라샤펠(아헨)로 보내게." 불가능한 임무를 지시받은 주교는 깜짝 놀랐고, 신분과 관직을 일거에 상실할지도 모른다는 생각에 황급히 다시 아뢰었다. "폐하, 치즈를 바치는 것은 어렵지 않사오나, 저는 그 정도 품질의 치즈와 그보다 못한 치즈를 구별할 능력이 없사옵니다. 공연히 폐하의 질책을 듣게 되지나 않을까 두렵기 그지없습니다." 아무리 새롭고 기이한 것이라도 그 핵심을 꿰뚫어보았던 샤를마뉴는, 어린 시절부터 그런 치즈를 알고 있었으면서도 그 맛을 감별하지 못하는 주교에게 말했다. "그 치즈를 이등분한 다음 그대가 보기에 상품(上品)으로 생각되는 쪽을 끈으로 묶어서 한동안 지하실에 보관했다가 짐에게 보내고, 나머지 절반은 그대와 다른 수도사, 그 식솔들이 먹도록 하라." 이 일은 2년 동안 실행되었고, 대제는 헌상된 치즈를 아무 말 없이 받았다. 3년째 되던 해에 주교는 애써서 모은 치즈를 본인이 직접 대제에게 가져갔다. 그러자 공정하기 이를 데 없던 샤를마뉴는 그의 노고와 정성을 가상히 여겨 기존의 주교령 외에 추가로 비옥한 영지를 하사했다. 이 영지에서 주교를 비롯하여 그의 후계자들은 곡물과 포도주를 얻을 수 있었다.[22]

마차 2대 분량의 치즈를 모으느라 고생했던 주교도 분명 딱해 보이지만 우리가 정말로 동정해야 할 사람은 보도이다. 그는 대제의 기호를 만족시키기 위해 정해진 지대말고도 가외로 치즈를 바쳐야 했지만, 그 대가로 단 한 뼘의 영지도 받지 못했다.

그럼에도 대제의 방문은 그의 생애에서 보기 드문 사건이었다. 그는 이 일을 두고두고 이야기하고 자식들에게도 들려주었을 것이다.

그러나 매년 보도와 그 친구들을 흥분시키는 또 하나의 행사가 있었다. 1년에 한 번씩 국왕의 순회재판관인 순찰사(Missi Dominici)가 찾아와서 법정을 열고 지방 귀족들이 올바르게 일을 처리하고 있는지 조사했다. 적어도 두 명, 즉 주교 한 사람과 귀족 한 사람이 순찰사로서 방문했다. 그들은 수도원장의 내빈 대우를 받으며 영주관에서 하룻밤을 묵은 뒤, 다음날 파리로 향했다. 파리에서 그들은 교회 앞에 있는 공공 광장에서 법정을 열었다. 각 지방에서 몰려든 온갖 종류의 인간들, 이를테면 귀족, 자유인, 콜로누스 등이 고충을 털어놓고 해결책을 구했다. 보도 역시 폭행을 당했거나 도둑을 맞았을 경우에는 재판관에게 하소연을 했을 것이다. 그러나 그가 영리한 인간이었다면, 재판의 공정성만을 믿고 빈손으로 가지는 않았을 것이다. 샤를마뉴는 매우 엄격한 왕이었지만, 순찰사들은 특별히 정직하고 신앙이 깊다면 모를까 그렇지 않다면 뇌물을 거절할 리 없었을 것이다. 대제의 순찰사 중 한 명이었던 오를레앙의 주교 테오둘프는 자신의 법정을 찾아온 성직자와 평신도들이 정의를 매수하기 위해 벌인 행각을 묘사하는 대단히 흥미로운 라틴어 시를 남겼다.[23] 모든 이는 각자의 능력껏 마련한 뇌물을 들고 왔다. 부자들은 화폐, 보석, 고급 직물, 동방의 양탄자, 무기, 말, 헤라클레스의 힘쓰는 모습이 새겨진 고대의 금·은 항아리를 바쳤다. 가난한 자들은 코르도바의 가죽(무두질된 것도 있고 되지 않은 것도 있었다), 양질의 모직물과 아마포(가엾은 에르망트뤼드는 재판관이 오는 달에는 틀림없이 일을 더 열심히 했을 것이다), 회양목재나 밀랍을 갖고 왔다. 충격을 받은 주교 테오둘프는 이렇게 탄식했다. "이런 뇌물로 그들은 내 영혼의 벽을 무너뜨리려고 했다. 그러나 그들이 이전에 다른 재판관들의 마음을 움직여본 적이 없다면, 내 마음을 움직일 수 있다고는 생각지 못했을 것이다." 그의 말이 사실이라면,

왕의 재판관들이 가는 곳에는 틀림없이 그들이 받은 뇌물을 운반할 마차가 한 대씩 따라다녔을 것이다. 테오둘프조차도 사람들의 성의를 무시할 수 없어서 약소한 선물은 받을 수밖에 없었다고 고백했다. 예컨대 달걀, 빵, 포도주, 닭, 그리고 "몸통은 작지만 먹기도 편하고 맛도 좋은(그는 입맛을 다시며 말했다)" 작은 새 같은 것이었다. 그 달걀과 작은 새 뒤로 보도의 근심어린 얼굴이 떠오른다.

보도가 1년에 한 번 손꼽아 기다리던 일이 또 하나 있었다. 파리의 성문 밖에 위치한 생드니에서 매년 10월 9일부터 한 달 동안 서는 큰 장이었다.[24] 장이 서기 일주일 전부터 상인들이 물건을 늘어놓을 작은 좌판이 속속 들어섰다. 생드니 수도원은 장터에 물건을 팔러 온 모든 상인으로부터 자릿세를 받을 권리를 갖고 있었다. 수도사들은 장터 주위에 튼튼한 울타리를 치고, 출입문을 통과하는 상인들이 자릿세를 제대로 내는지 감시했다. 자릿세를 내지 않으려는 약삭빠른 상인들이 울타리 밑으로 기어서 또는 울타리를 넘어서 몰래 들어오곤 했기 때문이다. 그때는 파리의 거리도 마차와 소나 말의 등에 짐을 싣고 온 상인들로 붐볐다. 파리의 일반 상점은 장이 열리는 첫날부터 한 달 동안 모두 문을 닫았다. 파리에 점포를 갖고 있던 사람들은 모두 장터 어딘가에 좌판을 벌여놓고, 그 지방에서 생산된 곡물과 포도주, 꿀을 외지나 외국에서 온 진귀한 물건들과 교환했다. 보도가 속해 있던 수도원도 장터에 좌판을 설치하고 여성 농노들이 작업장에서 만든 직물, 영내에서 생산된 치즈와 절인 고기, 보도와 동료 농민들이 지대로 바친 포도주를 팔았을 것이다. 분명히 보도도 휴가를 얻어서 장터에 갔을 것이다. 실제로 집사는 장이 서는 한 달 동안 농민에게 작업을 시키는 게 여간 힘든 게 아니었다. 샤를마뉴는 자기가 거느린 집사들에게 "농민이 장터를 방황하면서 괜한 시간낭비 하지 말고 법에 정해진 자신의 일이나 똑바로 하게 하라"고 특별 어명을 내렸다. 보도와 에르망트뤼드, 그리고 3명의 자녀는 아껴두었던 좋은 옷을 차려입고 적어도 두세 번은 장터에 갔는데, 그 시간이 헛되다고는 생각지 않았다. 그들은 겨울을 대비하여 고기를 절일 소금을 사야 하고 애들 옷을 염색할 주홍색 염료를 사야 한다는 핑계를 댔다. 하지만 그들이 진정으로 원했던 것은 장터를 돌아다니면서 작은 좌판에 펼쳐져 있는 온갖 진기한 물건을 구경하는 것이었다. 생드니에 모여든 상인들은 멀리 동양에서 수입된 고가의 물건들을 보도보다 신분이 높은 사람들에게 팔았다. 부유한 프랑크인 귀족들은 그곳에서 오렌지색 장식이 달린 자줏빛 비단예복, 근사한 가죽상의, 공작 깃털, 플라밍고의 주홍색 깃털('불사조의 껍질'이라고 불렀다), 향수와 진주와 향신료, 아몬드와 건포도, 부인에게 선물할 애완용 원숭이 따위를 구입했다.[25] 상인들 중에는 간혹 베네치아인도 있었지만, 대다수는 시리아인이나 교활한 유대인이었다. 보도와 친구들은 새로운 물건이라면 사족을 못 쓰는 한 주교가 유대인 상인에게 속아 넘어간 이야기를 듣고 포복절도했다. 그 상인은 쥐의 배에 향신료를 가득 채운 다음, "이 전대미문의 진기한 동물은 유대 땅에서 직접 가져온 것"이라고 말하면서 은화 한 닢도 깎아주지 않고 팔았다는 것이었다.[26] 상인들은 그런 사치품을, 당시에 대단히 높이 평가되던 프리슬란트의 직물, 곡물과 사냥개, 수도원의 공방에서 제작된 금세공품과 교환했다. 보도는 아마도 백여 가지의 방언과 언어를 들었을 것이다. 작센과 프리슬란트, 스페인과 프로방스, 루앙과 롬바르디아에서 온 사람들, 그리고 어쩌면 잉글랜드인 한두 명까지 끼어들어 좁은 장터에서 북적댔기 때문이다. 이따금 아일랜드의 학자가 필사본을 팔러 온 적도 있었는데, 그런 때에는 생소하지만 달콤한 아일랜드의 노래가 그의 입에서 흘러나왔다.

나무 울타리가 나를 에워싸고
지빠귀가 내게 노래하네.
가지런히 쌓아올린 내 책 위에서
앙증맞은 작은 새들이 내게 지저귀네.

관목 위에서 회색 망토를 걸친
뻐꾸기가 노래를 부르니,
진실로 — 주여, 저를 지켜주소서! —
즐겁게 문장이 술술 나오는구나.[27)]

또한 그곳에는 언제나 보도의 호주머니에서 단돈 몇 푼이라도 후려 내려는 곡예사와 재주꾼, 곰 조련사, 음유시인 등이 있었다. 몹시 피곤하지만 마냥 행복한 보도의 가족은 덜거덕거리는 수레를 타고 꾸벅꾸벅 졸면서 집으로 돌아갔을 것이다. 아무튼 역사의 부엌은 결코 지루한 곳이 아니다. 우리가 왕, 곧 '샤를마뉴와 그의 귀족들'에 대한 작업을 끝마쳤을 때, 잠시나마 시간을 내서 보도와 그가 보유한 작은 망스를 생각해보는 것은 참으로 의미심장한 일이다. 대저 역사란 보도와 같은 사람들에 의해 만들어지는 것이다.

2

마르코 폴로

〔13세기 베네치아의 여행가〕

그러므로 나는 베네치아인이 무엇을 했는지, 어떤 사람들이었는지, 어디에서 왔는지, 지금은 무엇을 하고 있는지, 그리고 세상에서 가장 아름다운 베네치아라는 고귀한 도시를 어떻게 만들었는지를, 모든 사람이 언제까지나 기억하기 바란다. ……산마르코 광장은 오늘날 세상에서 가장 아름다운 광장이다. 그 동쪽에는 세상에서 가장 아름다운 성당인 산마르코 성당이 있다. 그리고 이 성당 옆에는 놀랍도록 크고 아름다운 총독의 관저가 있다.

—마르티노 다 카날레

킨사이(항저우〔杭州〕)는 전세계에서 가장 큰 도시이다. 그 도시는 워낙 크기 때문에, 감히 그것에 대해 이야기를 꺼낼 엄두조차 나지 않는다. 그런데 그곳을 방문한 적이 있는 사람은 베네치아의 거리에서도 많이 만날 수 있다. ……누군가가 그 도시의 광대함과 불가사의함에 대해 상세히 기술하고자 한다면, 웬만한 양의 종이로는 어림도 없을 것이다. 세계에서 가장 거대하고 고귀한 이 도시에서는 최상의 상품들이 거래되고 있기 때문이다.

—오도리코 데 포르데노네

몸이 따라갈 수 있다면 더욱 좋겠지만 마음속으로나마 1268년으로 돌아가보자. 그해는 역사책에 뚜렷한 족적을 남기지는 않았으나, 우리에게는 대단히 중요한 해이다. 예나 지금이나 베네치아는 얕은 물결 위에 떠 있는 해조의 둥지처럼 개펄 위에 서 있다(일찍이 카시오도루스는 그 도시를 보고 "물새와 같이, 그대들은 이곳에 집이 있구려"라고 노래했다). 육지에 정박하지만 해상에 있어야 진가를 발휘하는 배와 같은 도시 베네치아는 서양세계에서 가장 위풍당당한 도시이다. 잠시 그 위치를 생각해보자. 지중해의 도시 베네치아는 동양과 서양의 중간에 위치한 중세 해상교역의 요충지 아드리아 해의 정점에 있었다. 이 항구도시는 이탈리아 반도의 북쪽에 치우쳐 있으며 유럽의 심장부에 가까웠기 때문에, 육해 양로의 짐말과 선박이 모두 집결했다. 상인들은 레반트 지방과 그 너머에 있는 더운 나라들에서 생산된 비단과 향신료, 장뇌와 상아, 진주와 향수와 양탄자를 가지고 베네치아 항으로 몰려들었다. 나일 강 하류의 양안 사이를 배로 통과한 다음 알렉산드리아까지 낙타로 이동하는 이집트의 교역로를 따라 왔든, 풍요롭고 쾌적한 페르시아와 불모의 시리아를 지나 안티오크와 티레*에 이르는 길을 경유해 왔든, 중앙아시아 고지대의 길고 좁은 대상교역로를 서서히 가로지르고 카스피 해의 남부를 통과해 트라브존†에 당도한 뒤에 흑해와 다르다넬스 해협을 항해해 왔든, 베네치아는 그 상인들의 자연적인 집결지였다. 오직 콘스탄티노플만이 베네치아의 경쟁상대가 될 수 있었다. 그러나 베네치아는 그 콘스탄티노플마저 정복했다. 따라서 베네치아로 동방의 온갖 산물이 자석에 끌린 쇠붙이처럼 밀려들었고, 다시 베네치아에서 그 산물들은 말에 실려 알프스 산맥의 브레네르 고개와 장크트고타르트 고개를 넘어 독일과 프랑스로 운반되거나 갤리선에 선적되어 지브롤터 해협을 지나 잉글랜드와 플랑드르로 운송되었다.[1] 갤리선과 짐말은 독일의 금속, 스칸디

* 레바논 남부의 해안도시.
† 터키 북동부의 도시.

나비아의 모피, 잉글랜드의 질 좋은 양모, 플랑드르의 직물, 프랑스의 포도주를 싣고 베네치아로 돌아왔다.

그러나 베네치아가 비할 데 없는 지리적 이점을 누렸다 하더라도, 그것을 십분 활용한 것은 바로 베네치아인이었다. 베네치아인은 그 초기의 역사를 통해 동쪽으로는 콘스탄티노플, 서쪽으로는 교황과 신성로마제국 황제에 당당하게 맞섰다. 그들은 어떤 때는 교황 편에, 또 어떤 때는 신성로마제국 황제 편에 서기도 했지만 늘 악착같이 독립을 고수했고, 만약 속국이 되라는 요구가 있으면 다음과 같이 답했다. "우리를 구원해주고 보호해주시는 하느님은 우리를 이 파도 위에 살게 하셨다. 우리가 개펄 위에 건설한 이 베네치아는 우리의 위대한 보금자리이다. 어느 황제나 군주의 권력도 우리에게는 미치지 못한다." 위협에 직면했을 때는 재빨리 섬으로 퇴각하여, 자신들을 아사시키려는 본토의 군대를 향해 조롱하듯 빵을 섞어 만든 포탄을 날렸다.[2] 그들은 자신들의 미래가 해상에, 그리고 자신들의 문명에 영향을 주고 자신들의 피에 온기를 불어넣은 동양에 있다는 것을 언제나 자각하고 있었다. 베네치아인은 동양인인 동시에 서양인이었고, 연애와 정복을 갈망하는 뜨거운 가슴은 물론이고, 계획과 통치에 능한 냉철한 두뇌까지 겸비하고 있었다. 그들은 지중해 일대를 공포에 몰아넣었던 사라센과 슬라브의 해적들을 견제하는 한편, 배후의 본토를 잠식했다. 그 후 자신들의 상선을 괴롭히던 달마치야*의 해적선을 공격하여 달마치야의 모든 해안을 장악했다. 이때부터 베네치아의 총독은 달마치야의 군주를 겸하게 되었다. 베네치아의 연대기 기록자는 "정말이지 아드리아 해는 베네치아 공국의 지배하에 있다"[3]고 말하고 있으며, 베

* 크로아티아의 남서부에 있는 아드리아 해 연안의 지방.

네치아인은 그 바다를 베네치아 만이라고 불렀다. 이런 상황에서 "진실로 영원하신 주님을 증인 삼아 우리는 그대 바다와 혼약하노라"[4)]라는 당당한 선언과 함께, 바다와의 혼인을 상징적으로 표현하는 장려한 의식이 처음으로 생겨났다.

> 찬란하고 자유로운 아가씨의 도시
> 어떤 간계도, 폭력도 통하지 않는다네.
> 이 도시가 짝을 맞이할 때
> 그 배필은 필히 영원한 바다이리라.*

그리고 바로 그 바다는 베네치아에 존경과 복종을 맹세했을 것이다.

그 후 십자군의 시대가 찾아왔다. 유럽은 신앙의 성지를 점거한 이교도를 공격하기 위해 단결했다. 유럽 전역에서 모여든 사람들이 십자가의 깃발 아래 진군했고, 예루살렘의 탑들은 바벨탑과는 달리 가공의 존재가 아니었다. 그리고 베네치아는 마침내 그 꿈을 실현했다. 갤리선을 조달하고 호송선단과 보급부대, 병사를 제공한 베네치아는 충분한 보상을 받았다. 약탈품을 분배할 때, 베네치아는 팔레스타인과 시리아의 모든 점령도시에서 교회와 회계사무소를 접수했고 통행세 없이 교역할 수 있는 권리를 요구했다. 제4차 십자군 원정에서 베네치아는 최대의 호기를 맞았다. 그 도시의 늙은 맹인 총독 엔리코 단돌로(이 맹인은 넬슨처럼 재주 있는 인물이었다)는 십자군이 사전에 약속한 수송비를 지불하지 못하자, 채무를 탕감해주는 조건으로 전군을 베네치아의 이익을 위해 사용했다. 그는 베네치아에 저항하던 차라†를

* 영국의 시인 워즈워스의 시 "On the Extinction of the Venetian Republic"의 유명한 구절.
† 달마치야의 중심도시. 현 지명은 자다르.

정복했고, 오래된—그리고 유일한—숙적인 불멸의 비잔티움을 격파했다. 베네치아인이 처음에 군사를 차라로 돌렸을 때, 교황이 그들을 파문한 것은 사실이다. 그러나 그들은 개의치 않았다. 그들은 콘스탄티노플을 약탈했고, 금마 네 필을 산마르코 성당에 가져왔다. 레반트 지방의 전리품으로 가득 찬 산마르코 성당은 마치 도둑의 소굴 같았다. 또한 그곳에는 산마르코의 유해도 안치되어 있었다. 그것은 약 4세기 전에 베네치아인이 절인 돼지고기 통에 숨겨서 무슬림 몰래 알렉산드리아에서 훔쳐낸 것이었다. 이제 베네치아의 대주교가 콘스탄티노플의 성 소피아 성당에서 미사를 집전하게 되었다. 베네치아는 "로마 제국의 4분의 3을 지배하는 자"라는 자랑스러운 칭호를 얻었다. 그 총독은 고대 로마 제국의 황제처럼 밑창이 두꺼운 주홍색 반장화를 신고 네 바다, 즉 아드리아 해, 에게 해, 마르모라 해, 흑해를 지배했다. 베네치아의 상관(商館)이 트리폴리, 티레, 테살로니키, 아드리아노플,* 콘스탄티노플을 비롯한 레반트 지방의 모든 해안에 산재해 있었고, 흑해의 트라브존과 멀리 떨어진 크림 반도의 카파†에도 있었다. 카파는 러시아로 향하는 신비한 도로의 기점이었다. 크레타 섬과 로도스 섬,# 키프로스 섬도 베네치아의 것이었다. 인근 바다에서 해적을 소탕한 베네치아의 갤리선은 경쟁자들을 압도했다. 동양과의 모든 무역은 반드시, 그리고 오로지 베네치아를 경유해야 했다. 이탈리아의 다른 상업도시들은 베네치아에 대항했다. 특히 제노바가 베네치아의 명성에 버금갔지만, 1258년과 1284년에 베네치아는 제노바의 함대를 궤멸시켰다. "물고기 없는 바다, 나무 없는 산, 신앙이 없는

* 그리스와 불가리아의 국경에 인접한 터키의 도시. 현 지명은 에디르네.
† 우크라이나의 크림 주에 있는 페오도시야의 옛 지명.
# 에게 해에 있는 그리스의 섬.

남성, 염치없는 여성"과 같은 도시가 산마르코 성당의 말들에게 재갈을 물릴 수는 없었다.[5] 1268년에 베네치아는 천하무적인 듯이 보였다. 비잔티움은 베네치아의 세면장이었고, 레반트는 베네치아의 신발장이었다. 베네치아 연대기의 필자는 자신 있게 다음과 같이 말할 수 있었다.

> 달마치야, 알바니아, 루마니아, 그리스, 트라브존, 시리아, 아르메니아, 이집트, 키프로스, 칸디아,* 풀리아,† 시칠리아를 비롯한 여러 지방과 왕국과 섬은 우리 베네치아인의 풍요로운 정원이자 자랑스러운 성곽이었다. 사람들은 그곳에서 기쁨을 찾고 이익을 얻고 안전하게 휴식을 취했다. ……베네치아인은 바다를 통해 각 지방을 방문한다. 그들은 물이 흐르는 곳이라면 어디나 진출하여 상품을 구해 돌아온다. 한편 베네치아에는 독일인과 바이에른인, 프랑스인과 롬바르디아인, 토스카나인과 헝가리인을 비롯해서 상업에 종사하는 온갖 사람들이 몰려든다. 그들은 필요한 상품을 구한 뒤에 자기 나라로 돌아간다.

베네치아인이 자기의 광대한 지배권을 뽐내고, (훗날 여행자들이 목격했듯이) 사내아이가 태어나면 "한 명의 신사가 세상에 나왔다"고 입버릇처럼 말했다는 것은 전혀 놀랄 일이 아니다.

"베네치아가 전세계에서 가장 훌륭한 도시였다고 말하는 것은 잘못일까? 베네치아라는 훌륭한 도시가 금세기에도 가장 아름답다고 평하는 것은 과장일까?"[6] 베네치아의 상업귀족들에게는 찬란하게

* 크레타 섬의 항구도시. 오늘날의 이라클리온.
† 이탈리아 남동부의 지방.

빛나는 인생이 펼쳐졌다. 그들은 1268년에 호화로운 동양을 우아하게 영유했다. 상인들은 운하의 물에 둘러싸인 커다란 석조 회계사무소에서 장부를 손에 들고 인도에서 온 정향, 육두구의 껍질 및 열매, 계피, 생강, 인도차이나에서 흑단나무로 만든 체스의 말, 마다가스카르의 용연향(龍涎香), 티베트의 사향 등의 화물을 살펴보고 있었다. 그해에 보석상들은 골콘다*의 다이아몬드, 바다흐샨†의 루비와 청금석, 실론(스리랑카)의 어부가 캐낸 진주 등에 가격을 매기고 있었다. 비단상인들은 바그다드, 야즈드,# 말라바르,♧ 중국에서 생산된 비단, 옥양목, 문직(紋織)의 꾸러미를 쌓고 있었다. 같은 해에 리알토의 거리에서는 젊은 신사들(향수를 바른 이 신사들은 셰익스피어의 희곡에 등장하는 안토니오처럼 자신이 소유한 배를 타고 레반트 지방의 항구로 진출했다)이 외국인들과 어울렸고, 여행객들이 털어놓는 세계 각국의 이야기를 들었으며, 날이 밝을 무렵이면 곤돌라(이 당시에는 검은색이 아니라 알록달록한 색이었고 비단으로 장식되었다)를 타고 운하를 지나다니면서 아침을 맞이하는 노래를 불렀다. 몇 세기 뒤에 티치아노가 즐겨 화폭에 담은 붉은 머리의 베네치아 숙녀들은 페르시아산 문직을 어깨에 걸치고 아라비아산 향수를 가냘픈 손에 듬뿍 뿌린 다음, 긴 치마를 질질 끌면서 궁전의 대리석 계단을 오르내렸다.

마르티노 다 카날레라는 세관 관리가 (후대의 제프리 초서처럼) 세관의 회계업무보다는 저술에 몰두하기 시작한 것도 바로 그해였다. 그는 아름다운 프랑스어("프랑스어가 세계적으로 통용되는 것은 다른 어떤 언어보다 읽고 듣기에 즐겁기 때문이다")로 베네치아의 연대기를

* 인도 남부의 도시.
† 아프가니스탄 북동부의 도시.
\# 이란 중부의 도시.
♧ 인도 서해안의 남부지역을 일컫는 지명.

썼다. 카날레의 연대기는 아리엘의 만가(輓歌)처럼 물에 대한 이야기였다. 그는 자신이 관찰한 대상에 감정적으로 몰입한 감이 있다. 그의 연대기에서는 '오디세이아의 격랑과 천둥'은 찾아볼 수 없지만, 미사여구가 지중해의 수면에 비치는 태양처럼 빛나고, 이야기의 중간이나 끝에는 다음과 같은 구절이 후렴처럼 반복된다. "구름 한 점 없이 맑게 갠 날……뱃사람은 바다로 나가 바람에 돛을 달았다. 바다를 건너 불어오는 바람에 돛을 맡기고, 바다에 배를 띄워 달렸다."[7] 어쨌든 베네치아의 역사는 주로 배 위에서 이루어졌던 것이다. 이것은 또한 오늘날에도 자랑할 만한 연대기이다. 그 자신도 잘 알고 있듯이, 카날레는 결코 범상치 않은 도시의 시민이었다. 그는 다음과 같이 말한다.

> 그러므로 나는 모든 사람이 베네치아인의 업적을, 그들이 어떤 사람들이었고 어디에서 왔고 현재 무엇을 하고 있는지를, 그리고 오늘날 세상에서 가장 아름다운 베네치아라는 고귀한 도시를 어떻게 만들었는지를 영원히 기억해주기 바란다. 그리고 현재 이 도시에 살고 있는 사람들과 언젠가 여기 오게 될 사람들도 이 고귀한 도시가 어떻게 만들어졌는지, 이곳에는 우수한 상품이 얼마나 다양하고 풍부한지, 베네치아인의 아버지인 고귀한 총독의 권력이 얼마나 막강한지, 베네치아인이 얼마나 고상하고 용맹한지, 예수 그리스도를 얼마나 완벽하게 믿고 성스러운 교회의 율법에 얼마나 충실한지 알아주었으면 한다. 이 고귀한 도시 베네치아에는 이교도는 물론이고 고리대금업자, 살인자, 도둑, 강도는 감히 살 수 없다. 나는 베네치아의 역대 총독 이름을 열거하고, 그들이 신성한 교회와 고귀한 도시의 명예를 드높이기 위해 한 일을 기술하고자 한다. 또한 고귀한 역대 총독이 재임 중에 적을 무찌르기 위해 파견한 명장의 이름을 나열하

고자 한다. 나는 그들이 거둔 승리를 여러분에게 당연히 알려주어야 한다고 생각한다. ……서기 1267년, 베네치아의 훌륭한 총독 밀로드 레니에르 제노의 시대에, 나는 각고의 노력을 기울인 끝에 베네치아인의 고대사를 밝혀냈다. 다시 말해서 그들이 애초에 어디에서 왔는지, 또 그들이 베네치아라 불리는 고귀한 도시, 오늘날 세계에서 가장 아름답고 활기찬 도시, 아름다운 것과 훌륭한 상품이 넘쳐나는 도시를 어떻게 건설했는지를 규명했다. 상품은 샘솟는 물처럼 고귀한 도시에 충만하고, 바닷물은 집과 거리를 제외한 도시의 모든 곳을 혹은 꿰뚫고 혹은 휘감으며 흐른다. 외국으로 여행을 떠난 그 시민들은 육로든 수로든 자신이 좋아하는 길을 택하여 귀국할 수 있다. 온갖 지방에서 상품과 상인이 모여들고, 상인은 필요한 상품을 사서 고국으로 돌아간다. 이 도시에는 빵과 포도주, 육금(陸禽)과 수금(水禽), 생육과 염장육, 바닷고기와 민물고기 등 먹을거리가 정말로 풍부하다. ……이 화려한 도시에는 많은 명망가의 후손, 다수의 귀공자, 물건을 사고파는 상인, 환전상, 각종 직인, 다양한 선원, 그 선원들을 각지로 실어 나르는 선박, 적을 물귀신으로 만드는 갤리선이 있다. 그리고 이 빛나는 도시에는 화사하게 차려입은 귀부인과 소녀와 아가씨도 많다.[8)]

우리가 다루고 있는 1268년에는 마침 로렌초 티에폴로라는 신임 총독이 취임했다. 그의 취임을 축하하기 위해, 각 길드는 산마르코 광장의 궁전 앞에서 대행진을 벌였다. 마르티노 다 카날레는 그것을 목격한 뒤 자신의 연대기에 상세하게 기록했다. 제일 먼저 갤리선과 여타 선박으로 이루어진 50척의 상선대가 앞바다를 지나갔는데, 선원들은 갑판 위에서 박수를 치며 환호성을 질렀다. 다음에는 각 길드가 차례차례 걸어왔다. 행렬의 선두에는 머리에 화환을 쓴 대장장이들이 깃발을 들고 나팔을 불며 등장했다. 이어서 금색실로 수놓은 주홍색 비단옷을 입고 담비와 다람쥐 모피로 만든 외투를 걸친 모피 직인들이 그 뒤를 따랐다. 다음에는 화려하게 치장한 직공(織工)들과, 심홍색 별로 장식된 흰색 예복을 입은 10명의 재단사가 나타났다. 뒤이어 올리브 가지를 들고 올리브 관을 머리에 쓴 직물 직인들이 지나갔다. 퍼스티언 천(능직 무명의 일종) 직공들은 자신이 짠 옷감에 모피를 덧댄 옷을 입고 나타났다. 퀼트 직인들은 금박 구슬로 장식된 화관을 쓰고 붓꽃이 수놓인 흰색 망토를 걸치고서, 상송과 코블라*를 부르는 어린이들을 앞세우며 두 명씩 짝을 지어 걸어왔다. 금란(金襴)을 만드는 직인들은 모두 황금색 옷을 입고 등장했다. 그 종자(從者)들은 금색이나 자주색 옷을, 비단상인은 비단옷을, 푸주한은 주홍색 옷을 입고 연이어 모습을 드러냈다. 생선장수는 예복에 모피를 두르고 화환을 썼다. 이발사들은 기사 복장을 하고 말에 탄 2명의 조수와 이상한 옷을 입은 4명의 소녀 포로를 대동했다. 그 다음에는 자주색 의상에 다람쥐 모피를 걸친 유리공들이 금술을 단 두건을 두르고 여러 개의 진주가 박힌 머리장식을 꽂고서, 유명한 베네치아의 유리로 만든 술병과 술잔을 들고 지나갔다. 빗과 제등(提燈)을 만드는 직인들은 제등에 새를 가득 채워 와 총독 앞에서 날려 보냈다. 금세공인은 금·은 구슬과 사파이어, 에메랄드, 다이아몬드, 토파즈, 히아신스, 자수정, 루비, 벽옥(碧玉), 석류석으로 만든 화관과 목걸이로 몸치장을 했다. 장인과 종자 모두 화려하게 차려 입었고, 거의 모두가 두건에는 금술을 달았으며, 금박 구슬로 장식된 화환을 썼다. 각 길드는 다양한 도구와 함

* 카탈루냐 지방의 민요.

께 은잔과 큰 포도주 병을 갖고 있었으며, 대오를 갖춰 민요와 축하의 노래를 부르며 행진하면서 총독과 총독부인에게 차례로 예를 표했다. 그들은 큰소리로 "우리의 총독 로렌초 티에폴로 만세!"를 외쳤다. 길드는 사람들의 눈과 귀를 즐겁게 하는 훌륭한 행진을 연출했다. 모든 길드의 행렬이 통과하고 축하가 끝나는 데는 1주일이 걸렸다. 카날레의 글은 여기서 절정을 이룬다. 이는 아마도 그가 국가의식을 좋아했기 때문일 것이다. 그는 각 길드의 등장, 하례, 퇴장을 서술하는 데 한 절(節)씩 할애했는데, 그 모든 절이 누적된 효과는 대단히 매혹적이다. 이는 각 연(聯)의 끝마다 후렴구가 되풀이되는 산문체의 민요가 사람들을 매료시키는 것과 마찬가지다.[9)]

> 어떻게 그 사람들은 상인이 왕인 도시, 산마르코 성당이 있는 곳, 총독이 반지를 바치며 바다와 혼인하는 풍습이 있는 베네치아에 살게 되었던 것일까?*

산마르코 성당의 사제들은 총독을 위해 다음과 같은 장엄한 기도를 드렸다. "그리스도여, 승리하시고 우리를 다스리시고 지배하소서. 베네치아·달마치야·크로아티아의 고명한 통치자이자, 로마 제국의 4분의 3을 영유한 우리의 총독 로렌초 티에폴로에게 구원과 영광과 장수와 승리의 은총이 있기를. 산마르코여, 지켜주소서."[10)] 이런 기도를 들었다면, 로마 제국의 도전자이자 콘스탄티노플의 정복자인 베네치아가 세계에서 가장 훌륭하고 부유하고 아름답고 강력한 도시라는 사실을 누군들 의심할 수 있었겠는가?

* 영국 빅토리아조의 대표적인 시인 로버트 브라우닝(1882~1889)의 시 「갈루피 가(家)의 토카타」에 나오는 구절.

그러나 그것이 과연 정당한 평가였을까? 나의 설명을 듣고 판단해 보라. 아시아의 육지와 바다를 건너 베네치아에서 수천 킬로미터 떨어진 곳으로 시선을 돌려보자. 양쯔(揚子) 강에서 조금 남쪽으로 내려가면 해안 가까운 곳에 킨사이* 또는 항저우라 불리던 도시가 있었다. 항저우는 남중국을 지배하던 송조(宋朝) 황제들의 수도로, 당시(1268)에는 아직 타타르인에게 정복되지 않았다.[11] 베네치아와 마찬가지로, 킨사이도 강어귀의 석호(潟湖) 위에 서 있었고, 무수한 운하에 의해 사방으로 연결되었다. 이 도시는 그 주변에 펼쳐져 있는 시외 지역을 제외하고도 둘레가 160km에 달했고, 성안 곳곳에 많은 사람이 살고 있었다. 이 도시에는 12개의 커다란 성문이 있었는데, 성문 안에 있던 12개 주거지구는 모두 베네치아보다 규모가 컸다. 그 폭이 60m나 되는 간선도로는 도시를 완전히 관통했다. 또한 그 도로의 매 6.4km 지점마다 커다란 광장이 있었고, 그 양 옆에는 주택, 정원, 궁전, 12개의 대규모 동업조합에 의해 통제되는 직인들의 공방이 늘어서 있었다. 간선도로와 나란히 큰 운하가 뻗어 있었고, 그 주변에는 인도와의 무역에 종사하던 상인들이 사용하는 석조 창고들이 즐비했다. 수로 양안은 1만 2,000개의 돌다리로 연결되었다. 특히 주요 운하 위에 설치된 다리들은 끝이 뾰족한 돛을 단 선박이 다리 밑을 지나다닐 수 있을 만큼 높았다. 물론 다리 위로는 수레와 말이 다닐 수 있었다. 시장에서는 사냥한 포획물, 복숭아, 생선, 쌀과 향신료로 빚은 술이 거래되었다. 그 주변에 있던 나지막한 가옥들은 향신료, 약재, 비단, 진주, 그 밖의 온갖 제품을 팔던 점포였다. 비단옷을 입은 귀족과

* 마르코 폴로는 항저우를 킨사이라고 불렀는데, 여기에 대해서는 수도를 의미하는 중국어 '징스'(京師)가 와전된 것이라는 설과, 황제의 임시 거처를 의미하는 '싱짜이'(行在)가 와전되었다는 설이 있다.

상인들이 킨사이의 거리를 분주히 오갔다. 또 흑발에 비취 핀을 꽂은 세상에서 가장 아름다운 여인들이 알록달록한 가마를 타고 유유히 돌아다녔는데, 가마가 흔들릴 때마다 보석 귀걸이가 그녀들의 부드러운 뺨에 가볍게 부딪혔다.[12)]

이 도시의 서쪽에는 아름다운 호수(중국사에서 유명할 뿐 아니라 지금도 세계에서 가장 아름다운 풍경의 하나이다) 시후(西湖)가 있었다. 이 호수에는 나무가 울창한 섬들이 산재해 있었는데, 여기에는 '망호정'(望湖亭), '죽림정'(竹林亭), '팔령장'(八靈莊), '환희정'(歡喜亭) 같은 매력적인 이름의 정자들이 있었다. 베네치아인과 마찬가지로 킨사이 사람들은 이곳에 와서 배를 타고 물놀이를 즐겼다. 배는 화려하게 장식되어 있었고, 선실에는 꽃과 산을 묘사한 산수화가 그려져 있었다. 바깥을 내다보면 한쪽으로는 궁전, 사원, 승방(僧房), 정원을 비롯한 도시의 전경이 펼쳐졌고, 반대쪽으로는 맑은 수면과 그 위에 떠 있는 알록달록한 유람선들이 한눈에 들어왔다. 배에서는 주연에 흥이 난 사람들의 높고 청아한 목소리와 풍악이 울려 퍼졌다. 왕궁까지 설명할 여유는 없지만, 그곳에는 정원, 과수원, 채색된 누각, 궁정의 귀부인들이 개를 데리고 사냥을 하던 작은 숲, 그리고 놀이에 지친 그녀들이 옷을 벗고 뛰어들어 은빛 물고기떼처럼 물장구를 치던 호수가 있었다. 그렇지만 정크선*에 대해서는 한마디 하지 않을 수 없다. 정크선은 약 38km 떨어진 항구에 입항한 뒤에 강을 따라 북상해 그 도시로 왔다. 또한 그 성의 항구인 자이톤(아마도 오늘날의 샤먼[廈門]인 듯하다)†에 집결한 다수의 선박에 대해서도 기술하지 않을 수 없다.

* junk. 밑바닥이 평평한 중국의 범선.
† 이는 저자의 착각으로 자이톤은 중세에 서양인이 츠퉁(刺桐)을 부르던 이름이다. 츠퉁은 푸젠(福建) 성의 취안저우(泉州)를 말한다.

해마다 자이톤 항에 들어오던 후추의 양은 레반트 지방의 항구들을 통해 그리스도교권 전역에 유입되던 양의 100배가 넘었다. 그곳에는 인도차이나와 인도 제도(諸島)에서 향료, 알로에, 백단향, 육두구, 감송향(甘松香), 흑단을 비롯하여 헤아릴 수 없이 많은 귀한 재화가 흘러들어왔다. 이상의 물품과 터키의 사향, 만시* 일대의 도시에서 생산된 비단의 꾸러미를 실은 대형 정크선은 향신료의 냄새를 머금은 미풍을 타고 동인도 제도의 바다를 지나 실론까지 갔다. 말라바르와 인도 남부의 큰 상업도시에서 온 상인들은 실론에서 자기의 화물을 선적하여 아라비아 상인들에게 팔았고, 아라비아 상인들은 다시 레반트의 항구에서 그것을 베네치아인에게 팔았다. 훗날 자이톤이나 중국의 다른 항구를 본 유럽인은 누구도, 심지어 베네치아인조차 얼마나 많은 상선이 동양의 바다를 항행하여 중국의 항구로 몰려드는지 상상하기 어려울 것이라고 말하곤 했다. 그리고 킨사이가 세계에서 가장 아름답고 부유하며 고귀한 도시라는 사실에는 이견이 있을 수 없다고 덧붙였다. 킨사이 주민들은 베네치아를 킨사이 교외의 일부, 레반트를 킨사이의 뒷마당 정도로 생각했을 것이다. 동양 전체가 그들의 교역장이었고, 베네치아에 어부들의 진흙 오두막이 몇 채 들어섰을 무렵에, 킨사이의 부와 문명은 이미 오랜 역사를 자랑하고 있었다.

진기함과 아름다움 면에서 타의 추종을 불허하던 곳은 비단 킨사이만이 아니었다. 그곳에서 사흘 동안 여행하면 도달할 수 있는 거리에는 오늘날 쑤저우(蘇州)라 불리는 수구이가 대운하에 접해 있었다. 이 도시의 둘레는 약 32km였고, 그 거리는 의사, 철학자, 주술사를 비롯해서 믿을 수 없을 만큼 많은 사람들로 붐볐다. 수구이에는 생강이 워

* 만시 또는 만지는 남중국, 카타이는 북중국을 말한다. 둘 사이의 경계는 동쪽으로는 황허(黃河), 서쪽으로는 산시(陝西) 성의 남단이었다—지은이.

낙 흔해서 베네치아의 은화 1그로트로 무려 18kg의 생강을 살 수 있었다. 비단도 엄청나게 많이 생산되었기 때문에, 모든 시민은 비단옷을 입었고 배들은 쉼 없이 비단을 싣고 항구를 떠났다. 수구이는 16개의 부유한 도시를 관할했고, 모두 다 상업이 번창하고 예술이 꽃을 피웠다. 항저우를 보지 못한 사람들은 베네치아나 콘스탄티노플은 물론이고 이 세상의 어떤 도시도 수구이만 못하다고 말했을 것이다. 두 도시의 부와 미를 본 중국인은 천상의 낙원이라 한들 그 두 도시에 견줄 수 있겠느냐고 반문하면서, 득의양양하게 다음과 같은 속담을 인용했다.

> 천상에는 낙원이 있고(上有天堂),
> 지상에는 쑤항이 있다(下有蘇杭).[13)]

1268년에 킨사이인이 베네치아의 존재를 의식하기에는 둘 사이의 지리적 거리가 너무 멀었다. 또한 베네치아인도 동방의 킨사이에 대해 전혀 모르고 있었다. 그렇지만 그해에 석호의 도시에는 카날레가 목격한 길드의 행진을 본 소년이 있었으니, 그는 두 도시를 영원히 이어줄 운명을 타고났다. 이 가냘파 보이는 14세 소년의 이름은 마르코 폴로였는데, 그는 늘 부둣가에 나와서 외국의 선원들이 나타나면 먼 나라 이야기를 해달라고 졸라댔다. 소년은 선원들이 들려주는 이야기를 열심히 듣고, 활발한 두뇌에 차곡차곡 저장했으며, 그의 호기심에는 끝이 없었다. 그런데 그가 가장 재미있게 들었던 이야기는 타타르인에 대한 것이었다.

이 무렵 타타르인은 동양과 서양에서 막강한 위세를 떨치고 있었다. 그들은 베이징(北京)을 근거지로 삼아 북중국과 고려·몽골·만주·티베트를 지배했고, 인도차이나와 자바로부터 조공을 받았으며,

중앙아시아의 투르키스탄과 아프가니스탄에 대해서도 영향력을 행사했다. 금장한국(金帳汗國, 킵차크한국)은 캅카스, 러시아의 대부분, 시베리아의 일부를 다스렸고, 페르시아·그루지야·아르메니아는 물론이고 소아시아의 일부까지 지배했다. 위대한 몽케(蒙哥)칸*이 1259년에 죽었을 때, 그 제국은 아시아와 유럽에 걸쳐 황허에서 다뉴브 강까지 뻗어 있었다. 그처럼 광대한 제국은 역사상 유례가 없었고, 그 후로도 근세에 러시아 제국이 성립되기 전까지는 나타나지 않았다. 1268년에 이르자 이 제국은 중국(원 제국), 중앙아시아(차가타이한국), 러시아(킵차크한국), 페르시아(일한국)의 네 나라로 분열되었지만, 여전히 한 민족에 의해 지배되고 있었다. 타타르인에 대한 당대 서양인의 태도는 대단히 흥미롭다. 처음에 그들은 타타르인을 하느님의 새로운 징벌로 여기며 아틸라와 훈족이 다시 나타난 줄 알고 공포에 떨었다. 타타르인은 폴란드를 유린했고 헝가리를 쑥밭으로 만들었으며, 조만간 대홍수처럼 밀려들어 서양을 완전히 제압할 것처럼 보였다. 그러다가 조류가 바뀌었다. 서양은 최초의 충격과 공포에서 서서히 벗어나, 타타르인과 동맹을 맺는다면 서양의 숙적인 무슬림을 공격하는 데 도움이 되리라는 희망을 품기 시작했다. 서양의 그리스도 교도는 타타르인이 아시아 전역에서 무슬림 세력을 분쇄했다는 것과, 그들이 이렇다할 신앙도 없을뿐더러 자신들에게 전해진 모든 신앙에 호기심을 보인다는 것을 알고 있었다. 점차 서양인은 타타르인이 그리스도교로 개종하여 자신들과 나란히 십자가를 앞세우고 가증스러운 초승달 지대를 공격할 수도 있다고 생각하게 되었다. 프레스터 존이라는 그리스도교 사제 겸 왕이 아시아의 오지 어딘가를 다스

* 칭기즈칸의 손자이며, 원(元)의 4대 칸.

리고 있다는 불가사의한 전설도 생겨났다. 사실 당시에는 네스토리우스파 그리스도교를 믿는 소규모 집단이 동아시아에 아직 남아 있었다.[14] 타타르의 칸과 서양의 군주들 사이에 사절이 오가기 시작했고, 프란체스코회 수도사들이 선교를 위해 속속 타타르인의 나라로 떠나기 시작했다. 수도사들의 주된 목적은 물론 선교였다. 하지만 그들은 민족학자이자 지리학자이기도 했으므로, 자신이 방문한 지역에 관한 귀중한 자료를 남겼다. 서기 1268년에는 중앙아시아에 대해 많은 것이 알려져 있었다. 1245년에는 교황이 이탈리아의 수도사 조반니 다 플라노 카르피니를 파견했고, 1251년에는 프랑스의 왕 성 루이(루이 9세)가 빌름 반 뢰스브루크라는 프랑스령 플랑드르의 수도사를 파견했다. 두 사람은 중국 본토에는 들어가지 않았으나, 북중국과 변경에 위치한 카라코룸이라는 타타르인의 진영까지 갔다. 그들은 수레에 조립식 천막을 싣고 다니면서 발효시킨 말젖을 마시는 유목민 정복자와, 서양에서 온 이방인을 환영하며 설교에 관심을 보인 위대한 칸에 대한 무수한 이야기를 갖고 돌아왔다.[15] 그 이야기들은 금세 널리 퍼졌으므로, 마르코 폴로 역시 그 이야기들을 틀림없이 들었을 것이다.

마르코 폴로는 언제나 타타르인에 대해 이야기했고, 그들에 대해 궁금해 했다. 그가 타타르인에게 푹 빠진 데는 그럴 만한 이유가 있었다. (이미 말한 바와 같이) 때는 서기 1268년이었지만, 그보다 8년 전(15년 전이라는 설도 있다)에 그의 아버지 니콜로 폴로와 삼촌 마페오가 타타르인의 나라로 간 뒤에 소식이 끊어졌던 것이다. 그들은 자기 상선으로 콘스탄티노플과 교역하던 부유한 상인이었다. 흑해 북쪽에 위치한 금장한국에 가서 크게 한몫 잡아보기로 결심한 그들은 배를 타고 크림 반도에 도달했다. 그곳의 솔다이아에는 그들의 사무소가 있었다. 보석상이었던 폴로 형제는 값비싼 보석을 말에 가득 싣고, 서

(西)타타르의 칸을 만나기 위해 떠났다. 여기까지는 베네치아인도 익히 알고 있었다. 두 사람이 솔다이아에서 자신들의 모험담을 본국에 전했기 때문이다. 그러나 그들은 돌아오지 않았다. 그래서 마르코는 부두에서 하염없이 기다리며 선원들의 소맷자락을 잡고 그 거친 기마병과 말젖, 주술사, 가축의 무리에 대해 물었던 것이다. 그렇게 묻는 동안 그는 아버지와 삼촌이 잘 있는지, 혹시 타타르의 거친 평원에서 죽거나 실종된 것은 아닌지 걱정했다. 그런데 마르코가 선원들에게 질문하고 부친과 삼촌의 안부를 염려하며 부두에서 기다리는 동안, 총독 티에폴로가 길드의 행렬을 지켜보고 있는 동안, 그리고 세관 관리 카날레가 관세를 계산하거나 베네치아인의 고대사를 집필하는 동안, 2명의 폴로는 노새 및 낙타의 대상과 함께 지친 몸을 이끌고 중앙아시아의 고원을 서서히 통과하여 많은 시장이 서는 황금의 사마르칸트에 접근하고 있었고 조금씩 서양에 가까워지고 있었다. 이듬해인 1269년에 그들은 아크레*에 도착했고, 거기에서 베네치아로 향하는 배를 타고 마침내 집에 돌아왔다.

그들은 불가사의한 이야기를 들려주었다. 그것은 호기심 많은 비쩍 마른 소년이 지금까지 부두에서 들었던 어떤 이야기보다도 신기하고 흥미로웠다. 그들은 가지고 간 보석들을 금방 팔아치우고, 거대한 볼가 강변에 있는 킵차크한국의 본영에서 1년을 지냈다. 그 후 킵차크한국의 칸과 일한국의 칸 사이에 전쟁이 일어나, 그들의 귀로가 차단되었다는 것이다. 사실 지적 호기심은 폴로 집안의 내력이었다. 게다가 베네치아인이라면 누구나 신기한 땅을 경험하고 새로운 상거래의 기회를 찾을 수 있는 모험을 마다하지 않았다. 그래서 두 명의 폴로는

* 이스라엘 북서부의 도시 아코의 옛 지명.

중앙아시아에 있는 차가타이한국의 칸을 방문하기로 했다. 그리고 콘스탄티노플로 돌아올 때는 사람들의 왕래가 뜸한 길을 택했을 것이다. 그들은 천막을 치고 사는 타타르인과 그들의 가축 외에는 아무것도 없는 평원을 힘겹게 가로질러, 마침내 고귀한 도시 부하라(보카라)에 도착했다. 그들은 틀림없이 옥수스(아무다리야) 강을 따라 이동했을 것이다. 매슈 아널드는 『소라브와 루스툼』(*Sohrab and Rustum*)에서 그 강의 흐름에 대해 기술했는데, 그 기이한 묘사를 거꾸로 읽으면 우리는 두 명의 폴로가 경험한 여행을 눈앞에 떠올릴 수 있다.

하지만 장엄한 강은 유유히
저지(低地)의 안개와 소음을 벗어나
차가운 별빛 속으로 흐르네,
조용한 호라즘의 황야를 뚫고
외로운 달빛 아래
기쁨에 겨워 흘러가네,
우르겐치를 지나고 북극성을 향해
크고 빛나는 강은 넘칠 듯 굽이쳐 흐르네.
뒤이어 모래가 수로를 에워싸 둑처럼 강물을 가두고
그 물줄기를 나눠버리니,
둑에 막혀 물줄기가 갈라진 옥수스 강은 허덕거리며
모래 하상(河床)과 등심초가 우거진 섬을 통과하네.
옥수스는 파미르 고원에서 발원할 때의,
빠른 유속을 잊어버리고
꿈틀대며 흘러가는 방랑자가 되네.
마침내 애타게 기다리던 물결 이는 소리 들리고

빛나는 물길이 환히 트이네,
맑고 잔잔한 그 강바닥에선
갓 목욕한 별들이 떠올라 아랄 해를 비추네.

폴로 형제는 3년 동안 부하라에 머물렀다. 그러던 어느 날 일한국의 칸을 만나고 대칸(大汗) 쿠빌라이에게 돌아가던 사절 일행이 우연히 그 도시에 들렀다. 쿠빌라이는 먼 곳에서 중국을 지배하던 인물로, 모든 타타르인은 그에게 충성을 맹세했다. 사절단의 우두머리는 그 무렵 타타르어에 익숙해진 폴로 형제의 재능과 매력에 탄복하여, 쿠빌라이 앞에 함께 가자고 설득했다. 서양인을 한번도 본 적이 없는 칸이 그들을 환대할 것이라는 말도 덧붙였다. 베네치아인이 그런 제의를 거부할 리 만무했다. 그들은 베네치아인 하인들을 데리고 타타르의 사절과 함께 아시아의 중앙부를 가로질러 1년을 여행한 끝에 쿠빌라이가 있는 곳에 도착했다. 훗날 마르코는 그들이 어떤 대접을 받았는지에 대해 자신이 들은 대로 기술했다.

대칸 쿠빌라이는 낯선 여행자들을 특유의 겸손함과 상냥함으로 맞이했다. 그 나라에 처음 나타난 라틴인이었던 만큼 대향연이 베풀어졌고, 그들에게 갖가지 명예도 부여되었다. 칸은 정중하게 그들과 대화를 나누었고, 서양세계와 신성로마제국의 황제, 다른 그리스도교 국가의 왕과 군주에 대하여 꼬치꼬치 캐물었다. ……특히 그는 교황과 교회, 그리스도 교도의 신앙과 교의에 대하여 물었다. 그들은 교양 있고 신중한 인물이었기에, 모든 질문에 정확하게 답했다. 또한 타타르어를 완전히 습득했기 때문에 항상 적절한 표현을 사용했다. 이런 점에서 칸은 그들을 높이 평가했고, 자주 알현을 하도록

했다.[16)]

대칸은 이 지적인 두 명의 이방인을 귀국시키면서, 자신의 뜻을 교황에게 전달하는 임무를 맡겼다. 그는 타타르인의 교육과 설교를 담당할 100명의 학자와, 예루살렘에 있는 그리스도의 무덤을 밝히는 램프의 성유(聖油) 일부를 보내달라고 교황에게 요청해줄 것을 당부하면서, 그들에게 명예의 황금명패를 하사했다. 그것은 일종의 통행증으로, 덕분에 그들은 대칸의 영토 전역에서 환대를 받았고 도시에서 도시로 여행할 때 편의를 제공받았다. 이리하여 그들은 다시 한번 고향으로 향하는 여정에 올랐다. 그러나 "혹독한 추위, 눈, 얼음, 홍수" 등의 위험과 난관 때문에 여행은 계속 지연되었다. 3년이 지난 1269년 4월에야 그들은 비로소 아크레에 도착했다. 그러나 교황(클레멘스 4세)은 1년 전에 사망했고 새 교황은 아직 선출되지 않았기 때문에, 당장은 임무를 수행할 수 없었다. 그래서 그들은 일단 베네치아로 돌아가기로 했다. 집에 가보니 니콜로가 떠날 때 임신 중이었던 아내는 세상을 떠난 뒤였고, 마르코라는 아들, 부두를 배회하던 그 소년이 남아 있었다.

이상이 마르코가 처음 대면한 아버지와 삼촌에게 직접 들은 놀라운 이야기였다. 그러나 더욱 놀라운 일이 그를 기다리고 있었다. 두 명의 베네치아인은 칸의 친서를 전달하기 위해 교황 선출선거를 기다리며 2년 동안 고향에 머물렀다. 그러나 여전히 교황은 선출되지 않았다. 쿠빌라이가 속았다고 생각하며 자신들을 의심하지 않을까 두려워진 두 사람은 마침내 동양으로 돌아가기로 결심했다. 이번에는 마르코도 데려 가기로 했다. 그는 열에닐곱 살의 건장한 청년으로 성장했으며, 그의 빛나는 눈은 관찰력이 뛰어났다. 또 나이에 비해 사려 깊고 침착했다. 그러나 그들이 이스켄데룬 만에 있는 아야스*까지 갔을 때, 피아첸차의 테오발도가 교황(그레고리우스 10세)으로 선출되었다는 소식을 접했다. 테오발도는 이미 폴로 일가의 임무에 관심을 보인 바 있었으므로, 그들은 쏜살같이 아크레로 되돌아가 칸에게 전할 그의 서신을 받았다(성유는 예루살렘을 방문했을 때 미리 받아두었다). 폴로 일행은 칸이 요청했던 100명의 학자 대신, "학식이 풍부한 신학자이자 문학과 과학에도 조예가 깊은" 도미니크회 수도사 2명을 대동하게 되었다. 그들은 1271년 11월에 아크레를 떠났다. 도미니크회 수도사들은 훌륭한 신학자인지는 몰라도 모험을 하기에는 지나치게 소심한 사람들이었다. 수도사들은 반드시 지나가야 하는 아르메니아 지방에 전란이 일어났다는 소문을 듣자, 서둘러 교황의 서신을 베네치아인들에게 넘기고 템플기사단의 보호를 받으며 황급히 안전한 해안지방으로 달아났다. "오랫동안 위험과 난관에 단련된" 폴로 일가는 "당황하지 않고" 자기들끼리 여행을 계속했다. 분명히 천상의 법정에서 성 프란체스코는 성 도미니크에게 승리했을 것이다. 프란체스코회 수도사들은 육체의 고통을 두려워하지 않았고, 인도의 더위도, 중앙아시아의 추위도 아랑곳하지 않고 기쁜 마음으로 여행했다. 언변이 좋은 빌름반 뢰스브루크가 과연 겁에 질려 달아난 진지한 신학자들을 어떻게 평가했을지 쉽게 상상할 수 있다.

폴로 일가의 두 번째 여행에 대한 설명은 훗날 마르코가 세계의 불가사의를 서술하기 위해 쓴 흥미진진한 책에 나와 있다. 그들은 라이아초(아야스의 다른 이름)에서 출발하여 투르크메니스탄을 통과하고 아라라트 산을 지났다. 마르코는 그 산에 노아의 방주가 있었다는 이

* 터키 남동부의 도시 유무르탈리크의 옛 지명.

야기를 들었고, 바쿠의 유전과 광대한 카스피 해에 대해서도 처음으로 알게 되었다. 모술과 바그다드를 지나고, 문직의 산지이자 보물을 운반하는 대상들의 집결지인 페르시아를 거쳐 페르시아 만에 있는 호르무즈에 당도했다. 이 항구에는 인도에서 향신료, 약재, 향목(香木), 보석, 금사(金紗), 상아 따위를 가득 싣고 온 배들이 입항했다. 원래는 여기에서 배를 탈 생각이었으나 그 계획을 단념했다. 정확한 이유는 알 수 없지만, 추측컨대 아랍인이 인도양의 위험을 무릅쓰고 타고 다니던, 못을 사용하지 않은 엉성한 배를 믿지 못했기 때문이었던 것 같다. 어쨌든 이들은 북쪽으로 방향을 바꿔 육로로 여행하기 시작했다. 이후 케르만의 소금사막을 종단하여 발크와 호라산을 지나고 바다흐샨에 이르렀다. 이곳에는 알렉산드로스 대왕의 애마 부세팔루스의 씨를 받은 말들과 루비 광산과 청금석 광산이 있었다. 또한 아름다운 산과 광대한 평원, 송어가 서식하는 강과 좋은 사냥터가 있었다. 폴로 형제는 그곳에 1년 남짓 머물렀다. 어린 마르코가 무더운 평원에서 병이 났기 때문이다. 맑은 공기 속에서 마르코가 어떻게 건강을 회복해 나갔는지를 기술한 부분에서는 산바람의 생기를 느낄 수 있다. 마르코가 건강을 되찾자 폴로 일가는 여행을 재개했다. 옥수스 강 상류를 거슬러, 오늘날 '세계의 지붕'이라 불리는 파미르 고원에 올랐다. 그 얼음처럼 차가운 곳에서 마르코는 뿔이 달린 큰 양을 보고 그것에 대해 기술했는데, 사냥꾼과 동물학자들은 아직까지 그의 이름을 따서 그 양을 오비스 폴리(폴로의 양이라는 뜻)라고 부른다.[17] 그 후 1838년에 인도 해군의 존 우드 소령이 그곳을 방문하기 전까지, 파미르 고원에 대해 기록을 남긴 여행자는 아무도 없었다(1604년경의 베네딕트 고에스는 유일한 예외이다). 여기서부터 그들은 카슈가르와 야르칸트를 거쳐 비취의 산지 호탄에 다다랐다. 이들 지역에도 1860년까지는 방문자가 없었다. 일행은 발길을 재촉하여 로프(로프노르)* 호수 근처까지 갔는데, 이곳 역시 1871년에 러시아의 탐험가가 도착하기 전까지는 아무도 찾지 않았다. 그들은 이곳에 잠시 머물면서 당나귀와 낙타의 먹이를 싣고 마음을 진정시킨 다음, 고비 사막을 건너 30일 간의 고통스러운 여정에 올랐다. 마르코는 그 공포를 생생하게 묘사하고 있다. 여행자들의 이름을 부르는 듯한 목소리, 밤길을 잃게 만드는 유령 기마대의 행진, 허공에다 음악소리, 북소리, 징소리, 무기 부딪치는 소리를 채워 넣는 정령 등등의 환각은 인간이 시대를 불문하고 모든 사막에서 듣고 보고 두려워하던 것이다.

> 이것은 도대체 무엇인가?
> 천 가지 환영이 내 마음속에 몰려들기 시작한다.
> 사람을 부르는 형체, 손짓하는 공포의 그림자,
> 모래벌판과 물가와 황량한 사막에서
> 사람의 이름을 또박또박 부르는 환영의 혀.†

마침내 그들은 중국 서북단에 있는 탕구트#에 무사히 도착했다. 그곳에서 몽골의 광활한 스텝지대를 가로질러 국경 근처까지 가자, 칸이 보낸 사람들이 마중을 나와 있었다. 그들은 칸의 명령에 따라 40일이나 걸려 그곳까지 폴로 일행을 영접하러 왔던 것이다. 1275년 5월, 그들은 3년 반의 여행 끝에 드디어 칸이 있는 곳에 당도했다.

대칸은 폴로 일행을 친절하게 맞이했다. 아울러 폴로 일행이 자신

* 이상 네 곳의 중국식 지명은 각각 카스(喀什), 사처(莎車), 허톈(和闐), 뤄부포(羅布泊)이다.

† 밀턴의 가면극 『코머스』(*Comus*)에 나오는 대사.

오늘날의 간쑤(甘肅) 성에 해당하는 지역.

들의 사명에 대해 설명하는 것을 경청한 뒤, 그들의 열의와 충성을 크게 칭찬했고, 성유와 교황의 선물을 정중하게 받았다. 그런 다음에 칸은 기품 있는 '훌륭한 청년'이 된 마르코를 유심히 살펴보더니 누구냐고 물었다. 니콜로는 "폐하의 충복인 저의 아들이옵니다"라고 답했다. 그러자 칸은 "잘 왔다. 짐은 기쁘기 한량없노라"라고 화답하며 마르코를 수행원으로 삼았다. 이렇게 해서 칸과의 길고 친밀한 교제가 시작되었다. 쿠빌라이는 이내 마르코 폴로가 신중하고 총명하다는 것을 알아차리고, 그에게 다양한 임무를 맡기기 시작했다. 또 마르코는 마르코대로 대칸이 자기가 다스리는 많은 부족의 풍속과 관습을 알고 싶어 한다는 것을 깨닫게 되었다. 쿠빌라이는 훌륭한 호기심이 지혜의 원천이라는 점을 잘 알고 있었기 때문에, 정직한 사절들이 오직 자신이 시킨 일만 묵묵히 수행하는 데 진저리가 났다. 그의 사신들은 먀오족(苗族)이라는 내륙 고지대의 원주민 부족 사이에서 쿠바드*라는 진기하고 흥미로운 풍습이 유행하고 있다는 것도 알지 못했다. 그곳의

> 중국인은 침대로 가서
> 아내를 대신하여 아이를 낳는 시늉을 한다.[18)]

마르코는 이렇게 말한다. "따라서 칸은 자기 신하들을 멍청이라고 생각했다. 그리고 내게 이렇게 말하곤 했다. '나는 네가 수행한 임무보다는 네가 본 각국의 진기한 풍물과 풍습을 전해 듣는 것이 훨씬 즐겁도다.'"

베네치아인 마르코의 태도는 칸의 신하들과는 딴판이었다. 그는 어

* couvade. 출산을 앞둔 부인을 대신해서 남편이 마치 임신한 것처럼 행동하는 풍습.

릴 적부터 리알토 거리에서 햇볕에 그을린 선원들의 이야기에 귀를 기울였다. 그는 대칸의 제국에서 통용되던 여러 언어를 재빨리 익혔다. 그는 사절로 외국에 파견되었을 때의 활동에 대해 다음과 같이 적고 있다.

> 대칸은 생소한 민족의 풍속과 관습, 멀리 떨어져 있는 지방의 특수한 상황에 대한 새로운 이야기를 들으면 크게 기뻐했다. 이를 간파한 그는 칸의 호기심을 충족시키기 위해 가는 곳마다 그런 주제에 대한 정확한 정보를 수집하려고 노력했고, 보고 들은 것을 모조리 기록했다. 요컨대 그는 17년 동안 칸을 변함없이 섬기면서 뚜렷한 공적을 쌓은 결과, 그 제국과 속령의 각지에 특사로 파견되었다. 때로는 개인적인 용무로 여행을 하기도 했지만, 그때도 언제나 대칸의 재가를 받았다. 이런 기회를 이용해서 마르코 폴로는 자기가 실제로 본 것과 다른 사람에게 들은 것을 취합하여 그때까지 알려지지 않았던 세계의 동부에 대한 방대한 지식을 얻었고, 그것을 빠뜨리지 않고 열심히 기록했다. ……이렇게 해서 그는 너무 많은 영예를 얻었기 때문에 궁정관료들의 반감을 사게 되었다.[19]

이 청년이 최초의 보고서를 갖고 돌아왔을 때, 대칸과 대신들이 경탄하면서 "이 청년은 훗날 반드시 유능하고 귀한 인물이 될 것이다"라고 외쳤던 것도 무리는 아니다.

다양한 공무를 수행하는 동안, 마르코 폴로는 산시(山西) 성, 산시(陝西) 성, 쓰촨(四川) 성 등지를 순회했고, 티베트의 국경에 인접한 윈난(雲南) 성을 방문했으며, 1860년까지 서양인에게 미지의 땅으로 남아 있던 버마 북부까지 여행을 갔다. 또한 3년 동안 대도시 양저우

(揚州)의 지사로 일하기도 했다. 24개의 시를 관할하던 양저우에는 무기와 군수품의 제작과 판매에 종사하는 사람들이 많았다.[20] 그는 타타르의 옛 수도인 몽골의 카라코룸을 방문했고, 삼촌 마페오와 함께 3년 동안 탕구트에 머물렀다. 때로는 코친차이나*에 사절로 갔고, 때로는 배를 타고 인도 남부의 여러 주를 찾아다니면서 말라바르의 거대한 무역도시들을 보고 그 모습을 자세하게 기록했다. 그는 오디세우스가 된 듯한 심정이었을 것이다.

> 나는 이름을 얻게 되었다
> 주린 마음으로 언제나 방랑하는 사람이라는.
> 나는 많은 것을 보았고, 많은 것을 알게 되었다.
> 사람들의 도시, 풍습, 기후, 국토, 정부.
> 나뿐만 아니라 만인에 의해 칭송되는 것들을.†

그는 북부의 대도(大都) 캄발루크(베이징)와 남부의 아름다운 도시 킨사이를 묘사한다. 또한 상두(上都)에 있는 칸의 여름 별궁, 그곳에 있는 숲과 정원, 대리석 궁전, 200개의 비단 밧줄로 지탱되는 천막식 대나무 정자, 흰색 암말의 무리, 경이로운 마술을 펼쳐보이는 마술사에 대해서도 서술한다. 실제로 여름 별궁에 대한 그의 묘사는 잉글랜드인에게는 특히 친숙하다. 콜리지가 마르코의 책을 읽은 뒤 꿈에서 본 것을 멋진 시로 형상화한 재너두는 바로 상두이기 때문이다.

> 재너두에 쿠빌라이칸은

* 유럽인이 메콩 강 유역의 베트남 남부를 지칭하던 말.
† 영국의 시인 테니슨의 「율리시스」에 나오는 한 구절.

장려한 환락의 궁전을 짓게 했네,
성스러운 알프 강은
헤아릴 수 없이 깊은 동굴을 지나
볕도 들지 않는 바다로 흘러갔네.
정원에는 굽이굽이 실개천이 아름답게 흘렀고
향기 그윽한 나무에는 꽃이 활짝 피었네,
산언덕만큼 오래된 숲은
푸른 잎에 비치는 햇살을 머금었네.

마르코 폴로가 묘사한 것은 궁전만이 아니다. 그는 대운하와 내륙 하천을 이용한 중국의 상업, 항구도시에서의 수출입, 지폐, 전국을 연결하는 역참제도에 대해서도 기술하고 있다. 그리고 부, 상업, 학자, 아름다운 것으로 가득 찬 부유하고 평화로운 대제국과 그 지배자인 쿠빌라이칸에 대해 감히 모방할 수 없는 필치로 설명한다. 그는 쿠빌라이칸을 옥좌에 앉았던 인물들 가운데 가장 고귀한 군주라고 찬미하고, "중국이 자신에게 흘러드는 모든 하천에 염분을 제공하는 바다"[21]인 이상, 그는 야만적인 몽골의 일개 칸이 아니라 진정한 중국의 황제이며, 중국인이 '원조'(元朝)라 부르는 그의 왕가는 중국의 대왕조로 자리매김했다고 적고 있다.

분명히 마르코 폴로는 자신이 이야기한 것보다 훨씬 많은 것을 보았을 것이다. 폴로가 남긴 책의 결점이라면 개인적 화제에 대한 언급이 거의 없다는 점이다. 그래서 우리는 그의 중국생활에 대해 많은 것을 알 수가 없다. 남아 있는 증거라곤 그가 한족이 아니라 몽골인 정복자들과 교제했다는 것과, 그가 중국어를 배우지 않았다는 것 정도이다. 그는 여성의 전족이나 가마우지 낚시와 같은 중국 특유의 풍습

(이 두 가지는 훗날 오도리코 데 포르데노네에 의해 기술된다)에 대해 일언반구도 하지 않는다. 또 차의 산지인 푸젠(福建) 성에도 다녀왔지만, 차 마시는 관습에 대해서도 한마디 없고, 심지어 만리장성에 대해서도 언급한 적이 없다.[22] 그렇다 하더라도 그는 전형적인 유럽인으로, 새롭고 진기한 것에는 비상한 관심을 보였다. 그는 쑤저우의 온화한 상인과 학자들에 대해 다음과 같이 말한다. "그들은 무기력한 종족으로, 오로지 상업과 제조업에만 열중하며 실제로 그 방면에 상당한 능력을 발휘한다. 만일 그들이 장사수완과, 진취적이고 용감하고 호전적인 태도를 겸비했다면, 놀랄 만큼 많은 인구를 감안할 때 그 지방 전체를 정복할 뿐 아니라 더 광대한 지역을 지배할 수도 있을 것이다."[23] 거의 500년 뒤에 나온 그들에 대한 평가도 표현만 달라졌을 뿐 내용은 동일하다. "유럽의 50년은 카타이의 한 시대보다 뛰어나다." 이 판단에 대해 다음과 같은 질문을 던져보자. 여러분은 그림3에 그 일부가 재현된 산수화를 그린 무기력한 중국인이 되고 싶은가, 아니면 마르코 폴로의 출항을 재현한 그림 2에서 당대 유럽 회화의 최고 수준을 보여준 진취적이고 용감하고 호전적인 동시대의 유럽인이 되고 싶은가? 문명이란 무엇이고, 진보란 무엇인가? 마르코 폴로의 저서는 마르코 폴로가 자신의 고국과 종교만을 기준으로 삼은 탓에, 다른 국가와 종교의 입장을 이해할 능력이 턱없이 부족하다는 점을 여실히 보여준다. 예컨대 그는 붓다가 "그리스도 교도였다면, 우리 주 예수 그리스도의 위대한 성도가 되었을 것"이라고 말한다. 그리고 쿠빌라이에 대해서는 대칸이 마땅히 받아야 할 찬사를 늘어놓았을 뿐이다.

마르코 폴로는 경우에 따라 놀라우리만치 꼼꼼하고 충실한 관찰력을 보여주지만, 아쉽게도 중국인에 대한 그의 지식은 우리의 기대를 저버린다. 그럼에도 불구하고 그는 킨사이나 캄발루크 또는 그가 다

그림 2. 마르코 폴로 일행이 베네치아를 출항하는 광경(*Bodleian MS. 264.* Oxford).

스린 도시에 살고 있던 매력적이고 교양 있는 사람들을 많이 알고 있었음에 틀림없다. 그 중에서도 위에서 언급한 산수화를 그린 위대한 화가 자오멍푸(趙孟頫), 중국인이 '송설도인'(松雪道人)이라 부르던 그 인물을 분명히 알고 있었을 것이다. 자오멍푸는 송조 황실의 직계 후손이며, 세습관료였다. 송조가 타타르인에게 무너지자, 그는 친구인 옥담(玉潭) 첸쉬안(錢選)과 함께 은둔했다. 그러나 1286년에 자오멍푸는 쿠빌라이칸의 부름을 받고 원 조정에 출사하여 병부낭중(兵部郎中)이 됨으로써 친구를 격분시켰다. 그 관직에 있으면서, 그는 매일 그림에 몰두해 훌륭한 작품을 남겼다. 그는 칸의 총애를 받았고, 거의 궁정에 살다시피 했다. 마르코 폴로는 그를 잘 알았을 것이고, 어쩌면 그가 빼어난 산수화나 그의 명성을 높여준 인마도(人馬圖)를 그리는 모습을 보았을지도 모른다. 마르코는 말을 대단히 좋아했고, 온갖 종류의 사냥을 즐겼다(그는 사냥할 기회가 많았다. 칸이 사냥과 매사냥을 굉장히 좋아했기 때문이다). 마르코는 산시(山西) 성에서 백마의 씨암말이 뛰어노는 정경을 생생한 필치로 묘사한 바 있는데, 그것은 「쿠빌라이칸의 사냥터에 있는 8마리의 말」[24]이라는 자오멍푸의 수묵화에 대한 해설로도 손색이 없다. 그는 어쩌면 자오멍푸의 아내인 관다오성(管道昇)도 알고 있었을 것이다. 관씨는 중국인 화가들이 특히 좋아하던 우아한 대나무와 모란을 정묘하게 그려냈다. 그녀에 대해서는 다음과 같은 이야기가 전해진다. "그녀는 달빛에 의해 창호지에 투영되는 잔가지의 흔들리는 모습을 조용히 응시하다가, 포착하기 어려운 그 윤곽을 단 두세 번의 부드러운 운필(運筆)로 화폭에 담아냈다. 그래서 그녀의 작품은 소품까지도 화첩에 보관되어, 습작하는 사람들의 표본이 되었다."[25] 자오멍푸 부부에게는 자오융(趙雍)이라는 아들이 있었다. 우리가 특별히 그에게 관심을 갖는 것은, 그가 탕구트의 사냥

그림 3. 자오멍푸(趙孟頫)의 산수도권의 부분(the original in the British Museum).

꾼을 그림으로 그렸기 때문이다.[26] 마르코 폴로도 타타르의 기마병과 탕구트 지방의 경치를 묘사한 바 있다. 그는 탕구트에서 사향노루와 야크를 봤다고 기록하고 있다.

그러나 이쯤에서 중국에 체재 중인 폴로 일행의 역사로 돌아가 보자. 마르코의 책 곳곳에는 아버지와 삼촌에 대한 이야기가 나온다. 그들은 제국 각지를 순회하고, 장사로 돈을 벌고, 보석상의 감식안으로 각종 보석을 수집하고, 유럽식 공성무기를 만들어 칸이 반란도시를 진압하는 데 일조했다. 솜씨 좋은 베네치아인이었던 만큼 그들은 여러 일에 거침없이 손을 댔다.[27] 물론 폴로 형제는 호기심 많은 소년에서 현명하고 주의 깊은 성인으로 성장하여 높은 지위에 오른 마르코를 자랑스럽게 여겼다. 3명의 폴로는 17년 동안 중국의 칸에게 봉사했다. 이 오랜 세월이 흐른 뒤 마침내 베네치아와 그 개펄을 다시 보고 싶다는 생각, 죽기 전에 한번은 산마르코 성당의 웅장한 지붕 밑에서 미사를 드리고 싶다는 생각이 그들을 엄습했다. 더구나 쿠빌라이칸도 나이가 들었다. 그가 그들에게 변함없이 베푼 호의는 다른 신하들의 반감을 불러일으켰기 때문에, 그가 사망할 경우 자신들에게 무슨 일이 닥칠지 알 수 없었다. 그러나 늙은 칸은 그들의 염원을 들어주지 않았다. 부와 명예는 얼마든지 줄 수 있지만, 귀국은 허락할 수 없다고 했다. 하마터면 그들이 중국 땅에 묻히고, 마르코 폴로나 쿠빌라이칸의 이야기가 서양인에게 전달되지 못할 뻔했다. 그러나 우연한 사건, 생각지도 못한 행운이 그들에게 귀국의 기회를 부여했다. 1286년에 일한국의 칸 아르군이 사랑하는 아내 볼가나를 잃었다. 그녀의 유언에 따라, 그는 베이징 궁정에 사신들을 보내 그녀와 같은 몽골부족 출신의 신부를 보내달라고 요청했다. 육로를 통한 귀국은 전란 때문에 위험했으므로, 사신과 신부 일행은 해로를 이용하기로 했다. 바로 그때 임무를 마치고 항해에서 돌아온 마르코 폴로는 그 정도 일쯤이야 식은 죽 먹기라고 자신 있게 말했다. 3명의 사신은 배에 대해 잘 알고 있는 것처럼 보이는 3명의 재주 많은 베네치아인과 함께 가기를 강력히 희망했다. 그러자 대칸도 마지못해 그들이 떠나는 것을 승낙했다.

1292년 초, 그들은 3명의 사신과 17세의 어여쁜 공주, 다수의 종자와 함께 14척의 대형 정크선(마르코는 인도양과 중국해의 선박에 대해 설명하면서 중국의 정크선을 탁월하게 묘사했다)[28]을 타고 붐비는 자이톤 항을 출발했다. 미녀에 관심이 많았던 마르코는 공주를 가리켜 "대단히 아름답고 참한 숙녀"라고 적고 있다. 어떤 판본에는 만시의 공주도 동행했다고 적혀 있다. 그녀와 같은 송조의 공주들은 화려한 날의 기억을 항저우의 호수에 묻어둔 채, 캄발루크에서 쿠빌라이칸의 총애를 받던 자무이 부인의 손에 자랐을 것이다. 항해는 지루하고 고생스러웠다. 수마트라, 실론, 인도 남부에서는 장기간 발이 묶이기도 했다. 그 사이에 마르코는 아랍의 뱃길 안내인이 보여준 인도 해안의 지도를 열심히 공부해서, 이미 방문한 적이 있던 그 지역에 대한 지식을 넓혔다. 일행을 태운 배들이 페르시아에 도착하는 데는 무려 2년 이상이 걸렸다. 도중에 사신 2명과 종자 몇 명이 죽었다. 마침내 일행이 상륙했을 때, 예비신랑 아르군은 이미 세상을 떠났고, 그의 어린 아들 대신 섭정이 왕권을 행사하고 있었다. 섭정은 공주를 왕자에게 넘겨서 한꺼번에 문제를 해결하자고 제안했다. 마르코 일행은 티모카인 지방에서 그녀를 왕자에게 정식으로 인도했다. 마르코는 그 지방의 여인들이 "세계에서 가장 아름답다고 생각한다"고 적고 있다. 외롭게 서 있는 유명한 아르보르 세코*의 고장인 그곳에서는 알렉산드로스 대왕과 다

* arbor secco. 바싹 마른 나무라는 뜻으로, 페르시아 북부의 평원에 있는 큰 나무를 말한다.

리우스 대왕의 전설이 여전히 인구에 회자되고 있었다. 그곳에서 그들은 공주와 헤어졌다. 마르코에 의하면, 오랜 항해기간 동안 자기를 아버지처럼 따르게 된 그녀는 눈물을 흘리며 이별을 아쉬워했다고 한다. 그들은 공주를 넘겨준 뒤에도 페르시아에 아홉 달이나 머물렀다. 그러던 중에 폴로 일가는 자신들이 오랫동안 충성을 다해 섬겼던 대칸이 80세의 고령으로 세상을 떠났다는 소식을 접했다. 그의 죽음과 함께 중앙아시아에는 먹구름이 드리웠다. 캄발루크의 찬란한 황금색 지붕,

중국인이 돛과 바람의 힘으로
등나무 마차를 가볍게 몰던
세리카나의 황야*

페르시아의 수많은 미나레트,† 러시아의 초원을 질주하던 용맹한 킵차크 타타르인의 천막에도 어둠이 내려앉았다. 쿠빌라이칸은 그토록 광대한 지역을 지배했던 것이다. 마르코 폴로의 마음에도 그늘이 졌다. 마치 닫혀버린 문이 두 번 다시 열리지 않을 것 같은 느낌이었다. 마르코는 이렇게 적었다. "여행 도중에 우리는 대칸의 사망소식을 들었다. 이로써 그 지방을 다시 방문할 수 있으리라는 희망은 산산조각이 났다." 그 후 마르코 일행은 타브리즈·트라브존·콘스탄티노플을 거쳐 1295년 말에 마침내 석호의 도시 베네치아에 도착했다.

폴로 일가의 귀국에 대해서는 믿기 어려운 불가사의한 이야기가 전해진다. 15세기에 마르코의 책을 펴낸 라무시오는 다음과 같이 말한

* 밀턴의 서사시 『실락원』의 한 구절. 세리카나는 고대 그리스인과 로마인이 중국 서북부를 가리키던 말인 세리카의 변형으로, 비단을 뜻하는 세르에서 유래했다고 한다.
† minaret. 모스크의 첨탑.

다. "이곳에 도착했을 때, 그들은 오디세우스와 같은 운명에 처했다. 오디세우스가 20년의 방랑을 마치고 고향 이타카에 돌아갔을 때, 아무도 그를 알아보지 못한 것처럼." 이상한 타타르의 옷을 입은 세 명의 폴로가 폴로 가의 대문을 두드렸을 때, 아무도 그들을 알아보지 못했다. 3명의 폴로와 친분이 있던 일가친척과 베네치아의 친구들은 그들이 이미 오래 전에 죽은 줄로만 알고 있었기 때문에 이 세 남자가 진짜 폴로라는 것을 도무지 믿으려 하지 않았다. 전해오는 이야기에 따르면, 그들은 자신들의 정체를 속 시원히 밝히기 위해 모든 친척을 초대하여 큰 잔치를 벌였다고 한다. 요리가 새로 나올 때마다 좀 더 호화로운 옷으로 계속 갈아입던 그들은 이윽고 조잡한 타타르의 옷들을 가져와 안감의 솔기를 뜯어냈다. "그러자 그 안에서 루비, 사파이어, 홍옥(紅玉), 다이아몬드, 에메랄드 같은 보석이 줄줄이 쏟아졌다. 그들은 누구도 눈치 채지 못하도록 보석들을 옷의 겉감과 안감 사이에 넣고 감쪽같이 꿰맸던 것이다. ……엄청난 양의 보석들이 잔칫상을 뒤덮자, 참석자들은 너무 놀라 넋을 잃고 침묵했다. 잠시 후 친척들은 의심을 풀고 그들이 폴로 가의 명예로운 신사임을 인정하고 최대의 경의를 표했다."[29] 인간의 본성은 13세기 이래 거의 변하지 않았다. 보석에 관한 이 이야기는 전설이지만, 폴로 일가는 보석상이었으므로 실제로 많은 보석을 갖고 돌아왔을 것이다. 그들은 중국에서 장사할 기회가 많았고, 대칸은 그들에게 "루비와 같은 고가의 아름다운 보석을" 넉넉히 주었다. 그들이 축적한 부를 고향에 갖고 오는 데는 보석이 가장 편리했다. 그러나 책 속에서 이따금 밝히고 있듯이, 새로운 것을 좋아하는 마르코는 베네치아인의 호기심을 만족시킬 만한 다른 물건들도 갖고 왔다. 예컨대 탕구트 야크의 비단결 같은 털의 견본을 보고 고향사람들은 감탄을 금치 못했다. 또 건조시킨 사향노루의 머리와 다리, 수마트라산 염료식물(아마도 쪽)의 씨앗도 가져왔다. 그는 가져온 씨앗을 베네치아에 심었지만, 기온이 낮아서 싹이 트지 않았다.[30] 총독에게 바칠 선물도 있었다. 1351년에 작성된 마리아노 팔리에로 궁전의 물품목록에는 쿠빌라이칸이 준 반지, 타타르인의 머리장식, 날이 세 개인 칼, 인도의 면, "마르코가 직접 쓴" 『불가사의한 타타르인의 나라에 대하여』라는 제목의 책이 포함되어 있다.[31]

마르코 폴로의 여생에 대해 간략히 살펴보자. 전설에 의하면, 베네치아의 모든 청년은 마르코의 이야기를 듣기 위해 폴로 가로 몰려들었다. 어린 시절 마르코가 타타르인에 대한 궁금증을 풀고자 배회했던 부두의 외국인 선원들한테서도 그의 이야기에 견줄 만한 것은 들을 수 없었기 때문이다. 그는 언제나 쿠빌라이칸의 광대한 영토, 수백만 냥의 세수(稅收), 수백만 척의 정크선, 수백만 명의 기마병, 수백만 개의 도시에 대해 이야기했기 때문에, 사람들은 그에게 '백만의 마르코 씨'(마르코 밀리오네) 또는 '백만 씨'(일 밀리오네)라는 별명을 붙였다. 그 별명은 심지어 공화국의 공문서에도 기재되었고, 그의 저택이 있던 곳은 '코르테 밀리오네'로 알려지게 되었다. 이제 전설에서 역사로 눈을 돌려보자. 마르코 폴로가 없는 동안 베네치아와 제노바 사이의 해묵은 대립이 격화되었고, 베네치아는 더 이상 제노바를 압도하지 못했다. 베네치아의 갤리선은 항해 중에 종종 다음과 같은 일을 당했다. 배는

> 물에 깊이 잠긴 채,
> 노을이 키프로스의 검은 섬을 진홍빛으로 감쌀 무렵
> 파마구스타*로 향했다.……

* 키프로스 섬 동해안의 항구도시.

흑인 노예와 시리아의 오렌지를 구하기 위해,
제노바의 해적은
그 배를 무자비하게 약탈하여
피·물·과일·사체를 선창(船倉)에 가득 채웠다.*

마르코가 귀국한 지 3년이 지난 1298년, 람바 도리아가 이끄는 제노바의 함대가 베네치아의 바다에서 베네치아인의 자부심을 짓밟기 위해 아드리아 해로 진격했다. 베네치아는 제노바의 공격에 맞서서 대함대를 준비했다. 비록 서양의 배보다는 중국의 정크선에 더 밝았지만 항해지식이 해박한 재주꾼 마르코 폴로 역시 한 갤리선의 임시 지휘관으로 출정했다. 이들이 맞붙은 결과, 제노바 함대가 쿠르촐라† 해전에서 압승을 거두었다. 베네치아의 갤리선 68척이 불에 탔고, 7,000명의 포로가 제노바로 끌려갔는데, 그 중에는 마르코 폴로도 끼어 있었다. 쑤저우 사람들의 무기력함을 경멸한 바 있는 그는 이제 진취성·용맹성·호전성의 결과가 어떤 것인지 체험하게 되었다.

그러나 얼마 후 제노바의 거리와 궁정에는, 감옥에 있는 어떤 베네치아인 선장이 들려주는 이야기가 워낙 흥미진진해서 모두들 그 이야기에 귀를 기울이느라 시간 가는 줄 모른다는 소문이 퍼지기 시작했다. 이내 제노바의 한량과 현자, 대담한 숙녀들까지 그가 전하는 쿠빌라이칸의 이야기를 듣기 위해 모여들었다. 이전에 리알토 거리의 사람들이 폴로의 집으로 몰려들었듯이.

* 영국의 시인 겸 극작가인 제임스 엘로이 플레커(James Elroy Flecker, 1884~1915)의 시 "The Old Ships"의 한 구절.
† 달마치야 앞바다에 있는 섬.

타타르 국의 과일의 주인은
그 강에 은빛을 감돌게 하고
타타르 국의 산의 주인은
협곡·덤불·수풀·골짜기를 관장한다.
자줏빛에 물든 계곡마다
반짝이는 별, 향기로운 미풍,
잔잔한 바다처럼 잔물결이 일렁이는 호수,
새들이 즐겁게 지저귀는 시트론 나무가 있다.*

라무시오는 당시 베네치아에 떠돌던 소문을 다음과 같이 설명한다. "마르코 씨는 자신이 어떤 입장에 처해 있는지 알게 되었다. 사람들은 진정으로 카타이와 대칸에 관한 이야기를 듣고 싶어 했고, 그는 날마다 지쳐 쓰러질 때까지 그 이야기를 되풀이할 수밖에 없었다. 그러던 중에 그는 그 이야기를 책으로 쓰는 게 좋겠다는 충고를 받았다. 그래서 궁리 끝에 베네치아에 있는 아버지에게 편지를 부칠 방법을 찾아냈고, 자신이 귀국할 때 갖고 온 노트와 비망록을 보내달라고 부탁했다."

우연히도 마르코 폴로와 같은 감옥에는 피사 출신의 로망 작가 루스티차노[32)]가 갇혀 있었다. 그는 멜로리아† 해전(1284)에서 포로가 된 것으로 보인다. 그 해전에서는 수많은 피사인이 포로가 되어 제노바로 압송되었기 때문에, "피사를 본 자는 제노바로 가게 된다"는 말까지 생겨났다. 루스티차노는 로망에 가장 적합한 언어인 프랑스어를 능숙하게 구사했고, 원탁의 기사 이야기를 프랑스어로 집필한 경험도 있었다. 마르코 폴로는 그가 대필자로 손색이 없다고 생각했다. 그는

* 영국의 시인 월터 드 라 메어(1873~1956)의 시 "Tartary"의 한 구절.
† 이탈리아 중북부의 리구리아 해에 있는 작은 섬.

베네치아의 포로들과 제노바의 신사들이 모여든 가운데, 쿠빌라이칸의 신비로운 이야기에 흠뻑 취해 마르코의 말을 그대로 받아 적었다. 책을 완성한 루스티차노는 이전에 트리스탄과 랜슬롯과 아서 왕의 이야기를 썼을 때와 마찬가지로, 자신의 이야기에 귀를 기울일 전세계의 귀족과 신사들을 향해 서문에서 다음과 같이 득의양양하게 말했다. "오 주여, 황제와 국왕이여, 공작과 후작과 백작이여, 기사와 시민이여. 다른 종족의 이야기, 세계 각지의 색다른 이야기를 알고 싶어하는 모든 사람은 이 책을 골라서 읽어보시라. 여러분은 최고의 불가사의를 발견하게 되리라." 그리고 덧붙였다. "현명하고 박식한 베네치아의 시민 마르코 폴로는 자신이 보고 들은 것을 정확하게 진술했다. 따라서 이 책에 담긴 내용은 진실이다." 실제로 마르코 폴로가 보고 들은 그 신비한 이야기는 아서 왕과 원탁의 기사들의 무용담보다 훨씬 훌륭했다. 또한 점잖은 루스티차노가 쓰기에도 안성맞춤인 이야기였다. 왜냐하면 그는 랜슬롯의 이야기를 요약하면서 기사 랜슬롯과 왕비 귀네비어의 연애 에피소드(그것을 에피소드라 부를 수 있다면)를 통째로 삭제함으로써 후대에 이름을 남긴 인물이기 때문이다. 그의 책을 프랑스에서 출판한 편집자는 "아, 불쌍한 프란체스카 다 리미니 부인의 손에 들어간 랜슬롯의 이야기 사본은 루스티차노가 음란한 부분을 삭제한 판본이 아니었다!"[33)]*고 탄식했다.

마르코 폴로는 석방되어(제노바의 궁전에서는 틀림없이 통곡소리가 울려 퍼졌을 것이다), 어느 해 말에 베네치아로 돌아갔다. 그 후 그의 이름은 법적 소송과 관련하여 가끔씩 베네치아의 기록에 나타난다.[34)]

* 프란체스카 다 리미니는 라벤나의 영주 구이도 다 폴렌타의 딸로, 시동생과 비극적인 사랑에 빠졌다가 남편에게 들켜 목숨을 잃은 비련의 여인이다. 훗날 단테를 비롯한 여러 작가의 문학작품에 등장해 유명해졌다.

1305년에 "고명한 백만의 마르코 씨"는 포도주 밀매업자의 증인으로 출석한다. 1311년에는 사향노루 판매대금을 지불하지 않는 악덕 위탁상인을 고소한다(마르코는 짐승우리에서 그 노루를 본 적이 있었다). 그리고 1323년에는 담장 문제로 이웃집과 다툰다. 또한 우리는 마르코의 유언을 통해 그에게는 도나타라는 처와 판티나·벨렐라·모레타라는 세 딸이 있었음을 알 수 있다. 그는 젊은 시절을 보낸 이국의 하늘 밑에서 수줍은 중국의 미인 또는 씩씩한 타타르의 아가씨와 사랑을 속삭였을까? 그는 티베트의 기이한 혼인풍습*을 이용했을까? 그 풍습에 대해 그는 (보기 드물게 유머를 구사하며) "16세에서 24세 사이의 젊은이라면 그 나라에 가볼 만하다"고 적고 있다. 판티나·벨렐라·모레타에게는 칸이 사냥을 하던 '백호'(白湖) 근처에서 송골매를 풀어 메추라기를 잡으며 쿠빌라이칸의 시대에 아주 먼 곳에서 왔다는 전설과도 같은 아버지 이야기를 하던 배 다른 오빠나 남동생이 있었을까? 이런 것들은 알 수가 없다. 또한 그가 석호의 도시에서 자식이라곤 딸밖에 낳지 못한 것을, 제2의 고향이나 다름없는 그 머나먼 나라로 다시 떠날 수 있는 베네치아의 아들을 두지 못한 것을 아쉬워했는지에 대해서도 전혀 알 길이 없다. 어쩌면 그는 때때로 자신의 속마음을 타타르인 노예 피에트로에게 털어놓았을지 모른다. 그는 임종 때 "자신의 영혼을 모든 죄에서 완전히 벗어나게 해달라고 주님께 기도하면서, 피에트로를 모든 속박에서" 해방했다. 어떤 사람은 마르코가 그 타타르인 노예를 동양에서 데리고 왔다고 생각한다. 그런 발상 자체는 유쾌하지만, 사실은 이탈리아에서 구했을 가능성이 크다. 베네치아인에게는 노예를 소유하는 오랜 관습이 있었고, 노예 중에서도 타

* 혼전에 남자와 동침한 경험이 많은 여자가 좋은 신붓감으로 대접받는다는 풍습.

타르인 포로는 가장 강건한 최고의 노예로 간주되었기 때문이다. 그렇게 그의 일생은 끝났다. 1324년에 마르코 폴로는 여전히 산마르코 성당 서고에 보관되어 있는 그 유서를 쓴 뒤, 동료시민들의 깊은 존경을 받으며 사망했다.

그의 임종과 관련된 가장 유명한 이야기는 도미니크회 수도사 아퀴의 야코포가 훗날 기록한 것이다. "그는 그 책에서 자신이 실제로 본 것을 모두 말하지는 못했다. 이는 험담하기 좋아하는 사람들의 입을 두려워했기 때문이다. 그들은 남들에게 거짓말을 밥 먹듯이 하면서도, 자신이 믿을 수 없거나 이해할 수 없는 것은 거짓말이라고 속단해 버린다. 그 책에는 쉽게 믿을 수 없는 엄청나고 불가사의한 이야기가 많기 때문에, 임종을 지키던 그의 친구들조차 사실이 아닌 것을 모두 삭제해 내용을 바로잡으라고 요구했다. 이에 대해 그는 자신이 실제로 본 것의 절반도 말하지 못했다고 항변했다."[35] 젊은 시절에 현명하고 인자한 쿠빌라이칸을 위해 이국의 종족과 습속을 오랫동안 기록했던 관찰자가 죽어가면서 최후의 분노를 터뜨리는 모습이 눈에 선하다. 지금은 누구도 함부로 그를 의심하지 않는다. 실제로 근대의 발견은 마르코 폴로의 관찰이 정확했음을 확증해주고 있다. 물론 그는 때때로 자신이 전해들은 아주 지루한 이야기, 예컨대 안다만 제도에 산다는 개의 얼굴을 한 사람의 이야기나 중세의 지리학자들이 특히 좋아하던 '남자 섬과 여자 섬' 이야기 등을 되풀이했다. 하지만 이것들은 선원들의 이야기를 전한 것이었고, 마르코 폴로는 자신의 눈으로 본 것에 대해서는 정확하게 보고했으며 가보지도 않은 장소를 방문한 척하지도 않았다. 중앙아시아를 여행한 오렐 스타인, 엘즈워스 헌팅턴, 스벤 헤딘 같은 우리 시대의 탐험가들은 그가 옳다는 것을 당당하게 입증했다. 저명한 프랑스의 역사가는 다음과 같이 말한다. "그것은 아주 오래된 사진의 원판이 갑자기 재발견된 것과 마찬가지다. 불변의 사물에 대한 오래된 서술은 그 사물의 현상(現狀)을 완벽하게 설명할 수 있다."[36] 헌팅턴과 오렐 스타인은 중앙아시아의 인적이 드문 곳을 여행할 때, 중국의 순례자 현장(玄奘, 7세기)의 책과 마르코 폴로의 책을 안내서로 휴대했고, 그 두 사람의 기술이 정확하다는 것을 여러 차례 실감했다.

마르코 폴로의 공적은 절대로 과장이 아니다. 그의 여행기를 출판하여 영국의 학계에 크게 기여한 헨리 율 경의 유명한 서술은 그 점을 잘 표현하고 있다.

> 그는 아시아의 경도(經度) 전체를 횡단하는 길을 최초로 통과한 여행자였다. 그는 자신의 눈으로 본 여러 지방에 대해 차례차례 기술했다. 페르시아의 사막, 바다흐샨의 비옥한 고원과 험준한 계곡, 비취가 나는 호탄의 여러 하천, 한때 그리스도교권을 집어삼킬 듯이 보이던 세력의 발상지인 몽골 초원, 캄발루크에 새로 건설된 훌륭한 궁정에 대해 말했다. 그는 중국의 부와 광대함, 바다처럼 큰 강, 대도시, 활발한 제조업, 어마어마한 인구, 바다와 내륙수로를 가득 메운 상상하기도 힘든 거대한 함대를 처음으로 세상에 알린 여행자였다. 또 변경 민족들의 기이한 풍속과 신앙, 티베트의 불결한 광신도, 버마의 금탑과 그 꼭대기에서 짤랑거리는 방울, 라오스, 시암(타이), 코친차이나, 그리고 지붕에 금박을 입힌 궁전과 장밋빛 진주가 많은 동방의 끝 일본에 대해서도 묘사했다. 아직도 충분히 탐색되지 않은 미와 신비의 박물관이자 당시 상당히 비싼 값에 거래되던 향신료의 원산지인 인도 제도를 처음으로 소개한 것도 그였다. 진주의 섬 자바, 많은 왕과 고가의 진기한 산물, 식인종이 사는 수마트라, 니코바

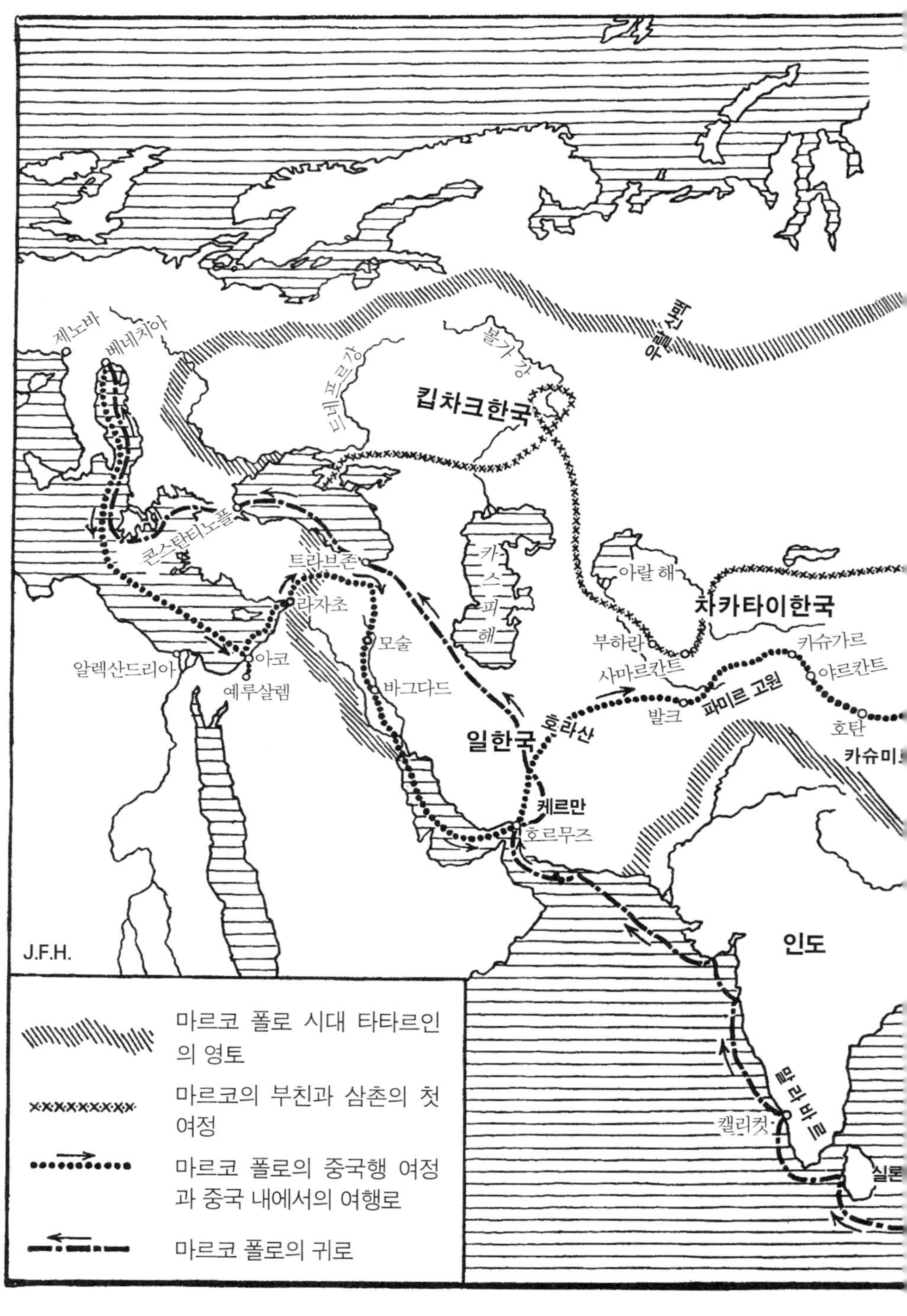

제노바
베네치아
드네프르강
볼가 강
우랄 산맥
킵차크한국
콘스탄티노플
트라브존
라자초
카스피 해
아랄 해
차카타이한국
모술
알렉산드리아
아코
예루살렘
바그다드
부하라
사마르칸트
카슈가르
야르칸트
발크
파미르 고원
호탄
일한국
호라산
카슈미르
케르만
호르무즈
인도
말라바르
캘리컷
실론
J.F.H.
마르코 폴로 시대 타타르인의 영토
마르코의 부친과 삼촌의 첫 여정
마르코 폴로의 중국행 여정과 중국 내에서의 여행로
마르코 폴로의 귀로

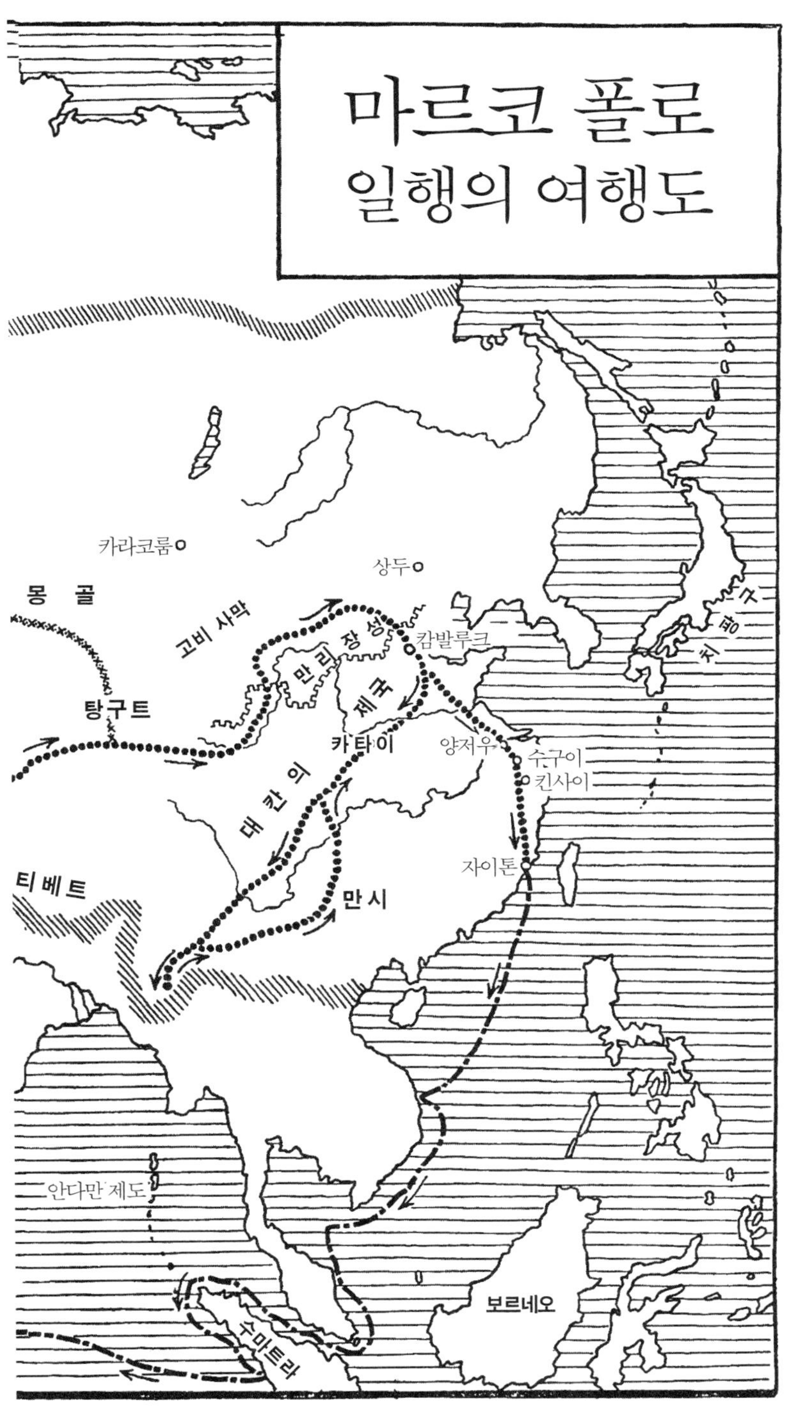
마르코 폴로
일행의 여행도
카라코룸
상두
몽 골
고비 사막
만리 장성
캄발루크
탕구트
대칸의 제국
카타이
양저우
수구이
킨사이
티베트
만시
자이톤
지팡구
안다만 제도
보르네오
수마트라

> 와 안다만 제도의 벌거벗은 원주민, 성스러운 산과 아담의 무덤이 있는 보석의 섬 실론에 대해서도 이야기했다. 대(大)인도는 알렉산드로스 대왕의 우화에 나오는 꿈의 왕국은 아니지만 탐구할 게 많이 남아 있는 나라라고 말했다. 그곳에는 덕이 높은 브라만, 수치심을 모르는 고행자, 다이아몬드와 그것을 채집하는 자들의 기이한 이야기, 진주를 품은 바다, 강렬한 태양이 있다고 했다. 그는 중세인 가운데 최초로 멀리 떨어져 있는 그리스도교 왕국 아비시니아(에티오피아)를 상세히 설명했고, 흑인과 상아의 산지 잔지바르의 사정을 간략하게 소개했다. 그리고 남쪽의 흑해에 인접한 광대하고 머나먼 마다가스카르와 그곳에 산다는 루크라는 새와 그 밖의 희귀한 동물들, 그리고 그 반대편에 위치한 시베리아와 북극해의 개썰매, 백곰, 순록을 타는 퉁구스인에 대해 이야기했다.[37)]

이렇게 해서 마르코 폴로가 갖고 온 지식은 유럽에 전해졌다. 그의 경험에 의해 동양과의 교섭이 필요하다는 점이 명백해졌고, 이후 동서양의 접촉은 갈수록 빈번해졌다. 상인과 선교사들은 육로 또는 해로를 통해 동방의 카타이로 여행했다.[38)] 불굴의 프란체스코회 수도사 조반니 데 몬테코르비노는 쉰의 나이에 중국으로 떠나 베이징의 대주교가 되었다. 교회와 수도사들의 집이 중국의 일부 도시에 건설되었다. 또 다른 수도사 오도리코 데 포르데노네도 동양을 꼼꼼하게 관찰하고 돌아왔다. 그는 1316년에 출발했는데, 폴로 일행이 타타르의 공주를 페르시아로 데려다줄 때와 동일한 항로를 통해 인도를 회항하고 향료 제도를 거쳐 광저우(廣州)에 도착했다. "그 도시의 규모는 베네치아의 세 배에 달하고……이탈리아의 선박을 모두 합쳐도 이 한 도시에 있는 선박 수에 미치지 못한다." 그는 베이징과 항저우에 대한 서술이 포함된 뛰어난 중국여행기를 남겼는데, 자신의 이야기를 다음과 같이 끝맺고 있다. "나는 날마다 그 나라로 돌아가고 싶다는 생각을 한다. 모든 은총을 베푸시는 주님께서 허락하신다면, 나는 그 나라에 뼈를 묻고 싶다." 그가 그곳을 그리워했던 것은 분명하지만, 그는 이탈리아의 우디네에서 사망했다. 그 후 또 다른 수도사인 조반니 마리놀리가 교황사절이 되어 1342년부터 1346년까지 베이징에 주재했다.

선교사들만 카타이에 갔던 것은 아니다. 오도리코는 항저우의 경이로움에 대해 말하면서 베네치아 상인들이 그곳을 방문했다고 확실하게 언급하고 있다. "이곳은 전세계에서 가장 거대한 도시이다. 그 도시는 워낙 크기 때문에, 감히 그것에 대해 이야기를 꺼낼 엄두조차 나지 않는다. 그런데 그곳을 방문한 적이 있는 사람은 베네치아의 거리에서도 많이 만날 수 있다." 조반니 데 몬테코르비노는 거상 피에트로 데 루코롱고와 동행했다. 조반니 마리놀리는 자이톤에 있던 프란체스코회의 한 수도원에는 그리스도 교도 상인들이 이용하던 상관이 딸려 있었다고 말한다. 특히 거상인 피렌체의 바르디 가(家)를 위해 일했던 프란체스코 발두치 페골로티라는 대담한 대리인은 1340년경에 상인들이 참고할 만한 귀중한 안내서를 썼다. 이 책은 흑해 연안의 타나(아조프)에서 아시아의 육로를 가로질러 카타이까지 갔다가 1만 2,000파운드어치의 비단을 낙타에 싣고 되돌아오는 방법을 상인들에게 상세하게 알려준다. 그는 그 여행에 대해 대수롭지 않다는 듯이 이렇게 말한다. "타나에서 카타이에 이르는 길은, 그곳을 통과해본 적이 있는 상인들의 말에 의하면 밤낮을 가릴 것 없이 절대로 안전하다."[39] 이 대목에서 한번 생각해보자. 이후 20세기까지 인적이 끊어져버린 곳을 여행하는 마르코 폴로의 모습을. 베이징에 있는 대칸의 귀를 즐겁게 하던 그리스도 교회의 종소리를. 상인들이 안심하고 통과하던 중앙아시아의 기나긴 길을. 항저우의 거리를 활보하던 '다수의 베네치아인'을. 때는 13세기 말과 14세기 초, 혼미한 시대라고 멸시당하는 중세다. 그런데도 참으로 안전하다! 이 말은 콜럼버스와 바스쿠 다 가마, 그리고 그 이름도 거창한 '발견'의 시대에 덧씌워진 금박을 약간 벗겨낸다.

그러나 14세기 중엽에 이르자 모든 것이 변했다. 베이징과 항저우, 거대한 항구들, 정크선의 무리, 고귀한 문명이 다시 암흑에 휩싸였다. 더 이상 대통상로는 안전하지 않았고, 그리스도교 수도사들은 자이톤에서 미사를 드릴 수 없었다. 타타르 왕조는 멸망했고, 중국의 새 지배자들은 과거의 배외정책으로 돌아갔다. 더욱이 이슬람은 중앙아시아 전역을 정복하여, 동아시아와 서양의 교류를 가로막는 불관용과 증오의 거대한 성벽이 되었다. 그것은 중국인이 한때 타타르인을 방어하기 위해 건설한 만리장성보다도 훨씬 견고했다. 마르코 폴로의 놀라운 경험은 하나의 전설, 여행자의 이야깃거리가 되고 말았다.

그러나 위대한 모험가의 일생은 아직 끝나지 않았다. 마르코가 사망한 지 약 1세기 반이 지났을 때, 제노바의 한 선장이 새로 인쇄된 책을 정독하고 있었다. 사람들은 그 책을 사서 돌려가며 읽었다. 그가 읽고 있던 것은 라틴어로 번역된 마르코 폴로의 여행기였다. 그는 그것을 열심히, 또 열정적으로 읽으면서, 70여 페이지의 여백에 자신의 의견을 적어 놓았다.[40)] 때로는 심각한 표정으로 책장을 앞으로 넘겨, 카타이의 거대한 항구와 황금지붕을 씌운 치팡구의 궁전 이야기를 되풀이해서 읽기도 했다. 그는 항상 어떻게 하면 그 지방에 갈 수 있을까를 골똘히 생각했다. 당시에는 암흑의 장벽이 중앙아시아를 고립시키고, 무질서가 페르시아 만으로 가는 길을 막고 있었다. 어느 날(그의 모습이 눈에 보이지 않는가?) 그는 고개를 들고 손으로 책상을 내리치며 "나는 서쪽으로 항해할 것이다"라고 말했다. "어쩌면 서쪽의 대양에서 나는 잃어버린 섬 안틸라를 발견할지도 모른다. 그리고 그 바다의 끝까지 가다보면 치팡구에 도착할 수 있을 것이다. 세계는 둥글기 때문이다. 유럽의 해안 너머에 있는 그 대양의 어딘가에는 틀림없이 마르코 폴로가 말하는 부유한 카타이가 있을 것이다. 나는 잉글랜드 국왕과 스페인 국왕에게 간청하여 배와 선원을 얻을 것이다. 비단과 향신료와 부는 그들의 것이 되리라. 나는 서쪽으로 갈 것이다." 제노바인 선장은 무릎을 치며 다시 한번 외쳤다. "나는 서쪽으로, 서쪽으로, 서쪽으로 갈 것이다." 이것이 마르코 폴로의 불가사의한 이야기의 결말이다. 13세기에 그는 살아서 중국을 발견했지만, 15세기에는 저 세상에서 아메리카 대륙을 발견했다!

3

마담 에글렌타인

[초서가 묘사한 수녀원장의 실생활]

또한 수녀, 다시 말하면 수녀원장도 있었는데,
그녀의 미소는 정말 순박하고 온화했다.
맹세를 할 때도 기껏 성(聖) 로이님이라고 부를 정도이고
거창한 말을 하지 않았다.
사람들은 그녀를 마담 에글렌타인이라고 불렀다.
예배를 드릴 때는 적당히 비음을 섞어
열심히 노래를 불렀다.
또한 프랑스어를 제법 유창하게 구사했지만,
스트랫퍼드 앳 더 보*에서 배운 잉글랜드식 프랑스어였고,
파리의 프랑스어는 몰랐다.
식사예절은 익히 알고 있었다.
입에서 음식물을 흘리지도 않았고,
소스에 손가락을 집어넣지도 않았다.
접시에 담긴 음식을 입에 넣을 때는
그것이 가슴 위에 떨어지지 않게 각별히 조심했다.
식사예절을 지키는 것은 그녀의 기쁨이었다.
그녀는 틈틈이 입술을 깨끗이 닦아서

* Stratford at the Bow(Stratford atte Bowe). 중세에 스테프니 교구에 속해 있던 마을로, 현재 런던의 이스트엔드 가에 위치해 있다.

컵에 기름기가 남지 않게 했다.
포도주를 마실 때는 우아했고,
육류는 적당히 먹었다.
그녀는 대단히 쾌활했고,
무척이나 상냥하고 다정했다.
그녀는 궁정풍의 쾌활함을 모방하고
기품 있게 행동하려고 애썼다.
타인의 존경을 받기 위해서였다.
그러나 그녀의 성정은
참으로 자애롭고 인정이 많아,
덫에 걸린 쥐가 죽었거나 피를 흘리는 것을 보면
눈물을 흘렸다.
그녀는 작은 개 몇 마리를 길렀는데,
구운 고기와 우유와 최고급 빵을 먹였다.
그 중의 한 마리가 죽거나 누군가 몽둥이로 개를 때리면,
비탄에 잠겼다.
그만큼 동정심이 많고 마음이 여렸다.
그녀의 머릿수건은 예쁘게 주름이 잡혀 있었고,
코는 오똑했고, 눈은 유리처럼 파랬으며,
입은 작지만 부드러웠고, 입술은 붉었다.
그러나 이마는 상당히 넓었다.
고백컨대 거의 한 뼘은 되었다.
어쨌거나 그녀는 결코 발육이 나쁘지는 않았다.
그녀의 외투는 고상해 보였다.
팔에는 작은 산호에 푸른색 구슬을 박은
묵주(默珠)를 차고 있었다.
번쩍이는 금 브로치가 묵주에 매달려 있었고,
거기에는 멋진 장식의 A자로 시작되는 문구가 새겨져 있었다.
Amor vincit omnia!(사랑은 모든 것을 극복한다!)

—제프리 초서, 『캔터베리 이야기』의 프롤로그

널리 알려진 대로 초서는 다양한 부류의 수다스러운 사람들과 말을 타고 캔터베리로 향한 수녀원장 마담 에글렌타인에 대해 묘사했다. 그의 작품 중에서 수녀원장의 이야기만큼 비평가들의 다양한 해석을 낳은 경우는 없다. 혹자는 그것을 교회의 통속성에 대한 신랄한 비판이라고 해석하고, 혹자는 여성의 우아함을 긍정적이고 매력적으로 묘사하는 것이 초서의 의도라고 주장한다. 그것을 일종의 풍자로 보는 이도 있고, 하나의 이상형으로 보는 이도 있다. 어떤 미국인 교수는 마담 에글렌타인이 작은 개를 좋아하고 남자 어린이를 언급하고 있다는 이유를 들어, 그 이야기는 왜곡된 모성본능에 관한 심리학적 연구라고 말한다. 진정한 역사가는 이상의 현학적 해석에 휘둘릴 필요가 없을 것이다. 그에게는 초서가 묘사한 수녀원장도 수도사나 탁발수사와 마찬가지로 시인의 관찰이 거의 사진처럼 정확하게 표현된 사례의 하나일 따름이다. 초서의 작품 저변에는 언제나 풍자가 잔잔하게 물결치고 있다. 그러나 그것은 결코 과장되는 법이 없으며 원숙하고 즐겁고 무구하고 아주 미묘한 초서 특유의 풍자이다. 문학비평가는 단지 초서의 말과 자신의 감정, 때로는 (짐짓 아닌 척해도) 독창적인 해석을 제시하고 싶은 욕망에 입각하여 판단을 내린다. 그러나 역사가는 많은 것을 알고 있다. 역사가는 수녀원을 연구하는 데 필요한 온갖 종류의 사료를 갖고 있고, 그 속에서 초서가 이야기하는 수녀원장을 수시로 만난다. 무엇보다도 그에게는 주교의 기록부가 있다.

오랫동안 역사가들은 어리석게도 왕, 전쟁, 의회, 배심제도만이 역사라고 단순하게 생각했다. 그들은 연대기와 의회의 법령을 좋아했고, 먼지만 수북이 쌓인 주교의 문서보관소에 들어가 중세의 주교가 쓴 편지나 교구 내에서 일어난 온갖 복잡한 사건이 기록된 두툼한 일지를 뒤져볼 생각은 하지 않았다. 그러나 역사가들이 마음을 고쳐먹고 살펴본 그곳은 사회생활과 종교생활의 거의 모든 측면에 대한 귀중한 정보가 무궁무진하게 묻혀 있는 광산이었다. 물론 그들은 그 광산을 파헤쳐야만 했다. 암석에서 귀금속을 캐내는 것처럼, 역사가들은 그곳에서 알 만한 가치가 있는 대부분의 지식을 발굴해야 했다. 금덩이 하나를 찾기 위해, 광부는 어두운 지하에서 때로는 며칠 동안 작업을 해야 한다. 주교의 문서들을 발굴하는 것이 결코 자신의 품위를 해치는 것이 아니라는 확신이 들었을 때 역사가들은 노다지를 발견했다. 그들은 주교대리의 저택과 그것에 부속된 가구와 정원에 대한 기록, 결혼분쟁과 관련된 문서, 수백 년 전에 사망한 사람들에게 상속된 유쾌한 유산의 항목이 빼곡히 적혀 있는 유언장, 그리고 파문선고장을 발견했다. 또한 빈민구제법이나 주(州)의회가 도입되기 한참 전에 빈민을 구제하거나 도로를 보수하거나 다리를 건설한 사람에게 주어진 면죄부, 이단과 마녀에 대한 심문, 성자의 무덤과 전혀 성자답지 않은 랭커스터의 토머스,* 에드워드 2세, 시몽 드 몽포르† 같은 이들의 무덤에서 일어난 기적에 대한 기술, 주교가 말을 타고 교구를 순회했을 때의 여비 일람표도 찾아냈다. 심지어 필리파 왕비가 어린 시절 부친의 에이노# 성에 있었을 무렵의 용모에 관한 상세한 기록도 있었다. 엑서터의 주교는 그녀가 에드워드 3세의 비가 될 만한 미모와 성품을 갖추고 있는지 살펴보기 위해 직접 에노까지 갔던 것이다. 그녀는 당시 아홉 살이었는데, 주교는 그녀의 영구치가 젖니보다 희고, 코가 크지만 들창코는 아니라고 보고하여 에드워드를 안심시켰다.[1)] 마지막으로 역사가들은 수도원에 대한 다수의 문서를 발견하는 개가를

* 에드워드 2세에게 반기를 들었던 랭커스터 왕가의 백작. 에드워드 2세의 사촌이다.
† 프랑스에서 태어났으나 외가인 레스터 백작 가문의 권리를 되찾기 위해 잉글랜드로 건너가 헨리 3세에 대항했던 인물.
# 벨기에 남서부의 주.

올렸다. 그들은 그 문서들 가운데 순회기록을 찾아냈고, 그 안에서 초서의 수녀원장을 만났다. 순수하고 온화한 미소, 넓은 이마, 예쁘게 주름 잡힌 수녀모자, 브로치, 작은 개. 그녀는 어쩌다 보니 『캔터베리 이야기』라는 답답한 기록 속에 발을 들여놓았지만, 그곳에서 다시 빠져 나오고 싶은 마음이 간절한 듯이 보였다.

마담 에글렌타인이 기록에 남게 된 데는 그럴 만한 이유가 있었다. 중세 잉글랜드에서는 각 교구의 주교(또는 그 사자)가 모든 수녀원과 대부분의 수도원을 수시로 순시하면서 운영실태를 조사하는 관행이 있었다. 그것은 국왕의 장학관이 학교를 정기적으로 시찰하는 것과 유사했으나, 그 양상은 전혀 달랐다. 국왕의 장학관은 강당에 위엄을 부리며 앉아 있는 게 아니라, 교장에서 초급 학년의 제일 어린 학생에 이르기까지 학교의 모든 구성원을 자기 앞에 불러놓고, 학교가 제대로 운영되고 있다고 생각하는지, 선생님들에게 어떤 불만을 갖고 있는지, 어느 학생이 상습적으로 교칙을 위반하는지 물었다. 답변자들은 장학관의 귀에 대고 속삭이듯 말했기 때문에, 다른 사람들은 그 내용을 엿들을 수 없었다. 그러나 주교가 수녀원을 방문했을 때는 다음과 같은 일이 벌어졌다. 우선 그는 자신이 방문할 예정이니 영접할 준비를 하라는 편지를 보낸다. 그 후 그는 몇 명의 서기와 한두 명의 학식 있는 관리를 거느리고 나타나, 수녀원장과 모든 수녀의 엄숙한 환영을 받았다. 그는 예배당에서 설교를 했고, 아마도 오찬에 초대받았을 것이다. 그런 다음에 그는 수녀원장부터 위계에 따라 한 명씩 자기 앞에 불러놓고 면담을 시작했다. 수녀들은 서로의 일에 대한 이야기를 털어놓아야만 했다. 주교는 수녀원장이 수녀원을 잘 관리하고 있는지, 일과는 어김없이 수행되고 있는지, 재정상태에 문제는 없는지, 계율은 잘 지켜지는지 등을 파악하고자 했다. 이 시간은 수녀들이 불만을 토로하는 기회이기도 했다.

수녀들은 불만이 많았다. 쉴 새 없이 재잘거리는 오늘날의 여학생들도 수녀들의 수다 솜씨에는 혀를 내두를 것이다. 어떤 수녀가 동료 수녀의 뺨을 때렸는지, 누가 일과기도를 빼먹었는지, 누가 친구들과 노느라 정신이 빠졌는지, 누가 허락 없이 외출했는지, 누가 떠돌이 악사와 눈이 맞아 도망쳤는지, 주교는 확실하게 들을 수 있었다. 요컨대 수녀원 전체의 질서가 엉망이거나 수녀들이 서로의 잘못을 눈감아주기로 하거나 주교에게 고자질하지 않기로 약속하지 않는 이상(사실은 약속해놓고 어기는 일도 종종 있었다), 주교는 모든 이야기를 들을 수 있었다. 그리고 수녀원장이 수녀들 사이에서 평판이 좋지 않을 경우, 그녀에 대한 이야기도 확실히 들었다. "원장님은 자기 방에서 혼자 진수성찬을 즐기고, 우리는 절대 부르지 않아요"라고 한 수녀가 말한다. 다음 수녀는 "원장님은 편애가 심해, 자기가 좋아하는 수녀는 가볍게 꾸짖고 넘어가고 미워하는 수녀는 가차 없이 처벌한답니다"라고 털어놓는다. 세 번째 수녀는 "원장님은 공포의 잔소리꾼"이라고 불평하고, 네 번째 수녀는 "원장님은 수녀라기보다는 속인처럼 옷을 입고 반지와 목걸이까지 해요"라고 일러바친다. "원장님은 걸핏하면 친구를 만나기 위해 말을 타고 외출하세요." 다섯 번째 수녀의 말이다. "원장님은 사무가 서툴러서 건물을 저당 잡혀 돈을 빌리고, 예배당은 허물어지기 직전이고, 우리는 먹을 것이 충분하지 않으며, 2년 동안 옷도 지급받지 못했습니다. 또 주교님의 허가 없이 숲과 밭을 매각했고, 우리가 제일 좋아하는 숟가락까지 전당포에 잡혔답니다. 원장님은 마땅히 우리와 상의해야 할 일도 결코 상의하는 법이 없으니, 이 모든 일은 당연한 결과이지요." 수녀들은 이런 이야기를 끝도 없이 늘어놓았다. 주교는 틀림없이 손가락으로 귀를 막으면서 제발 그만하라고 고함쳤을 것이다. 특히 수녀원장의 입을 통해 수녀들이 얼마나 반항적이고 성격이 고약하고 행실이 좋지 않은지 30분 동안 들었다면, 주교는 그녀의 입장을 이해하고 수녀들의 고자질을 당장 중단시켰을 것이다.

이 모든 이야기를 주교의 서기는 두툼한 일지에 하나하나 기록했다. 면담이 끝난 뒤, 주교는 수녀 전원을 다시 집합시켰다. 만일 그녀들이 "아무 문제도 없어요"라고 답했거나(가끔 있는 일이다) 사소한 과실만 언급했다면, 주교는 그들을 칭찬한 후 돌아갔다. 하지만 심각한 문제가 발견된 경우에는, 개별 사안을 검토해서 잘못을 저지른 자를 꾸짖은 뒤 시정을 명령했다. 그리고 자신의 관저 또는 체재 중인 지역의 장원으로 돌아가, 접수된 불만에 의거하여 사태를 개선할 방안을 제시하는 일련의 훈령을 작성했다. 주교는 한 통의 훈령은 자신의 기록부에 철하고, 다른 한 통은 인편으로 수녀들에게 보냈다. 수녀들은 수시로 그것을 큰 소리로 읽고, 그것에 적힌 모든 지시에 복종해야 했다. 우리가 발견한 다수의 주교 기록부에는 주교의 서기들이 필사한 훈령목록이 포함되어 있다. 특히 15세기 링컨의 선량한 주교 안워의 기록부에는 수녀들의 수다스러운 입에서 나온 이야기를 받아 적은 자료가 남아 있는데, 이것은 중세의 모든 기록 가운데 가장 인간적이고 재미있는 자료이다. 특히 링컨과 같은 교구에는 수도원 해산(16세기) 이전까지의 3세기에 걸친 기록부가 거의 빠짐 없이 보존되어 있기 때문에, 우리는 일련의 순회기록을 통해 일부 수녀원의 전반적인 역사를 추적할 수 있다. 그런 만큼 순회기록은 중요한 역사적 가치를 지닌 자료인 것이다.

그렇다면 초서가 서더크의 타바드 여관 밖에서 말에 오르는 그녀를 보기 전에 마담 에글렌타인은 어떻게 생활했을까? 주교의 기록부는 그것에 대해 무엇을 알려줄 수 있을까? 그녀는 틀림없이 어린 나이에 처음 수녀원에 왔을 것이다. 중세에는 소녀의 나이가 열다섯만 되면 성인으로 간주했기 때문에, 열두 살에 결혼하는 것은 예사였고 열네 살이면 수녀가 될 수 있었다. 아마도 에글렌타인의 아버지에게는 지참금을 마련해 출가시킬 딸이 세 명 있었고, 젊고 쾌활한 멋쟁이 아들이 있었을 것이다. 이 아들은 당시에 유행하던 옷을 사는 데 많은 돈을 썼다. 이를테면,

적백(赤白)의 선명한 꽃무늬가 듬뿍
수놓인……소녀 취향의.

그는 속 편하게 막내딸부터 후딱 치워버리기로 했다. 어느 여름날 지참금(교회법은 자발적인 헌납 이외의 금품 수수를 금지했지만, 지참금 없이 수녀원에 들어가기란 사실상 불가능했다)을 챙겨 에글렌타인의 손을 잡고 집을 나선 그는 몇 킬로미터 떨어진 곳에 있는 수녀원에 그녀를 집어넣었다. 이 수녀원은 그의 선조가 세운 것이었다. 우리는 그가 돈을 어느 정도 썼는지는 짐작할 수 있다. 이곳은 입회조건이 까다로운 귀족적인 수녀원으로, 입회비로 오늘날의 돈 가치로 환산해서 200파운드를 지불해야 했다. 또 에글렌타인에게 새 옷과 침대, 그 밖의 몇 가지 가구도 사줘야 했다. 그리고 그녀가 수녀가 되는 날에는 모든 수녀와 자신의 친구를 초대하여 잔치를 열고 설교를 한 수도사에게는 사례비를 주어야 했는데, 이 비용 또한 만만치 않았다.[2] 그러나 당장 잔치가 열리지는 않았다. 에글렌타인은 서원(誓願)을 할 만한 연령에 이를 때까지 몇 년 동안 견습수녀로 지내야 했기 때문이다. 그때까지 그녀는 수녀원에 머물면서 다른 견습수녀들과 함께 노래하고 읽는 법, 스트랫퍼드 앳 더 보에서 사용되는 프랑스어를 배워야 했다. 어쩌

면 그녀가 제일 어렸을 것이다. 소녀들은 보통 스스로 수녀가 되겠다고 결심할 만한 나이가 되어서야 수녀원에 들어갔기 때문이다. 하지만 견습수녀들 중에는 그녀만큼 어린 소녀가 한두 명 더 있었을지도 모른다. 슬픈 운명을 타고난 소녀도 있었다. 그녀의 슬픈 운명에 대해서도 따분한 법률책에 기록되어 있다. 이 소녀는 유산을 노리는 의붓아버지에 의해 수녀원에 갇혔고(수녀는 이 세상사람이 아닌 것으로 간주되었기 때문에 토지를 상속할 수 없었다), 수녀들한테는 수녀원 밖으로 나갈 생각을 하면 악마가 잡아간다라는 이야기를 들었다.[3] 하지만 밝은 성격의 에글렌타인은 수녀원생활을 좋아했고, 그곳에서 가르치는 깍듯한 식탁예절과 프랑스어 회화에는 타고난 소질을 보였다. 비록 소녀티를 벗지 못하여 엄마 품에 있을 때와 다름없이 화려한 옷과 애완견을 좋아했지만, 15세가 되자 주저 없이 수녀가 되었다. 그녀는 자신을 위한 잔치가 열리면 즐거워했고, 수녀를 가리키는 존칭인 마담 또는 데임으로 불러주면 더없이 기뻐했다.

세월은 흘러갔고, 에글렌타인은 수녀원의 벽 안에서 그럭저럭 평온하게 생활했다. 수녀원이 존재하는 궁극적인 목적, 대부분의 수녀원이 충실하게 추구하던 목적은 하느님을 찬미하는 것이었다. 에글렌타인은 대부분의 시간을 수녀원의 예배당에서 노래하고 기도하는 데 보냈다. 우리가 알고 있듯이, 그녀는

> 예배를 드릴 때는 적당한 비음을 섞어
> 열심히 노래를 불렀다.

수녀들은 날마다 일곱 번의 성무일도(聖務日禱)를 행해야 했다. 오전 2시경에는 밤예배를 드렸다. 예배를 알리는 종이 울리면 모두 침

대에서 일어나 추위와 어둠 속에 예배당으로 가서 아침기도를 하고 곧이어 찬미경을 행했다. 그리고 동틀 무렵에 다시 침대로 가서 3시간 동안 잠을 잔 뒤, 6시에 기상하여 일시과(一時課)를 행했다. 그 후 삼시과(三時課, 오전 9시), 육시과(六時課, 정오), 구시과(九時課, 오후 3시), 저녁기도, 끝기도의 성무를 차례로 행했다. 마지막 예배인 끝기도는 겨울에는 저녁 7시, 여름에는 저녁 8시에 있었다. 끝기도가 끝나면 수녀들은 곧장 잠자리에 들어야 했다. 그 밖에도 수녀의 규칙에는 다음과 같은 사항이 있었다. "고의로 다른 사람을 밀치거나 계단을 오르내릴 때 침을 뱉으면 안된다. 이를 어기는 자는 추방한다."[4] 수녀들은 중간에 밤예배 때문에 깨야 했지만, 약 8시간을 잤다. 식사는 세 번 했다. 아침은 일시과가 끝난 뒤에 빵과 맥주로 가볍게 요기를 했고, 점심은 큰 소리로 강독을 한 뒤에 충분히 먹었고, 저녁은 오후 5시 또는 6시의 저녁기도 직후에 간단히 먹었다.

겨울에는 정오에서 오후 5시까지, 여름에는 오후 1시에서 6시까지, 에글렌타인과 동료들은 수작업이나 학업에 몰두했고, 틈틈이 일정한 시간의 성스러운 휴식을 취했을 것이다. 그녀는 실을 잣거나, 청색 실과 금색 실로 성모 마리아의 영광스러운 첫 글자인 M자를 옷에 멋들어지게 수놓았을 것이다. 아니면 솜씨를 발휘하여 친구들에게 줄 작은 비단지갑과 피가 날 때 팔에 감는 밴드를 만들었을 것이다. 그녀는 「시편」과 수녀원에 소장된 성자의 전기를 열심히 읽었을 것이다. 그녀가 읽은 책은 주로 프랑스어나 영어로 된 것이었다. Amor vincit omnia!(사랑은 모든 것을 극복한다!) 정도는 그 뜻을 알고 있었으나, 라틴어는 사실상 거의 몰랐기 때문이다. 어쩌면 그녀가 소속된 수도원은 어린 여학생 몇 명을 받아들여 수녀들과 함께 글과 예법을 익히게 했을지도 모른다. 그녀도 나이가 들었을 때는 어린 여학생들에게 노래하는 법과 책 읽는 법을 가르치는 데 한몫했을 것이다. 여학생들은 행복해했지만, 선량한 수녀들에게 그리 많은 것을 배우지는 못했다. 여름철이면 에글렌타인은 수녀원의 정원에서 일하거나 건초를 만들기 위해 다른 수녀들과 함께 외출해도 좋다는 허가를 받기도 했다. 그리고 돌아오는 길에 식료품 담당 수녀가 수도원 사제의 말 뒤에 탄 모습을 보고 눈이 휘둥그레졌다.[5] 그녀는 수도원에 돌아온 뒤, 건장한 댄 존의 등 뒤에 앉아 말을 타고 달리면 정말 재미있겠다는 생각을 했다고 고해신부에게 털어놓았다.

일정한 휴식시간을 제외하면, 수녀원에는 거의 하루 종일 엄숙한 침묵이 흘렀다. 에글렌타인이 동료들과 의사를 주고받고 싶을 때는 수신호를 이용해야 했다. 하지만 중세 수도원에서 사용되던 수신호를 만든 사람들은 발명의 재능은 풍부했으나 유머감각은 형편없었다. 그래도 에글렌타인의 식탁에서 오가던 복잡한 무언의 신호는 적어도 말보다는 웃음을 유발하는 힘이 강했다. 생선이 먹고 싶은 수녀는 "손을 비스듬히 기울여 생선꼬리처럼 흔들었다." 우유를 마시고 싶은 사람은 "왼손 새끼손가락으로 우유를 짜는 흉내를 냈다." 겨자를 원할 때는 "오른손을 움켜쥐고 코를 문질렀다." 소금이 필요할 때는 "오른손 엄지와 검지로 왼손 엄지를 튕겼다." 포도주를 마시고 싶은 경우에는 "눈높이로 손을 들어 검지를 엄지의 아래위로 흔들었다." 미사에 쓰일 향을 준비하지 못해 죄의식을 느끼는 성물(聖物) 담당자는 "두 손가락을 콧구멍에 집어넣었다." 수녀들을 위해 작성된 한 일람표에는 106개 이상의 수신호가 있었다. 따라서 수녀의 규칙이 다음과 같이 명하는 것도 이해가 간다. "정당한 사유나 필요 없이 그것을 사용하는 것은 옳지 않다. 그런 나쁜 말은 하느님에 대한 크나큰 불경이기 때문이다."[6]

물론 수녀들도 인간인 이상, 그 모든 예배와 침묵에 때로는 진저리가 났을 것이다. 종교생활은 결코 편안하지 않았고, 편안함을 위한 것도 아니었다. 그것은 노동과 책임으로부터 도피하기 위한 간편한 수단이 아니었다. 수도원이 번창했던 초기에는 하느님의 부름을 받은 남녀, 즉 수도생활에 정말로 적합한 사람만이 수도원에 들어갔다. 게다가 그들은 정신수업뿐만 아니라 육체수업과 두뇌수업에도 정진했다. 그들이 하던 일에는 변화가 많았으므로 하루하루가 휴일처럼 즐거웠다. 현명한 성 베네딕트가 만든 규율의 기초는 변화와 불변, 또는 다양성과 규칙성의 조화로운 결합이었다. 그는 인간의 본성을 꿰뚫고 있었던 것이다. 따라서 수도사와 수녀는 예배를 지겨워하기는커녕 하루 중 최고의 시간이라고 생각했다. 그러나 초서가 살고 있던 중세 후기에는 젊은이들이 하느님의 부름을 받은 게 아니라 하나의 직업을 갖기 위해 수도원에 들어가기 시작했다. 진정한 신앙생활을 추구하기 위해 서원을 하는 남녀도 여전히 많았지만, 그들 사이에 수도생활에 적합하지 않은 사람들이 끼어들었던 것이다. 이들은 수도원생활에 적응하지 못해 힘들어했고, 이들로 인해 수도원의 수준은 낮아졌다. 에글렌타인이 수녀가 된 것은 아버지가 신랑감을 찾는 수고와 비용을 아끼려 했기 때문이고, 양갓집에서 자란 여성이 결혼하지 않고 살아갈 수 있는 거의 유일한 방법이었기 때문이다. 더욱이 그 무렵에는 수도사와 수녀가 게을러졌다. 그들은 손을 사용하는 노동은 물론이고 머리를 쓰는 일도 거의 하지 않았다. 특히 수녀원에서는 초기의 학문적 전통이 완전히 사라졌고, 대부분의 수녀는 성무일도의 라틴어를 거의 이해하지 못했다. 그 결과, 수도원생활은 성 베네딕트가 창안한 다양성이라는 중대한 축을 잃어버리기 시작했다. 수도사와 수녀는 때때로 규칙성을 성가시게 여기게 되었다. 일련의 성무일도는 대단히 단조로운 일과로 전락했으며, 신앙의 열정이 담기지 않은 노래는 더 이상 그 기도에 생기를 불어넣지 못했다(이런 일이 모든 또는 대부분의 수도원에서 일어났다고 생각해서는 안된다). 경우에 따라 기도는 공허한 형식이 되었고, 수도사와 수녀는 간절한 마음 없이, 때로는 부끄러울 만큼 불경스러운 태도로 대충대충 기도를 끝마쳤다. 이는 지나치게 규칙적인 일과에 대한 거의 필연적인 반응이었다.

중세 후기에는 수도원에서 기도시간을 엄수하지 않거나 무성의하게 기도를 드리는 죄가 거의 보통의 일이었다. 이 문제에 관한 한 언제나 수도사들이 수녀들보다 한술 더 떴다. 그들은 가끔 기도를 "게을리 했고," 때로는 매우 경박하게 행동했다. 1330년에 엑서터의 수도참사회원들*은 기도시간에 킥킥거리고 장난치고 싸우다가 상단의 성직자석에 켜져 있는 촛불의 뜨거운 촛농을 하단의 성가대석에서 노래를 부르고 있던 사람들의 제발한 머리 위에 떨어뜨렸다![7] 그들은 자정이 조금 지난 시간에 행해지는 아침기도에 지각하기 일쑤였다. 이런 일은 수녀원에서도 비일비재했다. 수녀들은 끝기도를 마치고 나면 규정대로 침상으로 직행하지 않고 습관적으로 음료수를 마시면서 수다를 떨었기 때문에, 새벽 한두 시에 눈을 뜨기가 쉽지 않았다. 따라서 아침기도 시간에는 졸기 일쑤였고, 늦잠꾸러기로 알려진 새뮤얼 존슨만큼이나 아침에 일찍 일어나는 것이 괴로웠다. 현명한 성 베네딕트는 규율을 정할 때, 그런 어려움이 있을 줄 미리 알고 있었다. "성무일도를 위해 일어날 때, 잠이 덜 깬 자는 이런저런 핑계를 둘러댈 터이므로 서로 따뜻하게 격려할 것."[8] 1519년에 스테인필드†의 수녀원을 방문한 주교는 마지막 종이 울리고 나서 30분이 지나서야 기도

* 사유재산을 포기하고 공동체적 수도생활을 하던 주교좌성당 소속의 성직자들.

† 잉글랜드 동부 링컨셔 주에 있는 작은 마을.

가 시작되고, 일부 수녀는 노래를 부르지 않고 꾸벅꾸벅 졸고 있는 것을 발견했다. 양초가 부족하여 어두운 탓도 있었지만, 전날 밤에 늦게 취침한 것이 가장 큰 이유였다.[9] 우리들 가운데 죄 없는 자가 먼저 돌을 던져라! 또한 수도사와 수녀는 정당한 이유가 있든 없든 기도가 채 끝나기 전에 살짝 빠져 나가는 경향이 있었다. 그들이 늘어놓는 핑계는 식사준비를 해야 한다거나 객사(客舍)를 청소해야 한다거나 정원의 잡초를 뽑아야 한다거나 몸이 좋지 않다는 것 따위였다. 그러나 그들이 가장 많이 범하던 죄는 성무를 빨리 끝내기 위해 성가를 최대한 빨리 부르는 것이었다. 그들은 단어의 첫 음절과 마지막 음절을 생략했다. 또한 시의 연(聯)과 연 사이에 있는 쉼표를 무시했으므로, 성가대의 한쪽이 첫 번째 연을 다 부르기도 전에 다른 쪽은 두 번째 연을 부르기 시작했다. 그들은 문장을 생략했고, "적당한 비음을 섞어 열심히" 불러야 할 부분을 웅얼거리며 대충 넘어갔다. 이런 식으로 그들은 장엄한 단선율(單旋律) 성가를 완전히 망쳐놓았다. 성가를 건성으로 빨리 부르는 죄가 다반사로 행해지자, 악의 아버지는 티티빌루스라는 특별한 악마를 고용하게 되었다. 그의 유일한 임무는 수도사들이 빼먹은 모든 음절을 모아서 큰 자루에 담아 주인에게 갖다주는 것이었다. 이 악마에 대해서는 많은 것이 알려져 있다. 이는 그가 신앙심 깊은 사람의 눈에 잘 띄었기 때문이다. 경건한 사람은 대체로 악마를 알아보는 예리한 눈을 갖고 있었다. 어떤 라틴어 시는 그 자루 안의 내용물을 주의 깊게 분류하고 있다. "이하는 거룩한 성가를 사악하게 타락시키는 자들이다. 엉거주춤한 자, 헐떡이는 자, 뛰어넘는 자, 빨리 걷는 자, 꾸물거리는 자, 중얼거리는 자, 서두르는 자, 앞서 나가는 자, 빠뜨리는 자. 티티빌루스는 이런 사람들이 내뱉은 말의 파편을 수집한다."[10] 실제로 신성한 시토회의 어느 수도원장은 그 불쌍한 악마를 만나서 놀라우리만치 근면한 그의 활동에 대해 직접 들었다고 한다. 15세기에 시온의 수녀들을 즐겁게 해주기 위해 쓰인 『수녀들의 거울』에 나오는 그 이야기는 다음과 같다. "경건한 시토회의 수도원장이 아침기도 시간에 수녀석에 앉아 있을 때, 길고 큰 자루를 목에 매단 악마가 수녀들 옆으로 다가와 누군가가 빠뜨린 문자·음절·단어를 하나라도 놓칠세라 부지런히 모아서 자루에 넣는 것을 보았다. 그리고 수도원장 앞에 온 그는 자루에 넣을 만한 것이 원장의 입에서 나오기를 기다렸다. 원장은 악마의 더럽고 흉측한 모습에 크게 놀라 말문을 열었다. '너는 대체 누구냐?' 그는 대답했다. '나는 불쌍한 악마로, 이름은 티티빌루스입니다. 나는 내게 부여된 임무를 수행하고 있습니다.' '너의 임무가 무엇이냐?' 악마가 답했다. '나는 날마다 당신의 수도원에서 기도문을 읽거나 성가를 부를 때 일어나는 실수와 태만, 생략되는 음절과 단어를 천 개의 자루에 담아 주인에게 갖다 바쳐야 합니다. 그렇게 하지 않으면 치도곤을 먹는답니다.'"[11] 그러나 그가 주인에게 자주 얻어맞았을 것 같지는 않다. 물론 마담 에글렌타인은 비음을 섞어 열심히 노래했기 때문에 악마에게 조금도 도움이 되지 않았을 것이다. 한가할 때면, 즉 수도사들이 성가에서 빠뜨린 사소한 부스러기들을 분주하게 수집하지 않을 때면, 티티빌루스는 교회에서 수다를 떠는 사람들의 허접한 이야기를 자루의 모퉁이에 채워 넣곤 했다. 또한 높은 곳에 앉아서, 하느님의 영광이 아니라 자신의 영광을 위해 노래하던 잘난 체하는 테너들의 고음을 남김없이 채집했다. 그들은 목소리가 변한 연장자들보다 세 음은 높게 잡아 노래를 불렀다.

그러나 수도원생활의 단조로움은 수녀들이 부지불식간에 티티빌루스의 자루를 채워주는 결과만 가져왔던 게 아니다. 지나친 단조로움은 때때로 그녀들의 감정을 폭발시켰다. 수녀들이 수도원에서 생활하게 된 것은 결코 그녀들이 성자이기 때문은 아니었다. 수녀들의 성깔도, 마을의 다른 아줌마들이 자기보다 먼저 교회에 가면 자애심을 잃고 분개했다는 바스의 여인*에 결코 뒤지지 않았다. 때로는 심하게 서로의 신경을 건드리기도 했을 것이다. 『농부 피어스』를 읽은 사람은 7대 죄악이 찾아왔을 때, 분노가 수녀원장을 어떻게 사주했는지 기억할 것이다.

> 이에 나 분노는 저주를 내리노라.
> '거짓말쟁이' '거짓말쟁이'라는 절규가 동시에 터져 나와
> 서로가 서로의 뺨을 때리고
> 만일 칼이 있다면, 오 주여, 서로가 서로를 찌를 때까지.

15세기의 어떤 수녀원장은 일과기도 중에 수녀들의 베일을 잡고 '거짓말쟁이!' 또는 '매춘부!'라고 고함치며 질질 끌고 다녔다고 한다.[12] 또 16세기의 한 수녀원장은 수녀들을 발로 걷어차고 주먹으로 머리를 때리고 발목에 차꼬를 채웠다고 한다.[13] 물론 이런 유감스러운 일이 자주 벌어지지는 않았다. 하지만 모든 수녀원장이 "무척이나 상냥하고 다정"하거나, 기품 있게 행동한 것은 아니었다. 수도원 순회기록부를 보면, 고약한 성격과 작은 말다툼이 이따금 수도원생활의 평화를 깨뜨렸다는 것을 알 수 있다.

이쯤에서 다시 에글렌타인에게 돌아가자. 그녀는 10~12년 동안 수녀로 지냈고, 예배시간에 성가를 열심히 불렀으며, 성격이 좋고 품행도 단정하여 매우 인기가 높았다. 게다가 좋은 집안에서 태어났다.

* 『캔터베리 이야기』의 등장인물. 바스는 잉글랜드 남서부의 에이번 주에 있는 온천도시이다.

초서는 그녀의 훌륭한 식사예절과 정중함에 대해 많은 이야기를 하고 있는데, 이는 그녀가 가정교육을 제대로 받았음을 의미한다. 실제로 초서는 에글렌타인의 행동거지를 서술할 때, 봉건시대 소녀의 예의범절에 관한 책을 그대로 베꼈는지도 모른다. 심지어 그녀의 어여쁜 외모—반듯한 코, 파란 눈, 작고 붉은 입—는 궁정의 기준과 한 치도 어긋남이 없다. 수녀원은 상류층을 위한 곳이었다. 귀부인이나 유복한 시민의 딸은 수녀원에 들어갈 수 있었으나, 가난하고 미천한 집안의 소녀는 결코 들어갈 수 없었다. 그래서 수녀들은 아마도 그녀의 방정한 품행과 원만한 성격, 고귀한 신분을 감안할 때, 늙은 수녀원장이 죽고 나면 그녀를 원장으로 뽑는 게 어떻겠냐고 자기들끼리 수군거렸을 것이다. 결국 수녀들은 그렇게 했다. 그녀가 초서를 만났을 때는, 이미 수녀원장이 되고 몇 년이 지난 뒤였다. 처음에 그녀는 매우 흥분했다. 에글렌타인은 연상의 수녀들로부터 '원장 수녀님'(Mother)이라 불리고, 개인 집무실에 앉아 방문객들을 맞이하는 것이 즐거웠다. 그러나 얼마 지나지 않아 원장자리가 결코 꽃방석이 아님을 깨닫게 되었다. 수녀원의 책임자로서 그녀가 해야 할 일은 태산만큼이나 많았다. 수녀원 내부의 규율을 감독해야 할 뿐만 아니라, 금전문제를 관리하고, 영지관리인에게 지시를 내리고, 지대가 꼬박꼬박 납입되고 있는지, 수녀원 소속의 교회에 십일조의 교구세가 들어오고 있는지, 그녀가 소유한 양의 몸에서 깎아낸 양모를 사러 온 이탈리아 상인이 적당한 값을 쳐주는지 일일이 신경을 써야 했다. 이 모든 일을 할 때, 그녀는 수녀원 회의를 소집하여 수녀들의 조언을 구해야 했다. 하지만 가끔 에글렌타인은 자기 혼자 일을 처리하는 게 낫다고 생각했고, 수녀들과 상의하지 않고 서류에 수녀원 직인을 찍기도 했을 것이다. 만일 직장, 학교, 또는 단체의 책임자가 아랫사람에게 일을 맡기는 것보다 자기 혼자 사무를 처리하는 게 훨씬 능률적이라고 의기양양하게 말한다면, 사람들은 당연히 그를 불신할 것이다. 그런 말은 그가 독재자이거나 조직의 힘을 이용할 줄 모른다는 것을 뜻한다. 마담 에글렌타인은 마음씨가 고왔지만, 그래도 독재자는 독재자였다. 게다가 귀찮은 것을 아주 싫어했다. 그래서 매사를 일일이 수녀들과 상의하지는 않았다. (초서는 언급하지 않았으나 그녀의 과거를 여러 모로 조사한 결과) 그녀는 매년 수입과 지출의 명세서를 보고해야 하는 당연한 의무를 종종 회피했던 것으로 보인다.

물론 수녀들은 그런 처사에 항의했고, 주교가 처음으로 순회차 방문했을 때 주교에게 불만을 터뜨렸다. 그들은 에글렌타인이 일처리가 서툴러 빚까지 졌다고 일렀다. 돈에 쪼들리면 수녀원 소속의 숲을 팔고, 현금으로 한꺼번에 수령할 돈을 연부(年賦)로 받기로 약속하고, 농장을 낮은 소작료에 장기간 임대하는 등, 결국에는 수녀원에 손해를 끼칠 일을 많이 했다고 고자질했다. 그 밖에도 그녀는 비가 새는데도 교회지붕을 수리하지 않아 성가를 부를 때면 빗물이 수녀들의 머리 위로 떨어졌다. "주교님, 제발 구멍 난 우리의 옷을 살펴보시고, 원장에게 새 옷을 지급하라고 말씀해주시겠습니까?" 악독한 수녀원장들은 자기 용돈을 마련하기 위해 수녀원 문양이 들어간 식기와 보석류를 전당포에 맡기는 일조차 있었다. 그러나 에글렌타인은 관리능력이 부족했을 뿐, 결코 사악하거나 부정직하지는 않았다. 문제는 그녀가 셈에 약하다는 것이었다. 단언컨대 그녀에게는 숫자개념이 없었다. 초서가 그녀에 대해 기술한 것만 읽어보아도 그녀가 수학과 담을 쌓았음을 쉽게 알 수 있다. 게다가 수녀들은 과장을 일삼았다. 그들의 옷은 구멍이 난 것이 아니라 닳아서 약간 헤졌을 뿐이다. 결벽증이 있는 에글렌타인이 수녀들에게 누더기 옷을 입혔을 리 만무하다. 교회

지붕문제도 필요한 돈을 모아서 조만간 기와를 이을 생각이었다. 그러나 중세의 수녀원에서 수지를 맞추기란 실제로 여간 어려운 일이 아니었다. 더구나 (누차 말하지만) 숫자개념이 없는 경우에는 특히 어려웠다. 아마 주교는 토지가 어떻게 관리되고 있는지 살펴본 뒤, 모든 일을 수녀들과 상의해서 처리하라고 명했을 것이다. 그는 수녀원의 공인(公印)을 상자에 넣고 서로 다른 3종의 자물쇠를 채운 뒤, 마담 에글렌타인과 두 명의 고참 수녀에게 열쇠를 하나씩 주었다. 에글렌타인 혼자서는 공인 상자를 열 수 없게 하려는 것이었다. 이제 그녀는 다른 수녀들의 동의 없이는 어떤 사무적인 계약에도 도장을 찍을 수 없게 되었다. 그리고 주교는 그녀에게 지출 및 수입 내역을 장부에 기재하여 해마다 수녀들에게 공개할 것을 명했다(문서국에는 아직도 그녀의 장부 뭉치가 보관되어 있다). 끝으로 그는 이웃 교구의 사제에게 자신을 대리하여 수녀원의 사무를 관리하도록 했다. 에글렌타인은 수시로 그의 도움을 받을 수 있었고, 그 뒤로는 모든 일이 순조로웠다.

에글렌타인은 사무적인 일에는 도통 흥미를 느끼지 못했던 것 같다. 그녀는 수녀원 내부의 문제를 감독하고, 방문객을 접대하고, 가끔 영지 현황을 살피러 외출할 때가 훨씬 즐거웠다. 그녀는 수녀원장으로서 수녀시절보다 더욱 자유롭고 화려하게 생활할 수 있다는 점을 깨닫기 시작했다. 수녀원장은 침실과 식당을 수녀들과 공동으로 사용하는 게 아니라 자신만의 공간을 가질 수 있었다. 한동안 그녀는 전용 부엌이 딸린 작은 가옥을 혼자 사용하기도 했다. 16세기에 윈체스터 소재 성모 마리아 수녀원의 원장은 세속의 귀부인 부럽지 않게 시중을 드는 직원, 즉 요리사·보조요리사·가정부·시녀를 한 명씩 두었고, 공식행사가 있는 경우를 제외하곤 일반 수녀들과 함께 식사를 하지도 않았다. 그런 직원 외에도 수녀원장은 보통 수녀 한 명을 수행원으로 삼아 자신을 보조하고 자신의 선행을 목격하도록 했다. 이 수녀는 원장의 수행수녀라고 불렸는데, 특정 수녀에 대한 편애를 막기 위해 매년 교체하게 되어 있었다. 마담 에글렌타인이 순례를 떠났을 때, 세 명의 사제와 함께 수행수녀도 동행했다. 수녀 혼자 외출하는 것은 절대 허용되지 않았기 때문이다. 수녀원장으로서 마담 에글렌타인이 해야 할 임무 가운데 하나는 그녀 특유의 품격과 쾌활함으로 방문객들을 접대하는 일이었다. 아마 그녀는 많은 방문객을 맞이했을 것이다. 형부의 영지에서 어엿한 귀부인으로 살고 있는 언니들, 연로한 아버지, 그리고 지방유지들이 그녀를 축하해주기 위해 수녀원을 찾았다. 그 후에도 그들은 여행 중에 근처를 지나게 되면 수녀원에 들러 닭고기, 포도주, 최고급 빵이 나오는 식사를 대접받거나 하룻밤 묵고 갔다. 어떤 귀부인들은 남편이 전장에 나갔거나 로마로 순례를 떠나 있는 동안 수녀원에 와서 일정 정도의 경비를 내고 1년이나 머물렀다. 농촌의 신사나 부유한 시민은 자기가 집에 없을 때 아내가 수녀원에 기숙하는 것을 무엇보다도 기뻐했기 때문이다.

하지만 이 모든 방문객과 기숙인은 수녀들의 평화와 평정을 크게 교란시켰다. 특히 기숙인은 수녀원의 질서를 어지럽혔다. 이들은 화려한 옷을 입고 개를 기르고 자기 손님까지 불러들여 수녀원의 분위기를 흐렸다. 어떤 수녀원에는 다음과 같은 주교의 명령이 남아 있다. "자신의 모든 식구와 다른 여자들을 데리고 온 펠머샴의 처를 너희 수녀원에서 1년 안에 확실히 내보낼 것. 그녀 일행의 복장과 그들을 찾아오는 자들의 행실은 수녀들을 동요시키는 나쁜 본보기가 된다고 생각되기 때문이다."[14] 주교가 세속적인 기혼여성의 기숙에 그토록 강경하게 반대한 이유는 쉽게 상상할 수 있다. '펠머샴의 처'를 '바스의 여인'으로 대체하면, 모든 것이 설명된다. 그 여인은 수녀원장이 쉽게 거부할 수 있는 인물이 아니었다. 그녀의 화려한 순회경력은 어느 수녀원에나 출입할 수 있는 확실한 자격증이었다. 바스의 여인은 틈새가 심하게 벌어진 치아를 드러내며 웃었고, 느릿느릿 걷는 말을 타고 다녔는데, 그녀가 수녀원 문을 들어서는 순간부터 다시 나갈 때까지의 한 달 동안은 흥분의 연속이었을 것이다. 머릿수건의 주름을 가장 멋지게 잡는 방법을 마담 에글렌타인에게 가르쳐준 것도, "원형의 작은 방패만큼 폭이 넓은" 모자와 주홍색 스타킹을 일부 수녀원에 보급한 것도 틀림없이 그녀였을 것이다. 주교들은 그 모든 것을 혐오했다. 그러나 온갖 노력을 기울였음에도 불구하고, 그들은 기숙인들을 완전히 추방하는 데는 실패했다. 수녀원에서는 그들이 식대와 숙박비로 지불하는 돈이 언제나 필요했기 때문이다.

이런 방문객들과의 지속적인 교류가 마담 에글렌타인의 수녀원에 속세의 풍습을 퍼뜨렸으리라는 것은 쉽게 짐작할 수 있다. 어쨌든 수녀들은 여성이었고, 여성 특유의 허영심을 갖고 있었다. 그러나 권위의 본산인 로마 교회는 여성의 허영심을 결코 사랑스럽게 여기지 않았다. 로마 교회의 판단에 의하면, 악마가 수녀들을 지옥에 떨어뜨리기 위해 부하 셋을, 즉 춤과 옷과 개를 보냈다는 것이다. 중세의 잉글랜드는 춤과 무언극과 음유시인의 노래로 유명했다. 흑사병, 역병, 기아, 인간 대 인간의 잔혹한 대립이 인생을 암울하게 했지만, 그래도 춤과 노래를 사랑했기에 중세의 잉글랜드는 즐거운 잉글랜드(Merry England)였다. 그러나 춤에 관한 한 교회의 입장은 단호했다. 그것을 한 도덕주의자는 하나의 격언으로 명료하게 요약했다. "악마는 춤의 발명가이자 지배자이자 주관자이다"라고. 그렇지만 마담 에글렌타인이 연말에 수녀들에게 공표한(혹은 공표하지 않은) 계산서에는, 신년과 주현절(主顯節, 1월 6일)의 축연비용, 오월제의 놀이비용, 모닥불의 밤[성 요한 축일]에 먹는 빵과 에일(ale, 맥주의 일종)의 비용, 크리스마스에 초대한 하프 연주자와 예인(藝人)의 수고비, 소년주교*가 찾아왔을 때의 선물, 성영아(聖嬰兒) 순교축일(Innocents' Day, 12월 28일)에 가장 나이 어린 여학생이 예쁜 옷을 입고 그날 하루 수녀원장의 역할을 수행했을 때 주던 격려금 등의 지출내역이 포함되어 있다. 그리고 주교의 기록부를 보면, 마담 에글렌타인은 "신성한 영내에서 행해지는 온갖 종류의 음유시인의 시 낭송, 막간극, 춤, 흥청거리는 술판"을 금하라는 명령을 받았음을 알 수 있다. 만일 주교가 크리스마스나 또는 "속세의 사람들과 어울리지 않고 수녀들끼리 휴식을 취하는 시간"에 한하여 예외를 인정해주었다면, 그녀는 정말로 행복했을 것이다. 여하튼 그녀의 궁정풍의 쾌활함에는 춤이 빠지지 않았다는 확신이 선다.[15)]

다음으로 방문객들은 당시에 유행하던 의상을 수녀원에 소개했다. 마담 에글렌타인은 그 옷들을 보고 틀림없이 마음이 흔들렸을 것이다. 그녀는 수녀복이 너무 칙칙하고 흉하며, 수녀원생활은 지나치게 엄격하다는 서글픈 생각이 들었다. 그것에 약간의 즐거움을 가미한다고 해도 아무도 타락하지 않을 것이고 주교도 눈치 채지 못할 것이라는 판단 아래 그녀는 작은 변화를 시도했다. 이 문제로 인해 초서가 그녀를 만났을 때,

> 그녀의 외투는 고상해 보였다.
> 팔에는 작은 산호에 푸른 구슬을 박은
> 묵주(默珠)를 차고 있었다.

* Boy Bishop. 성 니콜라우스의 축일인 12월 6일부터 12월 28일까지 주교의 역할을 대신하기 위해 선발된 소년.

그림 4. 마담 에글렌타인의 일상생활(*MS. Add. 39843*. British Museum).

그리고 묵주에는 번쩍이는 금 브로치가.매달려 있었다.

하지만 안타깝게도 주교의 눈을 속일 수는 없었다. 실제로 주교문서에는 마담 에글렌타인의 그런 복장과 그녀가 수녀원의 사실(私室)에서 입고 있던 더욱 천박한 복장에 대한 기록이 빼곡하다. 주교들은 6세기 이상 동안 수녀원 내의 온갖 유행과 길고 지루한 성전을 벌였으나, 그들의 노력은 무위로 돌아갔다. 수녀들이 속세의 부인들과 자유롭게 교제하는 이상, 그녀들이 유행을 따르고 싶어 하는 욕망을 막을 방법이 없었다. 어쩌다 독하게 마음먹은 주교는 수녀들이 입지 말아야 할 것을 규정하기 위해, 당대의 패션이 망라된 도록을 거북한 심정으로 뒤적이며 남성으로서 곤혹감을 감출 수 없었다. 엄숙한 종교회의에서 백발이 성성한 주교와 대주교는 금 머리핀, 은 벨트, 보석반지, 끈 달린 신발, 노출이 심한 상의, 목 부분이 깊이 팬 긴 옷깃, 화려한 색채, 사치스러운 옷, 고가의 모피 등을 보고는 고개를 가로저었다. 수녀들은 규정상 베일을 눈썹까지 내린 다음 핀으로 단단히 고정하여 이마를 완전히 가려야 했다. 그런데 넓은 이마가 속세의 여인들 사이에서 유행했다. 심지어 이마를 넓히기 위해 이마의 털을 뽑거나 면도하듯이 미는 경우도 있었다. 그 영향을 받아 수녀들의 베일도 위로 올라갔다. 그렇지 않았다면 초서가 무슨 수로 마담 에글렌타인의 이마가 그렇게 넓은지 알 수 있었겠는가?("고백컨대 거의 한 뼘은 되었다.") 그녀가 규정대로 베일을 쓰고 있었다면 이마는 볼 수 없었을 것이다. 영시(英詩)의 아버지 초서는 이렇게 간략히 서술하면서 신중하지만 분명하게 독자를 향해 짓궂게 윙크를 해보인 것이다. 물론 동시대인들은 그 의미를 금세 알아차렸을 것이다. 그리고 그녀의 그 브로치와 고상한 외투. ……다음 이야기는 초서가 『캔터베리 이야기』를 쓴 지 50년이 지났을 때, 수다쟁이 수녀 몇 명이 수녀원장의 패션에 대해 링컨의 주교에게 말했던 것이다. 그녀들은 사뭇 경건한 척하며 "원장님은 각종 보석이 들어간 굉장히 비싼 금반지를 끼고, 은과 금을 입힌 허리띠를 차고, 다람쥐 모피를 입지요. 또 비단 베일을 쓰고 다니는데, 이마가 완전히 드러나도록 베일을 쓰기 때문에 누구나 그녀의 이마를 볼 수 있어요. 그리고 렌*의 천으로 만든 시프트†를 입는데, 그 천은 1엘(약 1.14m)당 16펜스나 한답니다. 또 비단으로 장식된 커틀#을 입고 은박 핀을 꽂고 있으며, 모든 수녀에게 자기와 비슷한 복장을 요구합니다. 원장님은 자기 신분을 과시하기 위해 베일 위에 어린 양의 가죽으로 만든 모자를 쓰지요. 목에 두른 긴 띠(레이스)는 가슴 아래까지 축 늘어져 있는데, 여기에는 다이아몬드 한 알이 박힌 황금고리가 달려 있답니다."[16] 이 수녀원장은 마담 에글렌타인과 똑같지 않은가? 언제나 땅만 바라보며 말을 타고 가는 것 같았지만, 우리의 탁월한 이야기꾼 초서 씨의 예리한 눈은 무엇 하나 놓치는 법이 없었다.

더욱이 수녀원장과 수녀들은 단지 복장만 속세의 유행에 따랐던 게 아니다. 당대의 훌륭한 귀부인들은 애완동물을 기르는 것을 낙으로 여겼는데, 수녀들도 곧 그 취미를 따라했다. 그래서

> 그녀는 작은 개 몇 마리를 길렀는데,
> 구운 고기와 우유와 최고급 빵을 먹였다.
> 그 중의 한 마리가 죽거나 누군가 몽둥이로 개를 때리면,

* Rennes. 프랑스 북서부 브르타뉴 지방의 도시.
† shift. 아마포나 면으로 만든 여성의 속옷. 오늘날의 슈미즈에 해당함.
# kirtle. 중세의 여성이 속옷 위에 입던 길고 헐렁한 원피스.

비탄에 잠겼다.

순회기록에는 그런 작은 개와 다른 동물에 대한 이야기가 많다. 『캔터베리 이야기』의 프롤로그를 읽은 독자들 가운데 작은 개도 넓은 이마나 번쩍이는 금 브로치와 마찬가지로 규칙에 정면으로 위배된다는 것을 아는 사람은 몇 명이나 될까? 주교들은 애완동물이 수녀의 수련에 해가 된다고 간주하여 수세기 동안 동물을 수녀원에서 추방하려고 노력했으나, 무참히 실패하고 말았다. 수녀들은 주교가 떠날 때까지 조용히 기다리다가, 휘파람으로 개들을 다시 불렀다. 개가 가장 인기 있는 애완동물이었지만, 수녀들은 원숭이·다람쥐·토끼·새, 그리고 (아주 드물게) 고양이도 길렀다. 어떤 대주교는 한 수녀원 원장이 자기 방에 원숭이와 개 여러 마리를 키우는 것을 보고 단단히 주의를 주었다. 동시에 수녀들의 식사량을 줄일 것을 그녀에게 명했다. 구운 고기와 우유와 최고급 빵이 어떻게 되었을지는 독자 여러분의 상상에 맡긴다. 중세에는 교회에 동물을 데리고 오는 일이 흔했다. 부인들은 개를 무릎에 앉히고, 남자들은 매를 손목에 올려놓고 예배를 드렸다. 오늘날 스코틀랜드 고지대의 농부들이 양치기 개 콜리를 데리고 오는 것과 마찬가지였다. 이런 일은 수녀원에서도 벌어졌다. 수녀원에 기숙하는 속세의 부인들은 애완동물과 함께 예배에 참석했다. 어느 수녀원에서는 수녀들의 불만이 대단했다. "이곳에 기숙하는 오들리 부인은 개를 너무 많이 키워요. 그녀가 예배당에 올 때마다 12마리가 따라와서 한바탕 소란을 피웁니다. 그 때문에 성가 영창을 망쳐버린 수녀들은 치를 떤답니다!"[17] 그러나 수녀들 자신이 규정을 위반하는 경우가 더 많았다. 애완견을 수녀석에 데리고 들어가지 말라는 명령은 순회기록에 반복해서 나타나는데, 그 중에서 가장 흥미로운 예는 초서가 『캔터베리 이야기』를 쓰고 있을 무렵인 1387년에 윈체스터의 주교 위컴의 윌리엄이 럼지 수도원*에 보낸 명령서이다. "다음으로 너희 수도원의 일부 수녀가 새·토끼·개와 같은 쓸데없는 것들을 예배당에 데리고 와서, 기도보다는 그것에 더 신경을 쓰고 자신과 동료 수녀들의 성가 영창을 방해하며 자기의 영혼을 심각한 위기에 빠뜨린다는 명백한 증거를 확인한바, 너희에게 엄숙히 명하노라. 나에 대한 복종을 중히 여긴다면, 차후로는 새·개·토끼와 기타 질서를 어지럽히는 것들을 예배당에 데리고 가지 말라. ……다음으로 너희 수녀원 경내에서 키우는 사냥개와 다른 개들, 마땅히 가난한 자들의 몫이 되어야 할 그것들이 게걸스럽게 먹어치우고 예배당과 회랑을……심히 더럽힐 뿐만 아니라……엄청난 소음으로 성무에 지장을 초래하는 일이 빈번하다고 한다. 고로 내가 수녀원장 그대에게 엄숙히 명하고 요구하노니, 그대는 개를 완전히 추방하고 차후 너희 수녀원 경내에서 단 한 마리의 개를 키우는 것도 묵인하지 말라."[18] 그러나 개를 단념하라는 어떤 주교의 명령도 마담 에글렌타인에게는 통하지 않았다. 그녀는 심지어 순례에 나설 때도 개를 두고 갈 수 없었다. 특히 그녀는 개에게 아무것이나 먹이지 않았으므로, 여관주인은 꽤 성가셨을 것이다.

아무튼 초서가 묘사한 수녀원장은 다소 세속적인 여인이었음이 분명하다. 하지만 그녀의 예쁜 옷이나 작은 개는 오늘날의 기준으로는 아무 문제가 되지 않으며, 우리들 가운데 주교의 입장에 공감하는 사람은 없을 것이다. 아마 그녀는 나이가 들수록 더욱 세속적으로 변했을 것이다. 바깥세상과 접촉할 기회가 많아졌기 때문이다. 그녀는 수녀원에서 방문객을 접대했을 뿐 아니라, 수녀원의 용무를 보기 위해

* 13세기 중엽에 완공된 수녀들을 위한 수도원. 럼지는 잉글랜드 중남부의 햄프셔 주에 있는 도시.

자주 외출했고, 이를 계기로 사람들과 친분을 쌓았다. 때로는 소송의 진행상황을 알아보기 위해 런던까지 가야 했다. 그것은 자신을 보좌하는 수녀 한두 명과 사제 한 명, 시종 여러 명과 동행하는 큰 행차였다. 또한 어린 여학생 몇 명을 받아들여도 좋다는 허가를 얻기 위해 주교를 만나러 갈 때도 있었다. 한 번은 어떤 고관의 장례식에 참석했다. 그는 아버지와 친분이 있던 사람으로, 그녀에게 20실링과 은잔(銀盞)을 유증했다. 언니들의 결혼식에 가기 위해, 또는 대모로서 조카들의 세례성사에 참석하기 위해 외출하기도 했다. 주교는 수녀들이 그런 속세의 일에 얽히는 것을 좋아하지 않았다. 결혼식이나 세례성사에는 춤과 여흥이 빠지지 않았기 때문이다. 실제로 수녀들은 가끔 그녀의 여행에 대해 불만을 토로했다. 그녀는 그 모든 것이 수녀원의 공무 때문이라고 주장했지만, 수녀들은 그 말을 의심했고, 주교에게 시비를 가려달라고 청했을 것이다. 20파운드의 빚을 진 한 수녀원의 수녀들은 다음과 같이 하소연하고 있다. "그 빚은 기본적으로 원장님의 과도한 지출 때문에 생긴 것이랍니다. 원장님은 수녀원의 공무를 핑계로 걸핏하면 말을 타고 나가는데, 외출목적은 결코 공무가 아닙니다. 너무 많은 수행원을 데리고 가고, 너무 오래 수녀원을 비웁니다. 원장님은 외출했을 때나 수녀원에 있을 때나 진수성찬을 즐기고, 복장에 굉장히 신경을 씁니다. 그녀의 외투에 달린 모피는 100실링짜리입니다!"[19)]

사실상 교회가 가장 단호하게 금지한 것이 수도사와 수녀가 수도원 바깥을 배회하는 습관이었다. 도덕주의자들은 속세와의 교류가 수도원 조직에 파고든 모든 악의 근원이라고 보았다. 전통적인 격언에 의하면 수도원 밖으로 나간 수도사는 물 떠난 물고기와 같다고 했다. 그러나 초서의 이야기에 등장하는 수도사는 그런 격언 따위는 일고의 가치도 없다고 생각했다는 점을 명심하라. 실제로 대부분의 수도사는 자유롭게 떠돌아다녔고, 수녀들도 온갖 핑계를 대며 바깥세상을 구경했다. 중세를 통해 공의회라는 공의회, 주교라는 주교, 개혁가라는 개혁가는 한결같이 그들을 수도원에 가두어두려고 노력했으나 결국 실패하고 말았다. 최대의 개혁은 1300년에 시작되었다. 그해에 교황은 교서(敎書)를 내려 아주 예외적인 상황이 아닌 이상 수녀는 자신이 속한 수녀원을 떠날 수 없고, 특별한 허가와 정당한 사유가 없는 한 속세의 사람은 수녀원 안의 수녀를 방문할 수 없다고 못 박았다. 이 대목에서 오늘날의 독자들은 수녀가 불쌍하다고 동정할지도 모르지만, 그럴 필요는 없다. 주교들은 2세기 이상 그 명령을 실행에 옮기려고 안간힘을 썼지만, 아무도 5분 이상 그것을 지키지 않았기 때문이다. 헨리 8세가 수녀원을 해산하고 본인들이 원하건 원하지 않건 모든 수녀를 영구히 환속시키던 순간까지 주교들은 그 헛된 노력을 계속하고 있었다. 링컨 주교관구의 한 수녀원에 주교가 찾아와서 교서의 사본을 건네주고 수녀들에게 교서를 준수하라고 명하자, 수녀들은 말을 타고 떠나는 주교를 문까지 쫓아가 우리는 절대로 그렇게 할 수 없다고 외치면서 그것을 주교의 머리에 던져버렸다.[20] 좀 더 합리적인 주교는 교서를 곧이곧대로 지키라고 무리하게 요구하지는 않았다. 대신 수녀들에게 너무 자주, 일행 없이, 허가 없이, 또는 정당한 사유 없이 외출하거나 사람을 방문하지 말라고 명하는 정도로 만족했다. 그러나 그런 시도조차 별로 성공을 거두지 못했다. 수녀들은 외출할 수밖에 없는 그럴 듯한 이유를 수도 없이 만들어냈기 때문이다. 부모님이 편찮으시기 때문에 문병을 가야 한다, 청어를 사기 위해 시장에 가야 한다, 수도원에 고해하러 가야 한다, 등등이 그녀들이 주로 둘러대는 핑계였던 것 같다. 때로는 수녀들이 무슨 핑계를 댔는지 상상하기 어려운 경우도 있다. 예컨대 다음과 같은 경박한 행동을 한 수녀는 어떤 거짓말을 하고 수녀원을 빠져 나갔을까? 그녀는 "월요일 저녁에 노샘프턴에서 아우구스티누스회의 탁발수사들과 자정까지 춤추고 류트를 치며 시간을 보냈고, 다음날 저녁에도 역시 노샘프턴에서 탁발수도회의 설교사들과 함께 춤추고 류트를 치며 밤을 지새웠다."[21] 초서는 하프 연주를 좋아하고 노래할 때는 눈이 밤하늘의 별처럼 빛나던 탁발수사의 이야기를 들려주지만, 그가 마담 에글렌타인을 유혹하여 춤을 추는 장면은 목격하지 못한 듯하다.

수녀들이 길거리와 들판을 배회하거나 사람들의 집에 출입하기 위해 과연 어떤 '정당한' 구실을 댔는지는 알 길이 없다. 유감스럽게도 수녀들에 대한 단속은 마담 에글렌타인에게는 벅찬 일이었을 것이다. 아니, 수녀들의 잘못을 알고도 모른 체했을지도 모른다. 어쨌든 그녀가 주교의 의견을 귀담아 들었을 것 같지는 않다. 그녀 자신이 그럴싸한 핑계를 만들어내지 못했다면, 초서는 결코 그녀를 만날 수 없었을 것이다. 주교가 결코 허락하지 않던 외출의 구실이 바로 순례를 떠난다는 구실이었기 때문이다. 마담 에글렌타인은 겉보기와는 달리 그리 순진하지도, 내성적이지도 않았다. 그녀에게 관심을 보인 문학비평가들 가운데 그녀가 『캔터베리 이야기』의 프롤로그에 얼굴을 내밀어서는 안되는 몸이라는 점을 아는 사람은 몇 명이나 될까? 교회는 수녀의 순례를 엄금하는 태도를 견지했다. 일찍이 791년에 공의회는 순례 관습을 금했고, 1195년에 요크에서 열린 공의회는 다음과 같이 포고했다. "쓸데없는 외출의 기회를 박탈하기 위해, 수녀들의 순례를 금한다." 1318년에 요크의 대주교는 "설령 순례의 서약을 했다 하더라도" 수녀들이 수녀원을 벗어나는 것을 엄격하게 단속했다. "경솔하게 그런 서약을 한 수녀는 순례하는 데 걸리는 날짜만큼 「시편」을 암송하지 않으면 안된다."[22] 각양각색의 길동무와 즐겁게 말을 타고 가면서 어린 성 휴*의 이야기를 사랑스럽게 들려주는 그녀의 모습 대신에, 불쌍하게 끝도 없이 「시편」을 읽고 있는 마담 에글렌타인의 우울한 표정이 보이는 듯하다. 그런 금령은 중세의 기록에서 얼마든지 찾아낼 수 있다. 주교가 수녀의 순례를 그토록 강경하게 반대한 이유는, 초서의 책만 읽으면 충분히 이해할 수 있다. 우리의 수녀원장과 동행한 사람들의 면면과 그들이 한 이야기를 상기해보라. 어떤 사람은 그녀가 항상 수행수녀 및 사제들과 함께 있었거나 적어도 기사와 가난한 본당신부 사이에 있지 않았냐고 반문할지도 모른다. 그러나 일행 중에는 방앗간 주인과 소환 담당 수도사 같은 음탕한 자도 있었고, (최악의 인물인) 쾌활하고 매력적인 죄인(sinner) 바스의 여인도 있었다. 바스의 여인이 수녀원장에게 자기의 다섯 남편에 대해 책에 나오지 않은 이야기를 얼마나 많이 했을지 생각만 해도 정말 끔찍하다.

이상이 초서의 작품에 등장하는 수녀원장의 실생활이었다. 그녀를 묘사한 시인은 영문학 역사상 가장 뛰어난 관찰자 중 한 명이었다. 우리가 수백 가지의 순회기록과 금령을 섭렵하고 있는 동안, 수녀원장의 파란 눈은 곳곳에서 튀어나와 우리에게 윙크를 한 것이다. 하지만 결국 우리는 그녀의 초상을 구하기 위해 언제나 초서에게 돌아가야 한다. 그 초상은 역사의 기록이 우리에게 가르쳐준 모든 것을 요약하고 있다. 주교가 깨달았던 것과 마찬가지로, 초서 역시 그녀가 귀족적이고 마음이 여리고 세속적이고 "궁정풍의 쾌활함"을 모방하려고 애쓰던 인물이라는 사실을 간파했다. 그녀는 예쁜 옷과 작은 개를 좋아하고, 수녀 한 명과 사제 세 명의 시중을 받던 유력한 여류명사였다.

* St. Hugh. 링컨 지방에 살다가 유대인의 손에 죽었다는 소년을 말한다. 수녀원장의 이야기 마지막 부분에 잠시 언급된다.

말을 꽤 싸가지 없게 하는 여관주인조차 그녀에게는 깍듯이 예를 갖췄다. "성체(聖體)를 두고 말하건대"(맹세코)*라든가 "성골(聖骨)을 걸고"(부디 또는 제기랄)†라든가 "최후의 심판일까지 지껄여보시지"(멋대로 해라) 같은 말 대신에, "수녀원장님, 이리 가까이 오십시오"와 같은 경어를 사용했다.

수녀원장님, 죄송하지만
원장님이 괜찮으시다면
다음 이야기를 해주시겠습니까?
친애하는 원장님, 부디 허락하소서.

여관주인은 기사를 제외한 다른 사람에게는 그런 식으로 정중하게 말하지 않았다. 그녀는 신앙심이 깊었을까? 그렇다고 볼 수도 있다. 그러나 초서의 서술에서 그녀의 종교적 심성을 엿볼 수 있는 대목은 성가를 부를 때와 자기의 이야기를 시작하기 전에 성모 마리아를 열렬히 찬양할 때뿐이다. 초서는 다음과 같은 말 빼고는 별로 할 말이 없었다.

그러나 그녀의 성정은
참으로 자애롭고 인정이 많았다.

그녀는 가난한 사람에게 무언가를 베풀었는가? 대답을 기다리는

* by Corpus Dominus(by God's body = by God). Corpus Domini의 잘못으로, 사회자인 여관주인의 라틴어 실력이 빈약함을 암시하기 위해 초서가 의도적으로 쓴 표현이다.

† for cokkes bones(for the sake of God's bones = for God's sake). 사회자가 본당신부에게 이야기를 청할 때는 전자의 의미로, 정신 없이 코를 골며 자고 있는 요리사를 깨울 때는 후자의 의미로 사용되고 있다.

우리에게 초서는 그녀가 덫에 걸린 쥐나 매를 맞는 강아지를 보면 눈물을 흘렸노라고 말한다. 그녀는 수녀원의 훌륭한 지배자였는가? 물론 그랬다. 그러나 초서가 그녀를 만났을 때, 그 수녀원은 잉글랜드의 "촌구석" 어딘가에서 저절로 굴러가고 있었다. 14세기의 세계는 물 떠난 물고기로 넘쳐 났다. 초서가 묘사한 수도사와 마찬가지로, 마담 에글렌타인은 성 로이의 이름을 걸고 그녀 최대의 맹세를 하면서 저 유명한 성구(聖句)에는 일고의 가치도 없다고 잘라 말했다. 이쯤에서 우리는 캔터베리를 향해 자기 갈 길을 가고 있는 그녀에게 작별을 고하도록 하자.

메나지에의 아내

〔14세기 파리의 주부〕

여성의 본령은 가정이다.

—『호모 사피엔스』

중세의 남성, 아니 우리 시대를 포함한 모든 시대의 남성은 여성에게 세상만사에 임하는 올바른 자세, 특히 남편을 대하는 올바른 태도를 가르치는 교훈서를 즐겨 쓰곤 했다. 이런 종류의 책은 아직까지 많이 남아 있는데, 그 중에서도 우리가 다룰 한 권의 책은 건전한 양식을 갖춘 저자가 한 부르주아 가정을 자세하고 생생하게 묘사하고 있다는 점에서 대단히 흥미롭다. 대부분의 교훈서는 막연하게 여성 일반을 대상으로 삼고 있지만, 이 책은 어떤 남편이 자기 아내를 위해 쓴 것인 만큼, 생활에서 우러난 구체적인 교훈이 가득하고 다른 책에서는 찾아볼 수 없는 개성이 돋보인다. 이것에 필적할 만한 것을 발견하려면 부질없이 중세의 다른 문헌을 뒤질 게 아니라, 크세노폰의 『가정경영론』(오이코노미코스)으로 거슬러 올라가야 한다. 『가정경영론』은 이소마쿠스가 소크라테스에게 완벽한 그리스의 아내를 교육시키는 법을 설명한 것이다.

메나지에 드 파리(파리의 세대주 또는 가장이라는 뜻)는 자신의 젊은 아내를 교육시키기 위해 1392년과 1394년 사이에 이 책을 썼다. 그는 부유하고 학식도 있고 실무경험도 풍부한, 견실하고 교양 있는 상류 부르주아지의 일원이었음에 틀림없다. 당시 프랑스의 왕조는 변함없는 신뢰감을 보이며 그 계급에 크게 의지하고 있었다. 이 책을 집필할 당시 그는 이미 노년에 접어들었던 것으로 보인다. 그는 분명히 예순이 넘었으나, 자기보다 신분이 높은, 다른 주 출신의 고아를 젊은 아내로 맞이했다. 그는 아내가 "정말로 굉장히 젊다"는 말을 되풀이하고 있다. 그는 그녀의 가사일을 도와주고 지도해줄 가정교사 겸 가정부를 고용했다. 그녀는 이소마쿠스의 아내와 마찬가지로 겨우 열다섯의 나이에 결혼했다. 현대인은 남편과 아내의 연령차에 충격을 받겠지만, 정략결혼의 시대였던 중세 사람들은 그 정도는 대수롭지 않게 생각했다. 메나지에는 "나이가 많아서 젊은 여성과 결혼할 수 없다고 생각하는 남자는 거의 없다"고 말한다. 그렇지만 젊은 아내에 대한 그의 태도에는 재뉴어리와 메이의 결혼이 초래한 비극*을 상쇄할 만한 그 무엇이 있었다. 그의 책에는 남편이라기보다는 아버지의 심정으로 결혼한 어린 자식의 기분을 이해하려는 자상함이 곳곳에 배어 있는데, 젊은 남자라면 그런 동정적 태도를 보여줄 수 없을 것이다. 그의 실제적인 충고 하나하나에는, 아름다움과 죽음이 영원히 손잡고 가는 가을저녁의 원숙한 비애가 묻어난다. 젊은 아내의 할 일이 얼마 남지 않은 그의 인생을 안락하게 해주는 것이라면, 그의 임무는 그녀의 짐을 덜어주는 것이었다. 그는 자신을 지나치게 존경할 필요도, 너무 겸손한 자세로 섬길 필요도, 지극 정성으로 보살필 필요도 없다고 끊임

* 예순이 넘은 기사 재뉴어리는 젊은 처녀 메이와 결혼하여 기쁨에 겨웠으나, 그녀는 그의 충실한 시종과 사랑에 빠진다. 『캔터베리 이야기』(상인의 이야기).

없이 말한다. 그런 식의 대접은 자기에게 어울리지 않는다고 생각했기 때문이다. 그는 아내가 이웃에 사는 혹은 친척관계에 있는 다른 부인들이 자기 남편에게 하듯이 아내가 자신을 받들기를 원했다. "내가 바라는 것은 더도 덜도 말고 보통의 시중이오."

그는 프롤로그에서 자기가 책을 쓰게 된 배경을 흥미롭게 설명하고 있다. "15세의 당신은 우리가 결혼한 바로 그 주에, 아직 어려 모든 것이 미숙하니 많은 것을 보고 배우기 전까지는 부족함이 있더라도 너그럽게 봐달라고 부탁하면서, 평생 충실하게 나의 시중을 들기로 약속했소. ……나는 당신이 우리의 침실에서 정중하게 간청한 것도 잊지 않고 있소. 당신은 이렇게 말했소. '낯선 사람이나 아랫사람 앞에서는 저를 심하게 꾸짖지 말고, 매일 밤 또는 필요할 때마다 우리의 침실에서 그날 또는 며칠 전에 제가 저지른 부적절하고 어리석은 일을 지적하고, 원하신다면 저를 꾸짖으세요. 그러면 당신의 가르침과 지시에 따라 반드시 저의 행동을 고칠 것이며, 전심전력을 다해 당신의 뜻을 받들겠어요.' 나는 당신의 갸륵한 말에 감동하고 감사했으며, 그 후로도 가끔 그 말을 생각한다오. 사랑스런 누이*여, 나는 우리가 결혼한 뒤 지금까지 당신이 해온 모든 일이 마음에 드오. 당신은 나를 무척 기쁘게 했고, 지금도 기쁘게 하고 있소. 그리고 앞으로 당신이 선의를 품고 할 모든 일도 틀림없이 나를 기쁘게 할 것이오. 당신은 젊기 때문에 그리 현명하지 않아도 괜찮소. 무슨 일이든 나를 기쁘게 하려는 선의를 갖고 했다면, 나는 그것으로 족하오. 당신이 장미를 기르고 제비꽃을 돌보고 화관을 만들고 춤추고 노래하는 것은 나를 불쾌하게 하기는커녕 나를 기쁘게 한다는 것을 알아주시오. 당신이 내

* 그는 아내를 존중하는 애정 어린 마음으로, 언제나 '누이'라고 부른다.

친구들이나 같은 신분의 사람들 사이에서 계속 춤추고 노래하는 것이 내게는 기쁨이라오. 젊은 여성으로서 그렇게 시간을 보내는 것은 당연하고, 당신에게도 잘 어울리오. 다만 대영주의 연회나 무도회에 가고 싶어 하거나, 가자고 조르지는 마시오. 그런 일은 당신에게 어울리지 않고, 당신과 나의 신분에는 맞지도 않기 때문이오."[1)]

사람들의 이목을 피해서 자신을 타일러 달라던 그녀의 부탁을 잊지 않고, 그는 어떻게 처신할 것인가를 그녀에게 가르쳐주기 위해 얇은 책을 쓰기로 했다(그러나 채 완성되기도 전에 두툼한 책이 되고 말았다). 그는 오랫동안 아빠도 엄마도 없이 지낸 아이, 조언을 해줄 친척 아주머니도 없는, 그의 표현에 의하면 "나 하나 보고 친척의 품과 고향을 떠나 먼 곳으로 시집온" 그 아이의 처지를 딱하게 여겼다. 그는 차분하게 그녀의 사정을 고려한 끝에, 아내이자 주부이자 완벽한 여인이 될 수 있는 기술을 알려주는 "쉽고 일반적인 입문서"를 쓰기로 했던 것이다. 그는 아내의 교육과 자신의 즐거움(그에게는 그만의 버릇이 있었으므로) 외에도 그 책을 쓴 특별한 이유가 있다고 거듭 밝히고 있다. 그 이유는 이 세상의 모든 남편이 지금껏 아내를 교육시키면서 내세운 이유 가운데 가장 유별난 것임에 틀림없다. 그는 늙은 자신이 아내보다 먼저 죽을 게 확실하므로, 그녀가 두 번째 남편에게 자신의 체면을 손상시킬 만한 일을 하지 않도록 교육시킬 필요가 있다고 말한다. 그녀가 코트의 옷깃도 여미지 않고 두 번째 남편과 미사에 간다면, 또는 담요의 이를 없애는 방법도 모른다면, 또는 사순절에 저녁식사 준비를 지시할 줄도 모른다면, 자신에게 어떤 비난이 쏟아질 것인가. 메나지에가 침착하게 젊은 아내의 재혼을 고려하고 있는 것은, 그가 대단히 이성적이고 견실한 사고방식의 소유자임을 보여준다. 그 책의 어느 장은 다음과 같은 문장으로 시작된다. "당신은 사라와 리브가와 라헬*을 본받아 남편(나든, 두 번째 남편이든)을 사랑해야만 하오." (심술궂게, 또는 가혹한 의붓아버지 밑에서 자랄지도 모를 자식들의 장래만 걱정하며) 아내에게 자기가 죽은 뒤에는 영원히 혼자 살라는 유언을 남기기 일쑤인 세간의 남편들과는 달라도 너무 다르지 않은가. 1469년에 사망한 펨브록 백(伯) 윌리엄은 그런 남편들 중의 한 명으로, 자기 아내에게 다음과 같이 훈계했다. "여보, 당신은 과부의 몸으로 살겠다고 내게 약조한 것을 잊지 말고, 나의 유언을 한 치의 소홀함도 없이 실행해주기를 바라오."

"19개 항목의 주제를 담은 3장"으로 구성된 그 책의 내용은 대단히 포괄적이다. 1장은 종교적·도덕적 의무를 다루고 있다. 메나지에의 말을 빌리면 "첫 번째 장은 당신이 하느님의 사랑을 받고 영혼의 구원을 얻는 데 필요할 뿐 아니라, 남편에게 사랑받고 결혼의 당연한 보상인 평온함을 누리면서 이 세상을 살아가는 데도 필요하오. 영혼의 구원과 남편의 사랑은 무엇보다도 중요한 두 가지이기 때문에, 맨 앞에 적었소." 이어지는 일련의 항목에서는 그녀가 아침에 일어났을 때 어떻게 아침기도를 올려야 하는가, 미사에 참석했을 때는 어떻게 처신해야 하는가, 사제에게 고해할 때는 어떤 형식을 취해야 하는가에 대해 서술하고 있다. 또 노파심 탓인지 7대 죄악에 대해 그녀의 작은 두뇌로는 도저히 기억할 수도 없을 정도로 장광설을 늘어놓고, 그 반대의 미덕에 대해서도 설명하고 있다.[2)] 그러나 그 장의 대부분은 가장 중요한 주제라고 할 수 있는 남편에 대한 아내의 의무를 다루고 있다. 아내는 모름지기 사랑스럽고 겸손하고 순종적이어야 하고, 남편의 몸에 세심하게 신경을 쓰고, 남편의 비밀을 지키며, 남편이 어리석어도

* 「창세기」에 나오는 모범적인 아내들. 사라는 아브라함의 아내이고, 리브가는 이삭의 아내이고, 라헬은 야곱의 아내이다.

참고, 남편이 다른 여자에게 마음을 빼앗겨도 모른 척해야 한다는 것이 그 요지이다. 그 장 전체는 성서에서, 음유시인과 설교사가 들려주는 각종 일화의 보고에서, 그리고 (가장 흥미로운) 메나지에 자신의 경험에서 추려낸 일련의 이야기들—중세에는 감(鑑)이라고 했다—로 이루어져 있다. 메나지에는 굉장히 유명하지만 견디기 어려울 만큼 따분한 멜리베우스와 프루던스의 교훈적 이야기*를 장황하게 설명한다. 그 이야기는 알베르타노 다 브레시아가 쓴 것으로, 르노 드 루앙이 프랑스어로 번역했는데, 그것을 메나지에가 베낀 것이다. 장 드 묑은 그 이야기를 『장미 이야기』로 개작했고, 초서는 그것을 다시 각색하여 『캔터베리 이야기』에 삽입했다. 『장미 이야기』에는 인내심 강한 그리셀다에 관한 페트라르카의 유명한 이야기—역시 초서가 『캔터베리 이야기』에서 소개하여 유명해졌다—와, 파리 샤틀레의 공증인 장 브뤼앙이 근면과 검약의 정신을 고취하기 위해 1342년에 쓴 「빈곤과 부유의 길」이라는 긴 시도 포함되어 있다.[3)]

책의 2장은 가사의 처리를 다루고 있는 대단히 흥미로운 장이다. 메나지에의 박식함은 그것을 읽는 사람들을 경악시킬 정도이다. 이 남자는 그야말로 중세의 비턴 부인†이었다. 2장은 원예에 관한 자세한 논문과, 하인을 고용할 때 지켜야 할 원칙과 실생활에서 그들을 다루는 법을 설명한 또 다른 논문을 포함하고 있다. 오늘날 같으면 문제가 될 하인의 휴가에 대한 언급이 없는 걸 보면, 그 시대에는 그것이 문제가 아니었던 모양이다. 또한 메나지에는 의복과 모피를 수선·통

* 멜리베우스가 집을 비운 사이에 3명의 적이 침입하여 그의 아내 프루던스와 딸에게 폭행을 가한다. 분개한 멜리베우스는 복수를 다짐하지만, 신중하고 슬기로운 아내에게 감화되어 결국 적들과 화해한다는 이야기이다.

† Isabella Beeton(1836~1865). 요리와 가정경영에 대한 고전인 *Book of Household Management*의 저자이다.

풍·세탁하는 법, 기름때를 지우는 법, 이를 잡고 침실에서 이를 퇴치하는 법, 포도주를 보관하는 법, 농장 경영을 감독하는 법 등도 지시하고 있다.

도중에 그는 이야기를 멈추고 아내에게 다음과 같이 말한다. "이쯤에서 당신은 쉬어도 좋고 놀러가도 좋소. 당신에게는 더 이상 이야기하지 않겠소. 당신이 휴식을 취하는 동안, 나는 우리의 재산을 관리하는 집사 메트르 장에게 따로 일러둘 말이 있소. 내가 소유한 경작용 말이나 승마용 말에 어떤 문제가 생겼을 때, 또는 말을 구입하거나 교환할 필요가 있을 때 그가 반드시 알아두어야 할 사항에 대해 조금이라도 알려주려는 것이라오." 그런 다음 말에 대한 여러 가지 현명한 충고, 이를테면 말 중개인이 보는 앞에서 말을 검사하는 법과 말의 나이와 결함을 알아내는 요령, 그리고 말을 잘 알고 사랑하는 사람으로서 자신이 터득한 실용적인 '비결'을 여러 페이지에 걸쳐 적고 있다. 말의 각종 질병을 치료하는 방법에 대해서도 설명하고 있는데, 메나지에가 가르쳐준 처방 중에는 두 가지 주문도 있다. 예컨대 "말이 비저병(鼻疽病)에 걸리면, 말을 향해 주문과 주기도문을 세 번 외워야 한다네. ✠ 압글라, ✠ 압글리, ✠ 알파드, ✠ 아시, ✠ 주기도문, 운운."[4)]

2장의 마지막 부분은 훌륭한 요리편람으로, 예나 지금이나 변함이 없는 요리서의 기본형식을 갖추고 있다. 점심과 저녁, 뜨거운 요리와 차가운 요리, 절식(節食)용 음식과 잔치용 음식, 겨울음식과 여름음식의 메뉴를 열거하고, 육류·가금류·양념을 선택하는 요령을 설명한 다음, 마지막으로 다양한 수프·스튜·소스 등을 만드는 갖가지 비법을 소개하고, 덤으로 환자용 음식까지 알려준다.

메나지에는 책의 3장에 세 가지 주제를 포함시킬 예정이었다. 첫째는 실내에서 즐길 수 있는 게임, 둘째는 여자들이 좋아하던 야외오락인 매사냥, 셋째는 재미있는 수수께끼와 알쏭달쏭한 숫자놀이(우리에게 친숙한 "청어 한 마리 반의 가격이 3펜스 반이라면" 식의 계산문제)였다. 애석하게도 그는 책을 완성하지 못한 것으로 보이며, 오직 매사냥에 대한 글만 남겼다. 그런데 매사냥에 대한 이야기는 제법 많이 남아 있기 때문에, 그가 나머지 부분을 완결하지 못한 것이 더욱 안타깝다. 우리는 다만 메나지에가 들려주는 루크레티아*의 이야기 한 대목을 통해 실내오락과 수수께끼에 대한 그의 설명이 얼마나 흥미로울지 상상할 수 있을 뿐이다. 그는 로마의 여인들에 대해 다음과 같이 기술하고 있다. "일부는 수다를 떨고 있고, 어떤 이들은 브릭을, 다른 이들은 키 페리를, 또 다른 이들은 팽스 메리유를 하고 있고, 일부는 주변 사람들과 카드나 다른 게임을 즐기고 있었다. 식사를 함께 한 일군의 사람들은 노래를 부르고 우화와 이야기와 노름에 대해 말하고 있었다. 또 다른 무리는 거리에서 이웃사람들과 까막잡기나 브릭 같은 유희를 즐기고 있었다."[5] 인쇄술이 발명되어 책이 본격적으로 보급되기 이전인 중세에는, 여인들의 낙이란 수다를 떨거나 수수께끼를 내고 알아맞히는 등, 오늘날에는 유치원생이나 즐기는 놀이를 하는 것이었다. 그리고 그런 놀이를 많이 알고 있는 것은 주부의 덕목이기도 했다. 메나지에는 아내가 사회생활의 의무에 충실할 뿐 아니라, 사교와 오락에도 뛰어나기를 바랐던 것이다.

이상이 메나지에 드 파리가 미숙하지만 칭찬할 만한 아내에게 증정한 기념비적 저작의 내용이다. 그것은 불행히도 역사가들에게 무시당해왔지만, 널리 알려져야 마땅하다. 중세의 주부상을 그 정도로 섬세하게 묘사한 책은 없을 것이다. 그 책은 그녀의 면면을 거의 빠짐없이

* 미모와 정절로 유명한 고대 로마의 전설적인 여인. 왕자에게 능욕당한 뒤에 아버지와 남편에게 복수를 부탁하고 자살했다고 한다.

묘사하고 있으므로, 우리는 그녀 안에서 혈통에 걸맞은 예의범절을 익힌 완벽한 여인, 남편에게 순종하는 마음씨뿐 아니라 남편을 편안하게 해주는 기술까지 갖춘 완벽한 아내, 하인들의 존경을 받으며 집안을 빈틈없이 이끌어가는 완벽한 안주인, 15세기의 비턴 여사라고 할 수 있는 완벽한 주부의 모습을 차례로 발견할 수 있다.

예절에 관한 메나지에의 견해는 '아침에 일찍 일어나서 교회에 가는 것에 대해'라는 제목을 달고 있는 종교적 일반론 중간에 다소 어색하게 삽입되어 있다. 의복에 대한 그의 규정은 매우 까다롭다. 그는 조금이라도 옷차림이 흐트러지는 것을 용납할 수 없었다.

> 사랑스런 누이여, 나의 충고에 따르고자 한다면 당신은 우리의 신분에 맞게 매사에 각별히 유의하고 관심을 기울여야 할 것이오. 옷에는 새로운 도안을 넣지 말고, 장식은 너무 많아도 너무 적어도 안 되며, 수수한 의복을 입어야 한다는 점을 명심하시오. 방이나 집을 나설 때는, 우선 시프트·블랑쉬·코트·서코트의 칼라가 가지런한지 꼼꼼히 살피시오. 칼라가 가지런하지 않은 모습은 술에 취했거나 어리석고 분별없는 여자들에게 자주 보이는데, 그런 여자는 자신의 명예와 신분이나 남편의 체면 따위는 아랑곳하지 않는다오. 그 걷는 자태를 보면, 눈은 사방을 두리번거리고, 머리는 사자처럼 무섭게 곧추 세우고, 머리카락은 두건 밖으로 삐져나와 있고, 시프트와 코트의 칼라는 쭈글쭈글하다오. 또한 남자처럼 활보하면서 사람들 앞에서 부끄러운 줄도 모르고 천박하게 행동한다오. 누가 지적을 하면, 자신이 근면하고 신분이 낮기 때문이라는 핑계를 댄다오. 부지런히 열심히 일하는데다 태생이 천하다 보니 자신을 가꿀 여유가 없다는 것이오. 그러나 그녀들은 거짓말을 하고 있소. 실은 그녀들도

자기 자신에게 무척 신경을 쓴다오. 가령 훌륭한 사람들이 많이 모인 곳에서 남성들이 엇비슷한 집안의 현명한 여성보다 자신을 푸대접하면 불쾌하게 여기고, 다른 사람보다 적은 눈길·인사·경의·문안을 받으면 무척 기분 나빠한다오. 아니, 오히려 다른 사람보다 정중하게 대우받기를 기대한다오. 그러나 그런 여자들은 대접받을 자격이 없소. 그녀들은 어떻게 자기의 명예를 지키고 남편과 시가의 명성을 보존할 것인지를 모를 뿐 아니라, 그 명성에 먹칠을 하고 있기 때문이오. 그러므로 어여쁜 누이여, 그대의 두발·두건·목도리·모자, 그 밖의 복장을 단정히 하여, 아무도 그대를 비웃지 못하게 하고, 모든 사람이 그대에게서 아름답고 수수하고 품위 있는 의상의 표본을 볼 수 있도록 주의하시오. ……시내나 교회로 외출할 때는 당신의 신분에 어울리는 훌륭한 부인과 동행하고, 수상한 무리나 평판이 나쁜 여자는 절대 가까이 하지 마시오. 길을 걸을 때는 고개를 똑바로 들고, 눈을 깜빡이지 말며, 시선은 전방 20m 앞의 바닥을 주시하고, 좌우의 남녀에게 눈을 돌리지 말고, 허공을 바라보지도 말고, 여기저기를 흘끗거리지도 말고, 길거리에 서서 누구와 이야기를 나누지도 마시오.[6)]

이상이 중세에 여성에게 요구되던 예절의 모범이었다.

이제 숙녀에서 아내로 화제를 옮기자. 남편에 대한 아내의 태도에 관해서, 메나지에는 동시대의 다른 남편들과 생각이 같았다. 그들은 한결같이 아내의 복종, 순종, 부단한 주의를 기대한다. 즉 아내는 침실에서나 식탁에서나 쾌활해야 하고, 설사 마음이 무거운 경우에도 겉으로는 밝게 웃어야 한다는 것이다. 메나지에는 양식 있는 시민이지만, 남편에 대한 아내의 사랑을 주인에 대한 가축의 순종에 비유하는 데 조금도 거리낌이 없다. "자고로 가축은 그레이하운드 종이든 맹견이든 작은 개든, 길에서나 식탁에서나 침실에서나 언제나 자신에게 먹이를 주는 사람 옆에 붙어 있고, 집밖을 나서면 다른 사람을 따르지 않고 사나워진다는 것을 알고 있을 것이오. 개는 멀리 떨어져 있을 때도 눈과 마음은 항상 주인을 향하고 있다오. 심지어 주인이 때리고 돌을 던져도 꼬리를 흔들거나 주인 앞에 엎드려 그를 위로하고, 강과 숲, 도둑과 전쟁을 두려워하지 않고 주인을 따른다오. ……더욱이 여성은 개보다 훌륭하고 강인한 이성을 지녔을 뿐 아니라 하느님으로부터 자연의 사리분별력을 부여받아 도리를 알기 때문에, 남편에 대한 완전하고 엄숙한 애정을 갖지 않으면 안되오. 그러므로 당신은 남편되는 사람을 깊은 애정으로 대하고 오직 그 사람만 생각하는 아내가 되기를 바라오."[7] 요컨대 인내는 아내의 필수적인 덕목으로, 아무리 힘들어도 불평하지 말아야 한다는 것이다. 메나지에는 세 가지 이야기를 통해 바람난 남편의 사랑을 되찾기 위해 아내가 어떻게 처신해야 하는지를 설명하고 있다. 그 중 하나는 유명한 그리셀다의 이야기이고, 나머지 둘은 (그의 말에 의하면) 자신이 직접 보고 들은 것이다. 그는 먼저 파리 고등법원(파를망)의 유명한 변호사의 아내에 대해 이야기한다. 그녀는 남편이 바람 피워 낳은 딸을 기르고 결혼까지 시켰다고 한다. "그 남편은 이 일로 비난이나 원성이나 욕을 단 한번도 듣지 않았다고 하오." 두 번째 이야기는 장 캉탱의 아내가 가난한 양모 방적공에게 눈이 먼 남편의 사랑을 되찾게 된 경위에 대한 재미있는 이야기이다.[8] 이런 이야기를 읽어보면, 메나지에가 아내를 개에 비유한 것은 그의 세심한 선택임을 알 수 있다. 중세의 여성은 개와 마찬가지로 자신을 때린 남편의 손을 핥아야 했기 때문이다. 이처럼 당대의 기준을 모두 수용했음에도 불구하고, 건전한 사고방식의 소유자인 메나지에는 현실감각이 있는 인물이었으며, 결코 극단으로 치닫지 않았다. 또 다른 현실주의자 초서도 인내심 강한 그리셀다의 이야기에 대해 다음과 같이 논평했음을 독자들은 기억할 것이다.

> 그리셀다는 죽었고, 그녀의 인내심도
> 그녀와 함께 이탈리아 땅에 묻혔다.
> 이에 큰 소리로 여러분 모두에게 이르는바,
> 남편들이여, 그리셀다와 같은 여인을 찾겠다고
> 자기 아내의 인내를 시험하지 마오.
> 그래 봐야 반드시 실패할 테니까.
>
> 신중하고 조신한 부인들이여,
> 너무 겸손한 태도를 취하지 마오.
> 성직자들이 당신들을 향해
> 참을성 많고 친절한 그리셀다의 믿기 힘든 이야기를
> 부지런히 이야기하지 못하게 하시오.
> 시시바슈*가 당신들을 삼켜버리면 곤란하니까.

초서가 들려주는 바스의 여인 이야기는 여성의 순종과 인내에 대한 더욱 신랄한 논평이었다. 메나지에는 같은 문제에 대해 젊은 아내에게 이렇게 말한다.

> 하지만 내가 〔그리셀다의 이야기〕를 적어놓은 것은 당신에게 교훈

* 인내심 강한 아내들을 잡아먹는 여윈 암소. 그 짝인 비콘은 변변찮은 남편들을 잡아먹고 살이 쪘다(A. W. 폴러드)—지은이.

을 주기 위한 것이지, 당신에게 그녀처럼 행동하라고 요구하기 위한 것은 아니요. 나는 그런 대접을 받을 만한 인물도 아니고, 후작도 아니며, 당신을 가난뱅이라고 생각하지도 않소. 게다가 나는 당신이 그리셀다와 다르다고 당신을 함부로 비난하거나 힐책할 만큼 어리석지도 이기적이지도 무분별하지도 않소. 주님이 지켜보시는 한 나는 일부러 당신을 시험에 들게 하는 잘못을 범하지는 않을 것이오. ……그리고 그 이야기는 (내가 생각하기에는) 너무 잔혹하고 비이성적인데, 이 점은 당신이 이해해주시오. 또한 그런 일은 결코 일어나지 않았다는 것도 알아두시오. 그러나 그 이야기는 그렇게 알려져 있고, 나보다 현명한 사람이 만들어낸 이야기이기 때문에 나는 그것을 수정하거나 변경하지 않았소. 다른 사람들이 그리셀다의 이야기를 읽는다면, 당신도 그 내용을 알아두는 게 좋다고 생각하오. 그래야 누군가 그 이야기를 꺼낼 때, 당신도 다른 사람들과 똑같이 대화에 낄 수 있을 것이오.[9)]

또한 메나지에는 아내에게 순종의 이상을 제시하면서도, 애정에 대한 매혹적인 말을 잊지 않는다. 어쩌면 그는 그 말을 하면서 자신의 많은 나이(아직 기력은 남아 있었지만)를 한탄하며 언젠가 자신의 젊은 신부를 차지하게 될 두 번째 남편을 생각했을 것이다.

주님의 이름으로 믿건대, 두 명의 선량하고 훌륭한 사람이 결혼하면 둘만의 사랑을 제외한 나머지 것은 모두 멀리 밀려나고 부서지고 잊힌다오. 두 사람은 다른 사람과 함께 있을 때도, 다른 사람보다는 서로를 쳐다보며, 손을 잡고 있거나 껴안고 있고, 다른 사람에게는 말을 걸지도 눈길을 주지도 않는다오. 둘이 떨어져 있을 때도, 서로

> 상대방을 생각하며 마음속으로 "그 사람을 만나면 이것도 해주고 저것도 해줘야지, 또는 이 말을 해야지, 또는 이것도 부탁하고 저것도 부탁해야지"라고 중얼거리지요. 두 사람이 서로 사랑한다면, 그들의 특별한 즐거움, 간절한 소망, 최상의 희열은 서로를 기쁘게 하고 상대에게 순종하는 것이라오.[10)]

하지만 메나지에가 쓴 책의 대부분은 아내의 복종에 대한 상세한 이론이 아니라, 그의 인간으로서의 즐거움을 서술하고 있다. 어떻게 남편을 즐겁게 할 것인가에 대한 그의 가르침에는 분명히 따뜻한 피가 흐르고 있고, 형언하긴 힘들지만 가정적이고 훈훈한 그 무엇이 있다. 시민계급에 속하는 부인의 실생활에 대해, 그것은 인내의 상징 그리셀다나 잔 라 캉탱 같은 여인의 이야기 백 가지보다 훨씬 많은 것을 알려준다. 한 가정의 강건한 가장, 비가 오나 눈이 오나 모든 고통을 감내하고 가족의 생계를 위해 묵묵히 일하는 남편의 모습(그야말로 남성적 상상력의 전형이다!)을 생각해보라. 그는 화롯불 옆에서 그의 양말을 꿰매고 있을 가정적인 젊은 아내, 저녁에 피곤한 몸을 이끌고 돌아오는 영웅적인 남편에게 각별한 애정을 쏟는 아내의 얼굴을 떠올리며 힘을 얻을 것이다. 아래의 예문은 메나지에의 생생하고 소박한 문체를 유감없이 보여주는 것으로, 그는 자신의 입장을 설명하기 위해 일상생활에서 실제로 일어난 일을 예시한다. 바로 이런 점이 그의 책이 지닌 매력이다.

> 어여쁜 누이여, 당신이 나 아닌 다른 사람을 남편으로 맞이한다면, 남편의 즐거움에 세심하게 주의를 기울이기 바라오. 여자는 첫 남편을 잃고 나면 자신의 신분에 어울리는 다음 남편을 얻기가 어려

운 법이므로, 오랫동안 홀로 외롭게 지내게 되고,* 두 번째 남편까지 잃었을 경우에는 처지가 더욱 딱해진다오. 고로 그대의 남편 되는 사람을 소중히 여기고, 바라건대 그에게 깨끗한 아마포를 입히도록 하시오. 그것이 당신의 의무이기 때문이오. 바깥일은 남자의 몫이므로, 남편은 많은 일에 신경을 써야 한다오. 그래서 그는 비바람이 몰아치든 눈이나 우박이 내리든, 축축하든 건조하든, 땀이 나든 몸이 떨리든, 제대로 먹지도 못하고 추운 여관에서 새우잠을 자면서 여기저기 돌아다니고 여행하는 것이라오. 그런데도 그가 아무렇지도 않은 것은, 집에 돌아가면 자신을 정성껏 뒷바라지하는 아내가 있고, 아내 덕에 편안함·기쁨·즐거움을 누릴 수 있다는 희망이 있기 때문이라오. 그의 아내는 따뜻한 불 앞에서 그의 신발을 벗기고, 발을 씻어주며, 새 양말과 신발을 신기고, 좋은 음식과 마실 것을 만들어주고, 정성껏 시중을 들며, 하얀 요를 깔고 수면용 모자를 대령하고 포근한 솜털이불을 덮어줄 것이오. 또한 기쁨과 즐거움, 밀담과 사랑(이에 대해서는 아무 말도 않겠소)으로 남편의 마음을 부드럽게 녹일 것이고, 다음날에는 깨끗한 셔츠와 상의를 입혀줄 것이오. 이런 것들이 남편에게 용기를 주는 일이라오. 아리따운 누이여, 그런 시중을 받는 남편은 어질고 착한 아내를 보고 싶어 기쁜 마음으로 가정으로 돌아가고, 다른 여자를 가까이 하지 않는다오.

그러므로 남편이 출타할 때나 귀가할 때는 설사 속상한 일이 있더라도 내색하지 말고 항상 웃는 얼굴을 보이는 것이 좋소. 또한 남편과 화목하게 지내고, "가장을 집밖으로 내모는 세 가지는 비가 새는 지붕, 막힌 굴뚝, 바가지 긁는 여자"라는 평범한 속담을 잊지 마

* 이는 실제와 반대되는 것 같다—지은이.

오.[11] 따라서 아름다운 누이여, 남편에게 부드럽고 사랑스럽고 상냥하게 굴어야 그의 애정과 호의를 받을 수 있다는 점을 명심하오. 이 나라의 선량하고 소박한 여인들이 전하는 바에 의하면, 자식들의 애정이 다른 사람에게 쏠리는 것을 어머니가 막지 못하는 것은 다른 사람이 그 아이들에게 호의를 베풀었기 때문이오. 당신도 남편에게 그와 똑같은 호의를 베푸시오. 부모를 여의고 계부와 계모 밑에서 살게 될 경우, 계부나 계모는 의붓자식과 불화하고 그들을 야단치거나 구박하고, 잠자리나 음식은 말할 것도 없고 바지와 셔츠, 기타 필요한 것들을 전혀 챙겨주지 않는 경우가 허다하오. 그런 아이들에게 좋은 가정을 제공해주고 훌륭한 말동무가 되어주는 것은 대개 낯선 여성이라 하오. 그녀는 그 아이들을 거두어 변변치 않은 죽이나마 먹여서 몸을 녹여주고, 재워주고, 깨끗이 씻어주고, 바지와 셔츠, 다른 옷을 꿰매준다오. 그러면 아이들은 그녀에게 마음을 빼앗겨 그녀와 함께 살면서 그녀 품에 안겨 따뜻하게 잠들고 싶다는 생각을 하게 되고, 계부모로부터 완전히 멀어진다오. 이전에 자식들을 거들떠보지도 않던 계부모는 뒤늦게 아이들을 되찾으려 하지만, 그렇게 되기는 어렵다오. 아이들은 자신을 돌보지 않는 가족이나 친척보다는 자신을 생각하고 염려하는 타인에게 더 큰 애정을 갖고 있기 때문이오. 그제야 계부와 계모는 후회의 눈물을 흘리면서 그 여자가 자기 자식들에게 마법을 걸었기 때문에 그들이 그녀 곁을 떠나지 못한다고, 마녀와 함께 있는 한 그들이 편안할 리 없다고 하소연을 할 거요. 그러나 누가 뭐라 해도, 그 여성이 아이들에게 베푼 것은 마법이 아니라 애정, 친절, 친근함, 기쁨, 즐거움이라오. 맹세컨대 그런 것 이상의 마법은 없소. ……그러므로 아리따운 누이여, 끊임없이 남편에게 마법을 걸고, 지붕이 새거나 굴뚝이 막히거나 남편에게 잔소리를 하지 않도록 주의하며, 부드럽고 나긋나긋하고 다소곳하게 그를 대하시오. 겨울철에는 불을 피울 때 매캐한 연기가 나지 않게 조심하고, 그를 편히 쉬게 하고, 당신의 가슴으로 그를 품어서 그가 마법에 걸리도록 하시오. ……이런 식으로 그가 조금이라도 불쾌해지지 않도록 조심하고, 집에 있으면 정말 편안하다는 생각이 들도록 최선을 다해 보살피시오. 그리고 그가 바깥일에 전념할 수 있게 배려하시오. 남편이 선량한 사람이라면, 그는 당신이 원하는 것 이상으로 바깥일을 열심히 할 것이오. 내가 말한 대로만 하면, 그는 언제나 당신을 그리워하며 당신과 당신의 정성스러운 시중을 떠올릴 것이고, 다른 집, 다른 여자, 다른 친절, 다른 가족은 꿈도 꾸지 않을 것이오. 당신이 이와 같이 남편을 대하면, 그는 오매불망 당신만을 생각할 것이오. ……남편은 여행 중에도 아내를 생각하고, 아내에 대한 희망과 애정으로 어떤 힘든 일도 견뎌낼 것이오. 그가 아내를 그리워하는 심정은, 가난한 은둔자나 참회자나 단식수도사가 예수 그리스도의 얼굴을 보기를 갈망하는 마음과 비슷하다오. 그런 식의 대접을 받는 남편은 결코 다른 곳에 머물거나 다른 사람과 함께 있기를 원치 않고, 오히려 그런 것을 멀리하고 자제하게 된다오. 그런 남편에게는 자신의 가정을 제외한 모든 장소가 가시방석처럼 여겨질 것이오.[12)]

이 인용문은 완벽한 아내에 대한 메나지에의 생각을 보여주고도 남음이 있다. 한편 완벽한 주부에 대한 그의 사고방식은 매우 흥미로운 읽을거리인 제반 지시사항에 포함되어 있다. 하인들의 도리를 설명하고 그들을 다룰 때 주의해야 할 점을 일러주는 부분은 그 논조가 워낙 근대적인 느낌을 주는 탓에, 지금 읽고 있는 책이 5세기 전에 파리의 노신사가 쓴 게 맞는지 몇 번씩이나 눈을 비비게 된다. 메나지에의 집은 틀림없이 큰 세대를 이루고 있었다. 또한 여러 차례에 걸쳐 "그대가 농촌에 체류하는 동안에는" 소작인을 감독해야 한다고 적고 있는 만큼, 도시뿐 아니라 농촌에도 집을 갖고 있었던 것으로 보인다. 그는 아내를 도와 다수의 하인을 관리하는 일은 메트르 장이라는 집사에게, 젊은 아내를 개인적으로 보좌하는 일은 가정부 겸 가정교사인 아그네스라는 베긴회* 수녀에게, 농장을 감독하는 일은 토지관리인에게 맡겼다. 메나지에는 그의 하인과 직인을 세 가지로 분류했다. 첫째는 하루 또는 계절 단위로 특별한 작업을 위해 고용된 자로 짐꾼, 운송인, 곡물을 수확하는 자와 키질하는 자, 통메장이 등이다. 둘째는 재봉사·무두장이·제빵사·제화공처럼 삯일을 하는 직인으로, 중세의 부유한 가정에 고용되어 시장이나 도시의 상점에서 구입한 원료로 필요한 물품을 만드는 사람이다. 셋째는 1년 단위로 고용되어 주인집에 기거하며 가사일을 하는 보통의 하인들이다. "이들은 하나같이 일거리와 주인을 얻으면 크게 기뻐한다"고 그는 말한다.

그는 고용된 직인들의 악습에 대해 재미있게 표현하고 있는데, 분명히 그것은 그의 쓰라린 경험에서 나온 것이리라. 그의 말에 따르면, 그들은 대개 게으르고, 거칠고, 꼬박꼬박 "말대답을 하고" (봉급날 외에는) 건방지고, 봉급에 불만이 있으면 바로 무례해진다. 그는 변함없이 고분고분한 사람을 고용하고, 그들의 노동의 대가인 봉급에 대해서는 항상 사전에 계약해둘 것을 메트르 장에게 명령하도록 아내에게 주의를 준다.

* 베긴회는 일종의 종교단체였다. 좀 더 정확히 말하면, 세속생활과 수도원생활의 중간쯤에 있는 세속적인 수녀회로, 프란체스코회의 제3수도회와 비슷하다—지은이.

> 무언가 하면 그들은 대체로 계약을 싫어하오. 그래서 계약을 맺지 않고 일을 따내기 위해 정중하게 다음과 같이 말한다오. "나리, 저는 보수에 연연하지 않으므로, 제게 삯을 후하게 쳐줄 필요가 없습니다. 저는 그저 나리가 주시는 대로 감사히 받겠습니다." 그 말을 믿고 메트르 장이 그들을 고용하면, 작업이 끝났을 때 그들은 이렇게 말하지요. "나리, 생각했던 것보다 할 일이 많았습니다. 여기저기 손볼 곳이 한두 군데가 아니었습니다." 그러고는 주는 돈을 순순히 받지 않고 큰소리로 막말을 해대는데……최악의 사태는 그대에 관한 나쁜 소문을 퍼뜨리는 것이라오.[13)]

흑사병이 유행한 이래 임금을 조정하기 위한 다양한 조례가 제정된 것을 보면, 14세기 말의 프랑스에서도 잉글랜드와 마찬가지로 노동문제가 심각했음을 알 수 있다. 그리고 메나지에의 충고는 당시의 상황을 간접적으로나마 흥미롭게 설명해준다.

하지만 그의 현명함이 가장 돋보이는 대목은 하녀를 고용하고 관리하는 법에 대한 조언이다. 그는 부수적으로 14세기 파리에서는 어떻게 하인을 고용했는가를 설명하고 있는데, 그것을 통해 우리는 직업소개소와 추천장이 결코 근대에 나타난 것이 아님을 알 수 있다. 당시 파리에는 직업소개여성, 즉 직업소개소라 불러야 마땅한 곳을 운영하는 여성이 있었고, (흑사병 이후의 임금을 규정한) 1351년의 한 조례에 따르면 이런 여성들은 하녀를 소개할 때는 1실링 6펜스를, 유모의 경우에는 2실링을 수수료로 받도록 되어 있었다. 당시 하녀의 1년 임금은 30실링과 신발 한 켤레였다. 메나지에는 시녀와 하인을 면접하고 고용하는 미묘한 문제에 대해 아내에게 다음과 같이 충고하고 있다.

친애하는 누이여, 내 말을 명심하시오. 하인을 선택할 때는 먼저 베긴회의 아그네스 수녀나 그대가 좋아하는 다른 부인과 의논하시오. 하인들이 당신의 말을 잘 따르고 당신이 화내는 것을 무서워하게 하고자, 당신의 마음에 드는 자를 하인으로 고용하고 당신의 뜻대로 부리고 당신의 뜻대로 봉급을 주고 언제든지 해고할 수 있는 권한을 그대에게 주겠소. 그렇지만 당신은 너무 젊고 다른 사람에게 속을지도 모르므로, 반드시 그 일에 대해 은밀히 나와 상의하고 내가 일러주는 대로 행동하도록 하시오. 또 한 가지 알아둘 것은 현재 일자리가 없어서 고용주를 애타게 찾고 있는 하녀들은 얼마든지 있다는 것이오. 하녀를 고용하기에 앞서, 우선 그들이 전에 일한 곳이 어디인지 알아보고, 사람을 보내 그들의 신상명세를 조사하도록 하시오. 말이 너무 많지는 않은지, 술을 너무 많이 마시지는 않는지, 그곳에서 얼마나 오래 일했는지, 주로 한 일은 무엇이고 어떤 일을 할 수 하는지, 도시에 가족과 친구가 있는지, 집안은 어떠하며 어느 지방 출신인지, 고향에는 얼마나 오래 살았고 그곳을 떠나온 이유는 무엇인지, 지금까지 해온 것으로 미루어볼 때 앞으로는 어떤 일을 해내리라 기대할 수 있는지 등을 알아보시오. 그리고 먼 지방에서 온 여자들은 그곳에서 무언가 잘못을 저질렀기 때문에 이렇게 먼 곳까지 와서 일하려고 하는 경우가 많다는 점도 명심하시오.……

그리고 그녀의 고용주, 이웃, 다른 사람의 보고에 근거하여 당신이 원하는 소녀를 찾았다면, 그녀에게 물어 메트르 장의 금전출납부에 계약일, 그녀의 이름, 부모 및 친척의 이름과 주소, 그녀의 출생지와 신원보증인을 적어두게 하시오. 당신이 이 모든 것을 기록하고 있다는 것, 또 허가 없이 휴가를 떠난다든가 잘못을 저지를 경우 당신이 관할 재판소에 문제를 제기하거나 친지들에게 연락한다는 것을 알게

> 하면, 하인들은 잘못을 범하지 않기 위해 주의할 것이오. 또한 베르트랑이라는 노(老)철학자의 다음과 같은 말을 마음에 새겨두시오. "오만방자하게 말대답을 하는 남녀를 고용할 경우, 이들은 틈만 나면 당신에 관해 험담을 늘어놓을 것이다. 반대로 지나치게 아부하거나 굽실거리는 사람도 믿지 말라. 그런 사람은 누군가와 짜고 그대를 속이고 있는 것이다. 그러나 그대가 야단칠 때 아무 말 없이 얼굴을 붉히며 부끄러워하는 하녀가 있다면, 그녀를 딸처럼 귀여워하라."[14)]

하인을 고용한 다음에 주의해야 할 점에 대한 메나지에의 가르침도 매우 실용적이다. 그녀의 소임은 올바른 질서를 유지하고, 불화와 말다툼[15)]을 방지하고, 도덕을 지키게 하는 것이다. 또 각자에게 임무를 할당하고 그것을 신속하게 처리하도록 해야 한다. "만일 당신이 하인들에게 당장 어떤 일을 하라고 시켰는데, '시간이 충분하니까 나중에 할게요'라든가 '내일 하겠습니다'라고 대답한다면, 당신이 시킨 일을 잊어버린 것이나 다름없다고 생각하고 처음부터 다시 일을 지시하시오. 그리고 당신이 모두에게 막연하게 명령한다면, 저마다 다른 사람이 그 일을 할 때까지 기다릴 테니, 그것은 지시를 하지 않은 것이나 진배없소." 그녀는 아그네스 수녀와 함께 하인들의 작업을 주의 깊게 감독해야 하는데, 메나지에는 아내에게 다음과 같이 말하고 있다. 아그네스 수녀를 "그대 곁에 둔 것은 그대에게 현명하고 원숙한 행동을 가르치고 그대를 보살피고 인도하기 위함이오. 나는 특별히 그녀에게 그 일을 부탁했소." 그녀의 또 다른 임무는 하인들의 건강과 행복을 세심하고 자상하게 배려하는 것이다. 적당한 시간에 그녀는 육류 요리 한 가지를 포함한, 고급스럽지는 않지만 풍성한 음식을 하인들에게 주어야 한다. 음료수는 영양가는 있되 취하지는 않는 것으로 한 종류를 제공한다. "기분은 좋아지지만 취하지는 않는 그 한 잔"은 중세에 흔히 마시던 약한 에일이었을 것이다. 그녀는 그들이 배불리 먹고 마시도록 권해야 한다. 그러나

> 그들이 수다를 떨거나 말다툼을 하거나 턱을 괴기 시작하면, 지체없이 베긴회 수녀에게 명해 그들을 일어나게 하고 식탁을 치워야 하오. 항간에는 이런 격언이 있소. "하인이 식탁에서 말이 많아지고 말이 도랑에서 풀을 뜯는 것은 그들이 배를 채웠다는 뜻으로, 이때는 밥상을 치워야 한다."

오후 작업을 마친 저녁에도 그들에게 든든한 식사 한 끼를 먹여야 한다. 겨울에는 식후에 불을 쬐며 쉬게 해준다. 그런 다음 문단속을 하고 모두를 잠자리로 보낸다.

> 우선 각자의 침대 옆에 양초와 촛대를 비치하되, 잠들기 전에는 셔츠가 아니라 입이나 손으로 촛불을 꺼야 한다고 가르치시오. 그리고 내일도 일해야 한다는 것을, 날이 밝으면 일어나서 각자 맡은 일을 시작해야 한다는 것을 모두에게 일일이 주지시키시오.

나아가 메나지에는 15～20세의 하녀들은 세상물정 모르는 어리석은 소녀들이므로, 언제나 안주인의 방에서 가까운 작은 방에, 그렇지 않으면 채광창이나 거리가 내다보이는 낮은 창이 없는 방에 묵게 하고, 안주인과 같은 시간에 잠들고 일어나게 하라고 충고한다. 그는 "하느님이 허락하시다면 당신 자신도 이때쯤이면 현명해져서, 하녀들을 당신 곁에 두게 될 것이오"라고 덧붙이고 있다. 또한 하인이 병

들면, "당신의 만사를 제쳐두고 다정하고 친절하게 그 사람을 보살피시오. 그 사람의 용태를 자주 살펴보고 어떻게 병을 고칠 수 있을지 열심히 궁리하시오."[16)]

그러나 메나지에의 가장 흥미로운 측면은 비턴 부인과 같은 무한한 역량이다. 그는 남편을 기쁘게 하기 위해 아내가 반드시 해야 할 일과 하인의 임무에 대해 기술하면서 몇 가지 비결을 소개하고 있는데, 그것을 보면 가사에 관한 그의 해박한 지식에 놀라움을 금할 수 없다. 그는 살아 있는 동안 즐겨 입다가 죽을 때 누군가에게 물려주곤 하던 값비싼 중세의 외투를 다루는 법, 의복과 모피를 세탁하는 법, 좀이 그것을 쏠지 않게 보관하는 법, 얼룩과 기름때를 제거하는 법 등을 자세히 가르쳐준다. 메나지에는 기름때를 없애는 일곱 가지 비결을 소개하면서 그 중 한두 가지에 대해서는 미심쩍어 하는데, 그것은 자기가 직접해본 것이 아니라 어떤 책에서 베꼈기 때문인 것 같다. 그 중 한 가지에 대해 그는 다음과 같이 적고 있다. "비단·공단·모직·능직 옷에 묻은 얼룩은 신 과즙에 넣고 빨면 없어진다는 말이 있소. 그러면 옷의 색이 바래지만, 얼마 후에는 원래의 색으로 돌아온다고 하오. 나는 이 방법은 믿을 수 없소." 하지만 무엇보다 인상 깊은 것은 중세의 주부가 이와 끊임없는 전쟁을 벌였다는 사실이다. 메나지에는 가정에서 남편을 행복하게 하는 확실한 비법 중 하나로, 겨울에는 따뜻한 불을 피우고 여름에는 침대에 이가 생기지 않도록 하는 것을 꼽는다. 그는 그 작은 동물을 박멸하는 여섯 가지 비결을 일러주는데, 그것은 우리 선조들이 숱하게 시도했던 방법이었음에 틀림없다.

> 여름철에는 당신의 방과 침대에 이가 얼씬거리지 못하게 하시오. 항간에 떠도는 여섯 가지 방법이 있소. 방에 오리나무 잎을 뿌려두

면, 이가 그리로 몰려들어 쉽게 잡을 수 있다는 이야기를 여러 사람에게 들은 바 있소. 또 접시에 끈끈이나 송진을 바른 빵을 놓고 접시 중앙에 촛불을 피워 방에 놔두면, 밤중에 이가 여기에 달라붙게 된다는 이야기도 들었소. 내가 알아낸 확실한 방법은 못 쓰는 천을 방과 침대에 펼쳐두는 것이오. 그러면 모든 이가 그 위로 몰려들기 때문에 이를 한꺼번에 잡을 수 있소. 그대는 그 천을 말아서 적당한 장소에 버리기만 하면 되오. 또 다른 방법은 짚단이나 침대 위에 하얀 모포를 깔아두는 것으로, 까만 이가 그 위로 몰려들면 금방 눈에 띄기 때문에 쉽게 죽일 수 있소. 그러나 최상의 방법은 이불과 모피와 의복에 숨어 있는 이를 없애는 것이오. 이것은 내가 실제로 써본 방법이오. 이가 살고 있는 이불과 모피와 의복을 접어서 상자에 넣고 끈으로 단단히 묶어 밀봉하거나 포대에 넣고 압착하면, 빛도 공기도 없이 그곳에 갇힌 이는 곧 죽어버린다오.[17)]

중세의 사람들은 파리와 모기에 대해서도 유사한 전쟁을 벌였다. 그로 인해 여름은 참으로 불쾌했을 것이다. 메나지에는 다음과 같이 적고 있다. "잠을 자려고 해도 사람 냄새를 맡고 날아온 모기떼가 잠자는 사람의 얼굴에 내려앉아 물기 때문에, 할 수 없이 자다 말고 일어나 건초에 불을 붙여 그 향으로 모기를 쫓으려는 광경을 여러 방에서 심심치 않게 볼 수 있다오." 이 해충들에 대해서도 그는 여섯 가지 확실한 처방을 내놓는다. 그 비법은 침실의 모기장, 파리를 꼼짝 못하게 하는 양치류의 가지, 우유와 토끼 담즙을 섞은 것이나 양파 즙을 담은 그릇(이것은 파리를 죽인다), 꿀에 적신 실이나 끈을 매달아 두는 것, 파리를 쫓는 채, 기름천이나 양피지로 창을 밀폐하는 것이다.[18)]

메나지에의 책에서 가장 긴 요리에 관한 절은 '동물 사육'에 관련된 지시를 포함하고 있을 뿐 아니라, 우리 조상들의 가정경제를 매우 흥미롭게 묘사하고 있다.[19] 메나지에는 초서가 묘사한 소지주, '에피쿠로스의 아들'*과 형제지간임에 틀림없다.

그는 한 가구의, 그것도 큰 가구의 호주였다.
고향에서는 성 줄리앙†으로 통했다.
그의 빵과 에일은 언제나 질이 좋았고,
그보다 더 좋은 포도주를 저장하고 있는 사람은 없었다.
그의 집에는 구운 고기가 떨어질 날이 없었고,
언제나 생선과 살코기가 풍부했다.
요리와 술, 그 밖의 온갖 진미가
집안에 넘쳐흘렀다.
계절의 변화에 따라
그는 식단을 바꾸었다.
새장에는 살찐 메추라기가 가득했고,
연못에는 잉어와 동갈치가 헤엄치고 있었다.
음식의 간이 너무 맵고 짜다든지 식기가 요리에 어울리지 않으면
요리사에게 불호령이 떨어졌다.
그의 객실에 마련된 식탁에는
언제든지 식사를 대접할 준비가 되어 있었다.

중세의 다른 요리책과 마찬가지로, 메나지에의 책도 대연회에 진수

* 초서는 『캔터베리 이야기』의 프롤로그에서 식도락을 즐기는 이 소지주를 가리켜 쾌락의 추구를 인생의 지상목표로 삼았던 '에피쿠로스의 진정한 아들'이라고 표현하고 있다.
† 자선과 봉사의 수호성인.

성찬을 차려내는 데 얼마나 많은 정성이 들어가는지, 연회가 얼마나 오랫동안 계속되는지, 그리고 각종 향신료를 넣은 고급요리의 맛이 얼마나 일품인지 묘사하고 있어 현대의 독자들을 질리게 한다. 메나지에는 검은 푸딩과 소시지, 사슴고기와 쇠고기, 뱀장어와 청어, 민물고기, 둥근 생선과 납작한 생선, 고기를 넣은 스튜와 넣지 않은 스튜, 구운 고기와 파이와 야채요리, 데운 소스와 데우지 않은 소스, 환자용 스튜와 '유동식'에 대해 적고 있다. 그 가운데 일부는 맛있을 것 같지만, 어떤 것은 퇴화한 현대인의 소화기관에는 맞지 않을 것이다. 코가 시큰할 정도로 신 맛이 강한 식초 및 과즙의 소스와 포도주가 많이 사용되었고, 정향·계피·후추·생강 같은 향신료가 의외로 고기요리에 첨가되었다. 아몬드는 온갖 종류의 요리에 단골로 사용되던 재료로, 중국과 동양의 다른 나라에서는 아직까지도 널리 애용되고 있다. 중세인은 현대 유럽인에 비해 각종 요리에 아몬드를 훨씬 많이 넣었던 것으로 보인다. 프랑스인답게 메나지에는 개구리와 달팽이 요리의 비결도 적고 있다.[20] 오늘날의 요리사들은 주기도문과 「시편」 제51편(미제레레)을 외우는 데 걸리는 시간만큼 무언가를 끓이라는 메나지에의 지시가 다소 막연하게 느껴질 것이다. 그렇지만 그 경건한 시대에 시계도 없는 부엌에서 그 이상 명확하게 지시하기란 불가능했을 것이다. 사실 그 지시는 확실한 지식이 요구되는 현대의 요리책에서도 숱하게 발견되는, "뜨거운 오븐에서 조리하라"는 충고보다 못할 것도 없다. 그의 다른 지시는 대단히 구체적이다. 중요한 것은 그가 파리의 정육시장 전부를 열거하고, 각 시장의 푸줏간 수와 그곳에서 매주 판매되는 양·소·돼지·송아지의 수를 밝히고 있을 뿐만 아니라, 국왕·왕비·왕자의 궁과 오를레앙 공(公)·베리 공·부르고뉴 공·부르봉 공의 궁전에서 매주 소비되는 육류와 가금류의 양까지 추가로 적어놓았다는 점이다. 그는 그 밖의 시장도 소개하고 있다. 이를테면 피에르 오레라는 우유시장, 석탄과 장작을 파는 그레베 광장, 정육뿐 아니라 생선과 소금, 싱싱한 실내장식용 화초를 구입할 수 있는 최고의 장소인 포르트 드 파리 등이다.

메나지에는 아내에게 좀 더 가르쳐주기 위해 대향연의 요리를 준비하는 과정을 주의 깊고 상세하게 서술한다. 그가 예시한 연회는 라니의 수도원장이 파리의 주교와 왕의 고문들을 위해 베푼 오찬, 메트르 엘리아스(메트르 장과 마찬가지로 존경받는 근엄한 집사였음에 틀림없다)가 5월의 어느 화요일에 장 뒤 셴의 혼례를 위해 준비한 오찬과 만찬, 그리고 9월에 거행된 '오트쿠르 부처'의 결혼 피로연 준비 등이다. 오트쿠르 부처의 혼례에 대해 메나지에는 "두 사람은 홀아비와 과부였기 때문에 검은 예복을 입고 아주 이른 시간에 혼례를 올린 뒤에 다른 옷으로 갈아입었다"고 적고 있다. 그는 자기 아내가 나중에 두 번째 결혼식을 하게 될 때 실수를 하지나 않을까 염려하고 있었던 것이다. 메트르 엘리아스가 준비한 혼례의 축연에 대한 기술은 특히 상세하고 값지다.[21] 신중한 메나지에는 어쩌면 파리의 시민과 지주를 대향연에 초대할 생각을 갖고 있었기 때문에, 또는 물질적 생활의 이모저모에 비상한 관심이 있었기 때문에, 오찬과 만찬의 메뉴를 자세하게 적어놓았을 뿐만 아니라 필요한 재료, 그 양과 가격, 그것을 살 수 있는 상점 또는 시장에 대해서도 장황하게 기술하고 있다. 따라서 독자들은 집사와 요리사들이 여러 점포를 돌아다니면서 육류, 빵, 가금류, 소스, 포도주, 중세의 부인들이 애호하던 웨이퍼와 파이, 동양의 향기를 물씬 풍기는 향신료를 구입하는 모습을 생생하게 떠올릴 수 있다.

메나지에는 또한 그런 연회에 필요한 종자(從者)·하인·웨이터에 대해서도 적고 있다. 듬직한 체격의 주방장은 엘리자베스 여왕이 춤추듯이 "당당하고 유쾌하게" 걸어 다녔는데, 그의 머릿속은 사람들을 즐겁게 할 요리의 비결로 가득 차 있었고, 손은 현란할 정도로 가볍게 파이를 반죽했고, 눈과 코는 식용 수탉을 구울 때 언제쯤 뒤집어야 하는지 기가 막히게 알아냈는데, 이런 점에서 그에게 필적할 만한 요리사는 없었다.

> 그는 시큼한 향료와 생강을 넣어
> 닭을 뼈가 붙어 있는 상태에서 삶았고……
> 굽고 찌고 끓이고 튀기는 법을 익히 알고 있었으며,
> 수프도 잘 만들고 파이도 잘 구웠다.……
> 블라망주라는 푸딩을 만드는 데는 그를 따를 자가 없었다.*

요리사는 종자를 데리고 왔고, 파리에서 급료와 '특별수당'으로 2프랑을 선불로 받았다. 그 밖에도 사람들의 출입을 통제하는 "강인하고 힘센" 안내원, 회계를 담당하는 서기, 빵을 자르는 사람과 물을 나르는 사람, 주방 조리대에서 금은 식기와 접시를 취급하는 시종 2명, 연회장의 찬장에서 스푼과 술잔을 꺼내주고 손님들에게 포도주를 따라주는 종자 2명, 식품저장소에서 하인이 꺼내주는 포도주를 전달하는 시종 2명, 귀빈석에 은제 소금통과 4개의 커다란 금박 술잔, 4다스의 뚜껑 달린 술잔, 4다스의 은수저, 물병과 자선용 컵, 사탕접시를 가지런히 늘어놓고 손님들을 제자리로 안내하는 집사 2명, 각 테이블을 책임지는 웨이터 1명과 웨이터 보조 2명, 손님들을 위해 꽃다발을 만드는 소녀, 신부의 속옷을 준비하고 침실을 꾸미는 여성들,[22] 그리고

* 『캔터베리 이야기』의 프롤로그에서 초서가 요리사를 소개하는 부분이다.

세탁을 맡은 여성이 있었다. 바닥에는 보라색과 녹색 풀이 깔려 있었고, 방은 산사나무 가지로 장식되어 있었다(이것들은 모두 아침 일찍 시장에서 사왔다). 다양한 크기의 횃불과 양초, 이를테면 만찬용 식탁에 필요한 작은 양초와, 벽에 걸린 촛대에 꽂거나 손님들의 행렬에 사용되는 큰 횃불도 넉넉히 준비되어 있었다. 만찬은 "춤과 노래, 포도주와 향신료, 횃불행진"으로 끝났기 때문이다. 음유시인에게는 8프랑을 주었고, 식사 도중에 스푼 등을 선물했다. 또한 손님들의 흥을 돋우기 위해 곡예와 무언극도 선보였다. 앞으로 대연회를 준비할 때, 메트르 장과 어린 여주인은 메나지에가 적어준 대로만 하면 큰 실수를 범하지는 않을 것이고, 두 사람을 위해 그 책을 쓴 세련된 미식가를 실망시키지도 않을 것이다. 메나지에는 여러 가지 요리비법을 다른 요리책에서 베꼈지만, 이 향연의 세부사항에 대해서는 메트르 엘리아스에게 직접 들었던 것이 아닐까. 신이 난 백발의 두 노신사가 한 사람은 말하고 한 사람은 받아 적으면서 고개를 끄덕이는 모습이 눈앞에 보이는 듯하다.

요리에 관한 메나지에의 강의는 "필수품이 아닌 자잘한 것들"의 조리법을 설명하는 절로 끝난다. 그는 주로 꿀로 만든 각종 잼에 대해 기술하고 있다. 메나지에가 순무·당근·호박 잼에 대해 말하고 있는 것을 보면, 중세에는 대개 야채를 그런 방식으로 저장했던 것 같다. 그리고 오늘날 요리에 설탕을 치듯이, 당시에는 향료를 섞어서 만든 맛있는 시럽(적어도 맛있다고 믿는 사람의 혀에는 분명히 맛있었다)과, 생강·계피·정향·설탕 등의 분말을 음식에 뿌려먹었음을 알 수 있다. 메나지에는 히포크라스*와 '고프르'(웨이퍼), 오렌지 설탕절임을 만드

* 포도주에 향료를 첨가한 음료.

는 비결도 공개하고 있다. 제철음식과 그것을 요리하고 차려내는 최상의 방법에 대한 현명한 충고도 있다. 가장 재미있는 것은 부엌과는 무관한 다수의 처방이다. 이를테면, 풀과 잉크를 만드는 법, 크고 작은 새장에서 조류를 키우는 법, 모래시계의 모래를 준비하는 법, 장미향수를 만드는 법, (오늘날 우리가 라벤더를 넣어두듯이) 의복 사이에 넣어두는 장미를 말리는 법, 치통 치료법, 미친개에게 물린 상처를 치료하는 법 등이다. 마지막 것은 주문으로, 말의 병을 치료할 때 쓰라고 메나지에가 가르쳐준 것과 같은 종류이다. "빵 한 조각을 떼어내고 다음과 같이 적으시오. ✠ 베스테라 ✠ 베스티에 ✠ 나이 ✠ 브리고나이 ✠ 딕테라 ✠ 사그라간 ✠ 에스 ✠ 도미나 ✠ 피아트 ✠ 피아트 ✠ 피아트 ✠." 하지만 이런 주문을 만든 국민이 약 4세기 뒤에 파스퇴르를 낳았다는 사실을 잊어서는 안된다.

이 매혹적인 책에 대해 지금까지 설명한 것만으로도 우리는 장구한 세월의 벽을 뛰어넘어 메나지에뿐 아니라 그의 젊은 아내까지 눈앞에 생생하게 그려볼 수 있다. 아침에 그녀는 오늘날의 여성들보다 훨씬 일찍 일어난다. 비록 아침기도를 해야 하는 수녀만큼 일찍 일어나지는 않지만 말이다. 그 시간은 결혼한 여성이 일어날 시간은 아니라고 그가 말한 바 있다. 그런 다음 오늘날의 여성들보다는 간단하게 얼굴과 손을 씻고, 기도를 드리고, 누가 지켜보고 있는지 잘 알기 때문에 아주 단정하게 옷을 입는다. 그리고 베긴회의 아그네스 수녀와 함께 미사에 참석하는데, 눈은 땅을 바라보고 양손은 채색된 소기도서 위에 포개놓고 있다. 미사가 끝나면 아마도 고해를 한 뒤에 집으로 돌아와 하인들이 각자의 임무를 수행하고 있는지, 객실과 방을 깨끗이 청소했는지, 쿠션과 이불의 먼지를 제대로 털고 모든 것을 정리해 놓았는지 검사한 다음, 집사 메트르 장을 만나서 오찬과 만찬 준비를 명한

그림 5. 가든파티를 열고 있는 메나지에의 아내(*Harl. MS. 4425*. British Museum).

그림 6. 남편이 써준 책을 보며 저녁을 준비하고 있는 메나지에의 아내
(*MS. Royal, 15 D. i.* British Museum).

다. 그 후 그녀는 아그네스 수녀에게 애완견과 새들을 살펴보게 한다. “동물들은 아무 말도 할 수 없으므로, 누군가가 동물들을 대신해서 말하고 생각해야만 하기 때문이다.” 만약 농촌의 집에 머무르고 있다면, 그녀는 농장에서 기르는 동물들을 돌봐야 하고, 아그네스 수녀는 그것들을 담당하는 사람들, 즉 양을 치는 로뱅, 소를 치는 조송, 젖소를 돌보는 아르누, 우유를 짜는 잔통, 가축우리를 담당하는 농부의 처 외들린을 감독해야 한다. 도시의 집에 있다면, 그녀는 하녀들과 함께 큰 장롱에서 옷과 모피를 꺼내 정원이나 안뜰에 펴놓고 햇볕을 쪼이고 통풍을 시키고, 작은 막대기로 두들기거나 산들바람 속에서 먼지를 털어내며, 남편이 가르쳐준 비법을 사용하여 얼룩과 때를 제거하고, 살쾡이처럼 예리한 눈으로 동작이 잽싼 이와 나방을 잡는다.

그 다음은 하루 세 끼 가운데 가장 중요하다고 할 수 있는 오찬시간이다. 우리 조상들은 오전 10시경에 점심을 먹었다. 메나지에의 아내가 소중한 남편에게 대접한 음식은 계절에 따라, 또 고기를 먹는 날인지 절식을 하는 날인지에 따라 달랐을 것이다. 그러나 딱히 집어먹을 게 없는 밥상을 차리지는 않았을 것이다. 남편이 식사를 끝내면, 하인들이 밥을 먹었는지 확인한다. 그러고 나면 바쁜 주부는 한가한 귀부인이 되어 재미있게 놀았을 것이다. 농촌에 있을 때는 유쾌한 이웃사람들과 말을 타고 매사냥을 갔을 것이고, 겨울철에 도시에 있을 때는 같은 또래의 기혼여성들과 함께 난롯가에 둘러앉아 수수께끼를 내고 알아맞히거나 수다를 떨면서 즐거운 시간을 보냈을 것이다. 그러나 그녀가 제일 좋아하는 일은 정원을 거닐고, 제비꽃·카네이션·장미·백리향·로즈메리 등의 꽃으로 화관을 만들고, 철따라 과일을 따고(그녀는 나무딸기와 버찌를 좋아한다), 호박 재배에 대해 정원사들에게 “4월에는 조심스럽게 물을 주고 옮겨심기를 하라”고 점잖게 충고하는 것이다. 그 충고에 정원사들은 각별하게 주위를 기울인다. 그들은 지금까지 고용주의 뜻에 충실해왔고 지금도 충실하고 미래에도 변함없이 충실할 것이다. 이런 일들이 지겨워지면, 그녀는 급히 아그네스 수녀와 하녀들을 불러 모은다. 그들은 객실의 조각된 기둥 밑에 앉아 주인의 상의를 수선하고, 가정예배당 사제의 제의(祭衣)를 만들고, 침실벽에 걸어놓을 직물을 수놓는다. 또는 단순하게 물레질을 했을지도 모른다(바스의 여인의 말마따나 하느님은 여성에게 속이고 울고 실을 잣는 세 가지 재능을 부여했기 때문이다!). 그러는 동안 그녀는 그리셀다의 이야기로 모두를 사로잡는데, 그녀는 끊임없이 돌아가는 물레소리에 맞추어 목소리의 높낮이를 달리 한다.

어느덧 저녁이 되고, 소중한 남편이 돌아온다. 우리는 그의 기대를 알고 있기 때문에, 그가 귀가할 때면 어떤 소동이 벌어졌을지 충분히 짐작할 수 있다. 그의 발을 씻길 따뜻한 물을 담은 대야와 그의 피로를 풀어줄 편안한 신발을 준비하느라 부산을 떠는 하인들과, 그의 말에 귀를 기울이면서 오늘도 수고하셨다며 칭찬을 아끼지 않는 그녀의 모습이 눈에 선하다. 그리고 저녁상이 차려진다. 때로는 손님들을 초대해서, 때로는 단 둘이서 기울어가는 해를 바라보며 식사를 한다. 미식가인 남편은 두루미 구이와 블라망제를 맛보고, 아내는 달콤한 웨이퍼를 조금씩 뜯어 먹는다. 그때부터 황혼이 질 때까지, 그녀는 오늘 하루를 어떻게 보냈는지 남편에게 이야기하고, 도로에 면한 낮은 창을 사이에 두고 재단사의 도제와 이야기를 나누다 들킨 미욱한 젊은 하녀를 어떻게 처리해야 할지 남편의 조언을 구한다. 남편을 바라보는 그녀의 눈길에는 따뜻한 애정이 가득하고, 하녀를 염려하는 작고 둥근 얼굴에는 주름이 지고, 남편에게 칭찬받고 미소를 지을 때면 보조개가 파인다. 노신사도 자랑스러운 듯 애정 어린 따뜻한 눈길로 그녀를 바라본다. 밤이 되면 그들은 함께 집안을 돌면서 문 단속을 하고, 하인들이 잘 자고 있는지 살펴본다. 아무튼 옛사람은 오늘날보다 양초를 아꼈었다. 그리고 두 사람은 잠자리에 든다.

이쯤에서 우리는 이 부부와 헤어져야 한다. 메나지에의 아내는 분명히 바쁜 나날을 보냈다.

> 남편들은 날씨가 궂으면 쉬기도 하지만,
> 주부의 일에는 도무지 끝이 없다.*

그녀의 생활에는 랭런드로부터 가난한 사람들을 위해 바느질이라도 하라는 훈계를 받은, 손톱이 긴 아름다운 귀부인처럼 게으름 피울 틈이 없었다. 게다가 아내의 복종에 대한 메나지에의 이상은 오늘날에는 지나친 것으로 보이는 부분도 있다. 하지만 그 책은 그가 건전한 양식의 소유자로서 아내를 존중하고 사랑했다는 강렬한 인상을 준다. 메나지에는 아내가 트루바두르의 찬사를 받던 귀부인처럼 대좌(臺座)에 앉아 있거나, 그리셀다처럼 남편의 구두에 키스하는 존재가 되기를 원치 않는다. 그가 원하는 것은 협력자이다. 초서가 말했듯이 "만일 여자가 착하지도 않고 그들의 충고가 훌륭하지도 이롭지도 않다면, 하늘에 계신 우리 주님께서는 결코 여자를 만드시지도 않았을 테고, 그녀를 남자의 '반려'라 부르지 않고 오히려 남자를 타락시키는 존재라 부르셨을 것이다."[23] 예언자 예레미야는 만일 하느님이 여자를 뛰어난 존재로 만들 작정이었다면, 아담의 갈비뼈가 아니라 머리를 취했을 것이라는 전형적인 중세적 논의를 자주 들먹였다. 그러나

* 잉글랜드의 농부시인 토머스 투서(Thomas Tusser, 1524~1580)가 쓴 *Five Hundred Points of Good Husbandry*에 나오는 유명한 말.

메나지에는 좀 더 논리적인 페트루스 롬바르두스*의 설, 즉 하느님이 아담의 머리를 취하지 않은 것은 여자를 남자의 지배자로 삼으실 뜻이 없었기 때문이고, 그 발을 취하지 않은 것은 여자를 남자의 노예로 삼으실 뜻이 없었기 때문이며, 그 갈비뼈를 취한 것은 여자를 남자의 동반자로 삼고자 하셨기 때문이라는 설에 동의했을 것이다. 어린 아내에 대한 메나지에의 태도에는 그와 같은 정신이 배어 있다. 바로 이 점 때문에 그의 책은 호소력이 강하고, 여성의 예의범절을 논하고 있는 중세의 많은 책 가운데 단연 돋보이는 것이다. 그러나 메나지에의 책이 갖는 진정한 사회적·역사적 가치는 세월을 뛰어넘는 선명한 색채로 중세 여성의 생활을 구체적으로 묘사했다는 데 있다. 중세의 여성은 역사의 무대에서 자신만의 자리(그것도 중요한 자리)를 차지하고 있건만, 역사가들은 지금까지 그 존재에 대해 거의 입을 다물고 있었던 것이다.

* 『신학명제집』을 쓴 12세기 파리의 주교.

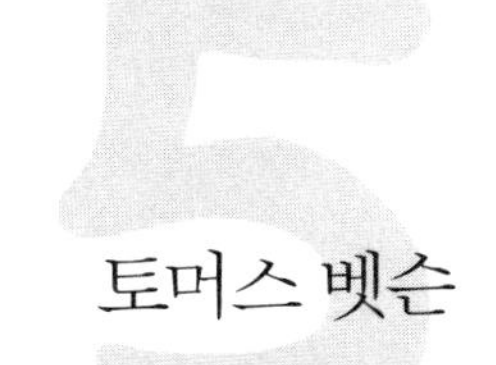

토머스 벳슨

〔15세기의 지정거래소 상인〕

고귀한 집안에 태어난 자도 있고,
사람을 베는 칼에 자부심을 느끼는 자도 있으며,
학문이나 예술을 찬미하는 자도 있지만,
나는 영예로운 상인의 길을 좋아한다.

—제임스 엘로이 플레커, 『사마르칸트로 가는 황금의 여정』

영국의 상원을 방문하여 장엄한 의사당을 경건한 마음으로 둘러본 사람이라면, 누구나 왕좌 앞에 놓여 있는 튼튼하고 볼품없는 물건을 보고 놀라게 마련이다. 본회의 기간에 대법관이 앉게 되는 그 보기 흉한 물건은 바로 양모포대로, 대법관직 못지않게 역사의 순수함을 가득 품고 있다. 그것을 보면 방적과 제철의 세대도, 영국의 위대함을 이룩한 기반은 세계의 동서양에서 가공되지 않은 상태로 운반되어온 연약한 식물이나 영국 땅에서 채굴하는 단단한 금속이 아니라, 여러 대에 걸쳐 얼굴이 까만 양의 등에서 자란 양모임을 상기할 수 있다. 우선 유럽의 모든 직물업 종사자는 모직물을 만드는 원료인 양모를 애타게 찾았다. 그리고 잉글랜드의 도시와 마을에서 가공된 양모는 선박을 통해 세계 각지로 운송되었다. 이런 양모야말로 산업혁명 시대에 이르기까지 영국의 번영을 이끈 원동력이었다. 산업혁명을 계기로 목면과 철이 양모를 대신하게 되었음은 주지의 사실이다. 그러므로 헨리 8세 또는 엘리자베스 여왕 치세의 상원을 묘사한 오래된 그림을 보면, 오늘날의 상원과 다름없이 왕좌 앞에 양모포대가 놓여 있는 모습이 눈에 띈다.[1)] 잉글랜드의 대법관이 양모포대 위에 앉는 것은, 이 훌륭한 국가의 번영이 그 양모포대를 기반으로 하고 있기 때문이다.

중세 잉글랜드에서 가장 눈길을 끄는 상인은 양모를 거래하는 지정거래소(Staple)*의 상인이었다. 양모무역은 오랫동안 잉글랜드에서 가장 규모가 크고 수익이 많은 장사였다. 국왕의 주된 관세수입원이 양모와 양모피였던 만큼, 역대 왕들은 양모무역에 각별한 관심을 기울였다. 더욱이 세입을 예측하여 돈을 빌리고자 하던 국왕은 우선적으로 양모상인에게 의탁했다. 그들이 잉글랜드에서 가장 부유한 상인이었기 때문이다. 이와 같은 이유에서 정부는 여러 곳의 지정거래소 타운을 두어 모든 수출품의 집산지로 삼았다. 지정거래소 소재지는 때때로 유동적이었다. 때로는 브루게나 안트베르펜에 있었고, 때로는 영국 내에 있었다. 그러나 대부분의 기간에 지정거래소는 칼레†에 있었다. 칼레에는 1363년에 처음 지정거래소가 설치되었고, 1423년에는 마침내 상설되기에 이르렀다. 모든 양모·양모피·생가죽·가죽제품·주석은 지정거래소를 거쳐야만 했다. 이 제도가 완전히 정비된 것은 지정거래소의 거래 대부분을 장악하고 있던 양모상인 단체가 1354

* 중세 영국의 특산물, 특히 양모를 수출하기 위해 설치된 배타적 거래시장.
† 프랑스 북부 노르파드칼레 지방의 공업항. 1346～1558년에는 잉글랜드령이었다.

년에 시장(市長)의 통제하에 들어갔을 때였다. 이 제도는 국왕과 상인 모두에게 편리했다. 세관 관리들이 한곳에 집중되어 있으므로, 국왕은 쉽게 관세를 징수할 수 있었다. 특히 지정거래소의 상인조합이 회원들로부터 양모 관세와 상납금을 거두어 일괄적으로 국고에 납부하는 방법이 확립됨에 따라, 관세징수는 한결 용이해졌다. 한편 상인에게는 무역에 집중할 수 있다는 이점이 있었다. 그들은 호위선단을 조직하여 단체로 항해함으로써 잉글랜드와 프랑스 사이의 좁은 바다에서 날뛰던 해적들로부터 양모상선단을 보호할 수 있었다. 또한 유력동업조합의 회원으로서, 플랑드르에서 특권을 인정받으며 안전하게 활동할 수 있었다. 게다가 양모중개인도 이 제도의 혜택을 보았다. 국왕과 지정거래소의 상인조합이 시중에서 판매되는 양모의 품질을 엄중히 감독하고, 부정행위를 방지하기 위한 일련의 규칙을 만들었기 때문이다. 여기서 잊지 말아야 할 점은 정부가 무역에 필요한 보호조치를 취해주지 않던 시대에는, 하나의 조합에 소속된 사람들에게 지정거래소에서의 무역을 독점하게 한다는 발상이 모두에게 환영받았다는 사실이다. 프랜시스 베이컨은 "조합조직 내에서 거래하는 것은 잉글랜드인에게는 자연스러운 일"이라고 적고 있다. 그리고 4세기 동안 그 거대한 무역조합 덕분에 잉글랜드의 무역은 성장을 거듭했고, 이 나라는 세계 상업의 선도자가 되었다.

잉글랜드의 양모무역은 중세가 끝날 때까지 번영을 누렸다. 그러나 15세기에 접어들자 지정거래소의 상인은 다른 조합과의 경쟁을 의식하기 시작했다. 상대는 유명한 모험상인(Merchant Adventurers)의 조합이었다. 모험상인은 14세기에 이미 국내의 직물제조업의 발달에 힘입어 대규모로 직물을 수출하기 시작했다. 이는 옛 제도의 존속을 바라는 지정거래소 상인에게는 불쾌한 일이었다. 그 제도에 의해 잉글랜드의 양모가 대륙에 수출되었고, 수출된 양모는 이프르·헨트·브루게·메헬렌*을 비롯한 플랑드르의 유명한 직물업 도시에서 우수한 직물로 탄생하지 않았던가. 네덜란드는 이 직물제조업 덕분에 중세를 통해 유럽의 산업계에서 두각을 나타낼 수 있었는데, 이 제조업의 성패는 전적으로 잉글랜드의 양모가 차질 없이 공급되느냐에 달려 있었다. 유럽에서 두 번째로 질 좋은 스페인산 양모도 영국산 양모와 섞지 않는 한 만족스러운 모직물을 만들어낼 수 없었다. 따라서 영국과 플랑드르는 긴밀한 정치적 연대를 맺었다. 전자는 고객을, 후자는 필수적인 원료를 원했기 때문이다. 15세기의 시인은 다음과 같이 노래했다.

> 플랑드르의 좁은 땅은
> 실로 다른 나라에 직물을 공급한다.
> 플랑드르에서 자라는 풀과 열매를 모두 합해도
> 사람들에게 한 달분의 고기와 빵조차 댈 수 없다.
> 플랑드르인이 좋아하든 싫어하든 그들이 가진 것이라곤
> 작은 목장과 플랑드르산 직물밖에 더 있겠는가?
> 이곳의 서민들은 실제로 양모를 짜서 먹고산다.
> 여기에서는 그것이 생업이다.
> 이것이 없다면 사람들이 편히 살지 못하고 대부분 굶어죽을 텐데,
> 이것 덕분에 대개 무사히 살 수 있는 것이다.[2)]

당시 영국인이 입고 있던 상의는 영국의 양모로 만든 것이긴 하지만, 플랑드르에서 직조된 것이었다. 그러나 지정거래소 상인들에게는

* 이상은 중세에 직물을 제조하던 주요 도시로, 오늘날 모두 벨기에에 속해 있다.

그런 상황을 굳이 바꿀 이유가 없었다. 상업상의 필요 때문에 영국과 정치적 협약을 맺을 수밖에 없었던 플랑드르인 사이에서는 자신들이 잉글랜드인에게 여우가죽을 헐값에 사서 그 꼬리를 금화를 받고 되판다는 우스갯소리가 생겨나기도 했다.[3] 물론 그들이 구입했던 것은 양의 모피였다. 하지만 그들은 그것을 영원히 구입할 수는 없었다. 잉글랜드에서 직물제조업이 발달하자, 직물을 제조하던 네덜란드의 대도시들은 쇠락의 길을 걸었다. 이제 잉글랜드의 직물업이 자국의 양모를 흡수하게 되었다. 잉글랜드의 직물업은 계속 번창했고, 급기야 16세기 초에는 양모가 잉글랜드의 주요 수출품목에서 빠지게 되었다. 그렇지만 지정거래소의 상인들은 15세기 내내 영향력이 컸고 명성도 높았다.

당시에 부유하고 존경받던 지정거래소 상인들은 국내 여러 도시의 운명을 좌우하고, 런던과 지방 항구의 시장이 되고, 가난한 국왕들과 계약을 맺거나 현금을 빌려주는 경우가 많았다. 그들은 정치적 위협이 될 만큼 힘이 막강했다. 그래서 귀족·성직자·기사에 이은 제4신분이라는 말을 들을 정도였고, 국왕은 의회를 제쳐두고 그들을 특별히 취급했다. 잉글랜드 각지의 문서보관소에 많이 보존되어 있는 지정거래소 상인들의 유언은 그들의 영광과 공공정신을 잘 보여준다. 코츠월드*를 비롯한 양모산지의 교구교회에는 그들을 기리는 훌륭한 기념비가 다수 남아 있다. 치핑캠든에는 1401년에 사망한, "런던의 시민이자 전국 양모상인의 꽃"이었던 윌리엄 그레벌과 그의 아내가 묻혀 있다. 아름다운 그의 집은 지금도 마을 길모퉁이에 서 있다. 또 노슬

* 영국 중남부 글로스터셔 주 동부에 있는 행정구로, 중세에 양모업으로 크게 번영했다. 이 단락에서 언급되는 지명들은 런던에 있는 올핼로우스 바킹을 제외하곤, 모두 코츠월드 지방에 있는 마을이나 도시의 이름이다.

리치에는 1458년에 사망하기 전에 교회의 본당을 개축한 존 포티의 묘가 있다. 그의 기념비에는 그가 한쪽 발은 양에, 다른 쪽 발은 양모포대에 걸치고 있는 모습이 묘사되어 있다. 그 옆에는 '양모상인' 토머스 포티와 양모포대를 들고 있는 어느 무명 상인의 비(碑)가 있다. 린우드·사이런세스터·치핑노턴·레칠레이드·올핼로우스바킹 등지에서도 이 대규모 동업조합에 속해 있던 상인들의 무덤을 볼 수 있다.[4] 그들은 지금은 평화롭게 잠들어 있지만, 살아 있는 동안에는 철두철미한 장사꾼이었다. 중세 잉글랜드의 시인 가워는 다음과 같이 노래하고 있다.

오, 양모여, 기품 있는 귀부인이여,
당신은 상인의 여신으로,
모두가 기꺼이 당신을 섬기려 한다.

당신의 행운과 부는 어떤 이를 존귀하게 만들기도 하고, 어떤 이를 파멸시키기도 한다. 당신이 거주하는 지정거래소는 사기와 협잡에서 결코 자유롭지 못하며, 이로 인해 인간은 양심에 상처를 입는다. 오, 양모여, 이교도와 사라센인뿐 아니라 그리스도 교도까지 당신을 가지려 하고 그대에게 고해한다. 오, 양모여, 당신의 국제적인 명성에 대해서도 한마디 하지 않을 수 없다. 세계 각국의 상인들은 평시에나 전시에나 당신을 사랑하여 당신을 구하러 온다. 다른 자에게는 적이 있지만, 당신에게는 당신을 위해 몸을 바치려는 좋은 친구가 많다. 당신은 전세계에서 사랑받고, 당신이 태어난 국토는 당신 덕분에 큰일을 할 수 있다. 당신은 육로와 해로를 통해 세계 각지로 운반되지만, 결국에는 가장 부유한 사람들의 손에 들어간다. 당

> 신은 잉글랜드에서 태어났지만, 돈 많은 '간계'가 당신의 지정거래소를 주도함에 따라, 당신이 정당한 대우를 받지 못한다는 이야기가 들린다. 간계는 자기 마음대로 당신을 외국에 보내고, 우리에게 손해를 끼치는 대가로 자기의 이익을 챙긴다. 오, 아름다운 순백의 기쁨 덩어리여, 모두가 당신을 사랑하기에 당신에게 속박되어 고통스럽고, 당신을 매매하는 자의 마음도 자유롭지 않다. 어떻든 당신을 입수하려는 자들은 많은 간계와 책략을 궁리한다. 그리하여 그들은 선단의 여왕이자 귀부인인 당신을 싣고 바다를 건너고, 질투와 탐욕에 눈이 먼 사람들은 당신을 구입하기 위해 앞을 다툰다.[5)]

지정거래소 상인의 일상생활을 재구성하는 것은 그다지 어렵지 않다. 황금양모가 잉글랜드 국민의 생활에 많은 흔적을 남겼고, 법령집에도 양모무역에 관한 규정이 다수 기재되어 있기 때문이다. 그러나 이보다 큰 이유는 영국에서 칼레로 양모를 수송하는 일에 종사하던 사람들의 사신(私信)이 지금까지 전해진다는 것이다. 중세 서민의 역사를 재현하는 데 도움을 주는 각종 사료 가운데서도, 그들의 편지는 가장 흥미롭다. 편지에는 사람들의 개성 넘치는 삶의 면면과 그들의 생각이 그대로 담겨 있기 때문이다. 15세기의 중상류층 남녀는 대부분 읽고 쓸 수 있었다. 물론 철자가 이상한 것이 많아서, 거위 깃으로 어렵게 쓴 편지에는 런던의 St. Olave's Church가 'Sent Tolowys scryssche'라고 적혀 있기 일쑤이고, 마침표는 거의 사용되지 않고 있다. 그러나 그들이 말하고자 하는 바가 분명할진대, 그런 것이 대수겠는가? 운 좋게도 영국 각지의 고문서 보관소에는 15세기에 작성된 가족의 서한집이 많이 남아 있다. 그 중에서도 가장 훌륭한 것은 유명한 패스턴 서한집이다. 이것은 지체 높은 노퍽의 한 가문 사람들이 자기들끼리 주고받은 편지로, 일국의 정치와 일가의 일상생활에 대한 정보의 보고이다.[6]) 그것보다는 덜 흥미롭지만 그것에 못지않게 귀중한 자료는 요크셔 영주였던 플럼턴 가의 서한집이다.[7]) 그러나 이 장의 목적에 딱 맞아떨어지는 것은 두 가지 다른 문서, 즉 옥스퍼드셔 지방과 그 인근의 지주였던 스토너 가의 서한집과 지정거래소 상인 일가가 보관하고 있던 셀리 문서이다.

이 두 문서는 지정거래소 상인의 공적 생활과 사생활을 적나라하게 보여준다. 『셀리 문서』는 1475년과 1488년 사이에 작성되었는데, 우연히도 그 기간에 윌리엄 스토너(1478년에 윌리엄 경이 되었다)도 양모무역에 흥미를 갖게 되었다. 이는 그가 1475년에 부유한 도시상인의 딸이자 과부이던 엘리자베스 리치와 결혼했기 때문이다. 스토너 가는 칠턴과 코츠월드 지방의 영지에서 아주 많은 양을 기르고 있었다. 윌리엄은 양모무역에 관심을 보이던 엘리자베스의 가족과 협력하면 유리하리라는 점을 즉각 간파했다. 그래서 그는 아내의 친구이자 칼레에 있는 지정거래소 상인인 토머스 벳슨과 함께 일하기로 했다. 바로 이 토머스 벳슨이라는 사람이 이 장의 주제이다. 그는 1479년에 엘리자베스가 사망할 때까지 스토너 가의 양모무역에 적극 협조했다. 토머스 벳슨은 1486년에 사망했으므로, 지정거래소의 또 다른 상인인 조지 셀리 및 리처드 셀리와 동시대인이었고, 틀림없이 이들을 알고 있었을 것이다. 실제로 셀리 형제의 사촌이자 대리인이던 윌리엄 셀리는 1481년에 런던에서 칼레의 조지에게 편지를 써서, 자신이 양모피 464매를 뉴하이스의 '토머스' 호로 급송했으며, "그 양모피는 돛대 바로 뒤의 맨 아래쪽, 토머스 벳슨의 양모피 밑에 실려 있다"[8])고 알려준 바가 있다. 윌리엄 경과 협력하던 기간에 토머스 벳슨이 쓴 편지와 그 무렵의 그에 관한 편지를 수록한 '스토너 가의 문서'와 칼레

소재 지정거래소 상인의 생활을 상세히 기록한 '셀리 문서'의 도움을 받으면, 토머스 벳슨을 거의 살아 있는 모습 그대로 마법처럼 우리의 눈앞에 불러낼 수 있다. 그는 그렇게 불러낼 만한 가치를 지니고 있다. 그만큼 유쾌한 인물은 15세기의 서한집에서 찾아보기 어렵기 때문이다. 또한 매력적인 마저리 브루스를 제외하곤, 그처럼 솔직담백한 매력을 지닌 인물도 없다. 마저리 브루스는 존 패스턴 3세와 결혼하여 무뚝뚝한 패스턴 가의 부인들 틈에서도 명랑하게 생활한 여성이다.

우리가 토머스 벳슨에게 호감을 느끼는 것은, 첫 만남부터 그가 자신의 연애사건을 공개하고 있기 때문이리라. 그가 1476년 4월 12일에 윌리엄 스토너에게 쓴 그의 첫 편지는 스토너 가의 양모가 칼레에 도착했음을 알리는 것이다. "삼가 아룁니다. 귀하와 귀하의 부인께 인사드립니다. 그리고 무례인 줄 압니다만, 저의 캐서린 양에게도 아무쪼록 안부를 전해주십시오."[9] 열흘 뒤 칼레로 떠나기 전날 밤에 그는 런던에서 다시 편지를 써서 "보잘 것 없는 저를 늘 따뜻하게 격려해주시고 진심으로 배려해주시는 것"에 감사하면서, 자신은 소금에 절인 장어를, 자신의 동생은 적포도주 큰 병을 선물로 보낸다고 말하며 다음과 같은 추신을 덧붙이고 있다. "이 하찮은 편지가 모쪼록 친애하는 귀하의 부인에 대한 저의 충심을 전하고, 또한 상냥하고 친절한 사촌누이 캐서린 리치에 대한 저의 마음을 전할 수 있기를 바랍니다. 귀하께서 그녀에게 언제나 호의와 애정을 베풀어주시길 간절히 바랍니다."[10] 그가 이토록 신중하게 자신의 호의를 전하려고 하는 상대인 캐서린 리치는 대체 누구인가? 캐서린 리치는 윌리엄 스토너의 의붓딸로, 그의 부인이 첫 번째 남편과의 사이에서 낳은 자식이었다. 그녀는 토머스 벳슨의 약혼녀로, 이 무렵 약 13세였다.

연애와 성인 남녀의 결혼을 축하하는 현대의 사고방식으로는, 기사도 시대의 중매에 만연한 사무적인 분위기나 장년의 남성이 십대 소녀와 결혼하는 일을 선뜻 받아들이기 힘들 것이다. 당시에는 소년은 14세, 소녀는 12세가 되면 성인으로 간주했으며, 재산상의 문제나 또는 두 가족 간의 분쟁을 해결하기 위해, 또는 자식의 장래를 보장하기 위해, 요람의 아기들이 약혼하거나 결혼하는 경우도 드물지 않았다. 이런 관행에 대해, 지정거래소 상인의 아들이자 위대한 교회법 학자였던 윌리엄 린드우드[11]는 잡초는 빨리 자라는 법(즉 악습은 신속하게 확산되는 법)이라고 설명했다. 교회가 규정한 것은 자녀가 성년이 되면(고작 14세와 12세에!) 자유의사에 따라 원치 않는 혼약을 파기할 수 있다는 것 정도였다. 현대의 영국과 그 옛날이 확연히 다르다는 것을 보여주는 단적인 예는 그레이스 드 세일비의 결혼이다. 그녀는 넓은 경지를 갖고 있다는 이유로 4세에 대귀족과 혼인했고, 2년 뒤에 남편이 사망하자 재가했으며, 11세에는 세 번째로 결혼했다. 이 남편은 그녀에게 현금 300마크*를 지불했다.[12] 이러한 결혼 이야기에는 유머와 페이소스가 기묘하게 섞여 있다. 3세의 존 리그마든은 사제의 품에 안긴 채 교회로 갔다. 사제는 그를 달래서 혼인서약을 반복하게 했으나, 꼬마는 식 도중에 오늘은 그만 배우겠다고 말했다. 그러자 사제는 "몇 마디만 더 하면 놀러갈 수 있다"고 답했다. 10세의 제임스 밸러드가 아내 제인과 결혼한 것은 "밤 10시로, 당시 랭커셔 주 콘의 대리사제 로저 블레이키 외에는 친구들조차 입회하지 않았다. 이튿날 아침 제임스는 숙부에게 제인[당시 결혼할 수 있는 나이에 이른 다 큰 소녀였다]이 사과 두 개를 주면서 콘에 가서 결혼하자고 자기를 유혹했다고 털어놓았다." 램즈보텀 출신의 엘리자베스 브리지는 13세의 나이

* 중세 잉글랜드의 화폐단위로, 1마크는 약 13실링 4펜스에 해당한다. 동전으로 주조되지는 않았고, 계산상의 단위로만 사용되었다.

에 11세의 남편 존 브리지와 결혼한 뒤 다음과 같이 말하고 있다. 남편은 결코 "나를 사랑하지 않았다. 첫날 저녁에 존은 밥도 먹지 않았고, 잠자리에 들 시간이 되자 그때 우리 오빠 집에 묵고 있던 아버지와 함께 집에 돌아가겠다고 울면서 떼를 썼다."[13)]

하지만 중세의 기록은 때로는 조혼도 기쁨의 빛을 발할 수 있음을 보여준다. 메나지에 드 파리가 어린 아내를 위해 쓴 책은 좋은 예이다. 그는 아내의 젊음에 전적으로 만족하면서 더할 나위 없이 자상하고 애정이 듬뿍 담긴 책을 썼다. 토머스 벳슨이 1476년 6월 1일에 어린 캐서린 리치에게 쓴 매력적인 편지도 기쁨의 빛을 발한다. 그것은 진정 보석처럼 빛나는 글로, 지금껏 크게 주목받지 못한 것이 신기할 정도이다. 나는 그 편지를 수록하지 않은 영국 서한집은 상상조차 할 수 없다. 토머스 벳슨과 캐서린 리치의 인생을 되살리기 위해 그 편지를 다소 길지만 인용해보겠다.

> 사랑스러운 사촌누이 캐서린, 나의 진심을 담아 이렇게 편지로 안부를 전한다. 최근에 너한테서 하나의 정표를 받고 얼마나 기뻤는지, 그리고 지금도 얼마나 기쁜지 모른다. 그런 정표는 앞으로도 내게 크나큰 기쁨일 것이다. 이런 내 마음을 네가 알아주었으면 한다. 그리고 너의 충실한 종자 홀레이크한테서 편지를 받았다. 그 편지를 보고, 네가 건강하고 즐겁게 지내고 있다는 것을 알게 되었다. 앞으로도 주님의 은총으로 네가 그런 생활을 계속할 수 있기를 진심으로 기도한다. 내게는 네가 활기차고 즐겁게 생활하는 것보다 기쁜 일은 없다. 아멘. 네가 항상 식사를 잘 챙겨 먹고 하루빨리 여인으로 성장해준다면, 맹세컨대 나는 이 세상에서 가장 행복한 남자가 될 것이다. 너의 호의와 상냥하고 사랑스러운 태도만 생각하면, 나의 마음

에는 기쁨이 넘친다. 그렇지만 네가 아직 어리다는 생각을 하니 문득 서글퍼지고, 성장하는 데 꼭 필요한 고기를 잘 먹지 않는다니 정말로 마음이 무거워진다. 그러니 귀여운 나의 사촌누이여, 나를 사랑한다면 부디 쾌활하게 지내고 한 사람의 성인 여성만큼 고기를 먹도록 해라. 나를 사랑하기 위해 그렇게 해준다면, 네가 원하는 것은 뭐든지 들어주겠다. 맹세하건대 나는 하느님의 도움을 받아 힘닿는 한 네가 원하는 대로 실행할 것이다. 집에 돌아가면 하느님 앞에서 너와 나에 관한 이런저런 이야기를 더 하도록 하자. 그때까지 너는 한 사람의 부인처럼, 또 연인답게, 언제나 나를 생각해다오. 내가 너를 사랑하는 만큼, 너도 나를 사랑하고 있다는 것을 내가 알 수 있게 해다오. 사랑스러운 나의 사촌누이여, 우리가 연모하는 마음의 합을 둘로 나누어 그 반쪽은 내 몫으로 기쁘게 간직하며 언제나 너를 생각한다. 그리고 나의 진실한 애정을 담아 나머지 반쪽을 너에게 보내니, 사랑스러운 사촌누이여, 너도 나를 생각하며 그것을 간직해다오. 그리고 성모 마리아가 그리스도에게 주었던 축복도 함께 보내며, 너의 영원한 행복을 기도한다. 내 말(馬)에게도 안부를 전해다오. 네가 빨리 성인이 될 수 있도록 그 말이 자기 나이에서 4살을 너에게 주었으면 좋겠다. 내가 돌아가면 그 상으로 내 나이에서 4살을 빼주고, 말 빵 4개를 주려고 한다. 아무쪼록 내가 그렇게 부탁한다고 전해다오. 사촌누이 캐서린이여, 내가 그 말에게 고마움을 느끼는 만큼, 나의 아내가 될 너도 늘 말에게 감사해야 할 것이다. 아무튼 그 말은 너에게 많은 것을 줄 테니까. 사랑스러운 사촌누이여, 네가 나를 보려고 칼레*에 왔지만 나를 만나지도, 찾지도 못했다는 것

* 아마도 여관 이름일 것이다—지은이.

을 최근에야 알게 되었다. 너는 내 사무소로 왔어야 했다. 그러면 나를 찾고 나와 만날 수 있었을 테고, 나를 탓할 일도 없었을 것이다. 그런데 너는 엉뚱한 칼레 가에서 나를 찾았다. 만일 네가 이곳에 와서 이 칼레를 본 적이 있다면, 그런 일은 없었을 텐데. 너와 네 일행이 칼레에 와본 적이 없다는 것이 안타까울 따름이다. 상냥한 사촌누이여, 시계에게 잘못된 습관을 교정하라고 전해다오. 그 시계는 언제나 부정확한 시간에 종을 치는데, 계속 그러면 곤란하다. 그것을 고치지 않으면, 다른 사람들이 두 번 다시 찾지 않을 것이다. 조만간 내가 돌아갈 때까지는 주님의 은총으로 온전해지리라고 믿는다. 나의 충실한 사촌누이여, 이 편지를 쓰면서 지금까지 너의 어머니의 안부를 묻는 것을 깜빡했다. 너그러운 마음으로 이해하고, 너의 기분이 좋아질 때까지 몇 번이고 어머니께 안부를 전해다오. 그리고 원한다면 다가오는 성령강림절에 시장에 갈 예정이라는 것도 말씀드려라. 네가 나를 위해 기도해주리라 믿는다. 나도 너를 위해 그 누구보다 열심히 기도하겠다. 네가 훌륭한 여인이 되어 언제까지나 건강하고 덕성스럽게 살게 해달라는 이 기도를 전능하신 예수님께서 들어주실 것이다. 바다 건너편의 대도시 칼레에서 6월 1일. 다들 식사하러 갔고, 시계는 9시를 알리는구나. 너희 집안 사람들이 큰소리로 나를 부르고 있다. "식사하러 오시오, 빨리, 빨리!" 내가 뭐라고 대꾸했을지 너는 잘 알 거야.

너의 충실한 사촌오빠이자 연인인 토머스 벳슨이. 너에게 이 반지를 정표로 보낸다.

이렇게 편지를 마무리하고, 토머스 벳슨은 미소를 지으며 봉인 위에 입을 맞춘 다음 겉봉에 "내가 진정으로 사랑하는 사촌누이인 스토

너 가의 캐서린 리치에게, 급편"이라고 적었다.[14)]

이때부터 벳슨·스토너·엘리자베스 스토너 부인, 이들 삼자 사이에 매력적인 서신교환이 시작된다. 그것에는 가족의 소식과 사무적인 교섭이 유쾌하게 섞여 있다. 엘리자베스 부인과 벳슨은 상당히 친한 사이였다. 두 사람은 부인이 재혼하기 전부터 알고 지내던 오랜 친구였다. 스토너 가에는 벳슨을 위해 특별히 마련된 방이 있었다. 부인은 애정의 표현으로 종종 그를 '나의 아들 스토너'라고 부르고 있다. 부인이 남편에게 쓴 거의 모든 편지에는 벳슨에 관한 소식이 담겨 있다. 이를테면 그가 아침 8시에 거룻배를 탔는데 하느님이 그를 지켜줄 것이라든가, 벌써 여드레째 그에게서 아무 소식이 없다거나, 코츠월드의 양모 40색*의 대금에 대해 그가 편지를 보내왔다거나, 그가 윌리엄 경에게 안부를 전해달라고 말했다든가, 그가 지난 주 월요일에 집에 돌아왔다든가 하는 따위다. 그는 가끔 잔소리가 심하고 심술궂은 노파인 엘리자베스 부인의 모친을 만나서 이야기를 들어주는 귀찮은 임무도 맡아야 했다. 어느 날 부인의 모친을 만나고 난 뒤, 토머스는 이마의 땀을 닦으면서 "주님이시여, 단 한번만이라도 그녀가 유쾌한 표정을 짓게 하소서. 아니면 그녀를 당장 작은 수녀회†로 보내주소서!"라고 말하고 있다. 또 한번은 엘리자베스 부인에게 다음과 같이 적고 있다. "런던에 돌아온 뒤에 부인의 모친을 만났습니다. 함께 있는 동안 그 분의 표정만 봐도 매우 우울했습니다. 그것은 주님이 아실 것입니다. 헤어질 때까지 지루하다는 생각뿐이었답니다. 모친께서는 신이 나서 '옛날이야기'를 들려주셨지요. 특히 예전에 목사와 모친 앞에서 제가 했던 이야기를 되풀이하셨어요. 목사는 그 후로 건강이 나

* sack. 중세에 양모의 부피를 재는 데 사용되던 단위. 약 165kg에 해당한다.
† 런던 동부 올드게이트 외곽에 있던 프란체스코회 수녀원—지은이.

빠져 크게 걱정하고 있다는 말씀도 하셨지요. 저는 간단하게 대답하고 나서 자리를 떴습니다. 부인의 모친과 함께 있는 것은 결코 기쁜 일이 아닙니다. 그 분은 나름대로 유쾌한 분이지만, 제가 모친에게 느끼는 것을 당신이나 당신 집안 사람들은 알지 못하거나 알려고 하지 않는 것 같습니다."[15] 캐서린의 여동생 앤이 런던에서 병이 났을 때, 그녀의 간호를 부탁받은 것도 충실한 벳슨이었다. 그는 그녀의 옷을 보내달라는 편지를 보냈다. "하느님이 아시다시피, 그녀에게는 옷이 필요합니다." 그리고 늙은 할머니의 행동에 불만을 터뜨린다. "부인의 모친은 앤을 만나러 왔을 때도 '하느님의 축복이 너와 나에게 내릴 것이다'라는 말만 하고는 앤을 보는 것이 조금도 기쁘지 않은 듯이 서둘러 돌아가셨습니다."[16] 윈저에서 런던까지 엘리자베스 부인을 에스코트한 것도 벳슨이었다. 그리고 그는 부인의 남편에게 편지를 썼다. "여행은 매우 즐거웠습니다. 하느님께 감사드립니다. 귀하의 부인이 이곳에 머무르시는 동안, 일행은 이곳에서 유쾌하게 지낼 작정입니다. 귀하가 이곳에 오신다면 모두 크게 기뻐할 것입니다. 저희는 귀하를 맞을 준비를 하고 있으며, 이곳에 계시는 동안 하느님의 은총이 함께 하여 불쾌한 일은 절대 없을 것입니다."[17] 이에 윌리엄 경은 일행의 즐거움을 배가시키기 위해 인편으로 식용 닭을 선물로 보냈다. 벳슨은 답장을 썼다. "삼가 아룁니다. 식용 닭 두 마리를 잘 받았습니다. 그러나 그것은 귀하가 편지에서 말씀하신 것처럼 맛있지는 않았고, 솔직히 말씀드리면, 제 입에는 맞지 않았습니다. 부인께서는 하느님의 보살핌으로 상당히 활기차게 지내고 계십니다. 매사에 그러하시지만, 부인께서는 건강에도 신경 쓰고 계십니다."[18]

벳슨이 스토너 가에 얼마나 따뜻한 호의를 가지고 있었는지, 또한 그의 성격이 얼마나 경건한지를 보여주는 증거는 무수히 많다. 때로는 따끔한 충고도 서슴지 않았다. 엘리자베스 부인은 상인 부르주아지에서 지방의 젠트리*로 신분이 상승한 것에 고무되어 씀씀이가 헤퍼졌다. 스토너 가의 지출이 늘어난 데는 남편의 책임도 있었다. 에일 주조자와 제빵사는 밀린 대금을 받기 위해 날마다 그의 대리인을 방문했다. 스토너 가는 한때 포도주 판매상인 벳슨의 동생에게 적포도주와 백포도주 여러 통과 럼니† 한 통의 대금 12파운드 이상을 빚지기도 했다.[19] 그래서 토머스는 시장에 가는 도중에 엘리자베스 부인에게 편지를 썼다. "우리의 주 예수 그리스도는 부인이 하느님의 뜻 안에서 오래 오래 영예와 존경을 누리고, 이후에도 유익한 조언과 은총을 받을 수 있게 보살펴주실 것입니다. 저는 날마다 그렇게 기도하고 있고, 앞으로도 변함없이 기도할 것입니다. 부인의 얼굴에 나타나는 명예감과 신앙심은 맹세하건대 앞으로도 친구들이나 당신을 아는 다른 사람들의 마음은 물론이고 저의 마음을 움직일 것입니다. 주여, 그렇게 될 수 있도록 저를 지켜주소서. 부인께 감히 충고하건대 지출이 과도하다는 점을 잊지 말고 각별히 주의하십시오. 바깥어른께도 그 점을 고려하라고 말씀드리십시오. 부인이 잘 알고 있는 그 문제를 바깥어른께도 주지시켜드릴 수 있다면 정말 다행이겠습니다. 우리의 주님께서 부인을 위로하고, 부인이 하는 모든 일을 도와주시기를 기도하겠습니다. 아멘."[20] 한 달 뒤에 윌리엄 스토너가 병을 앓고 있다는 소식을 들은 그는 부인에게 위로의 편지를 보냈다. "윌리엄 경과 부인을 기쁘게 하기 위해 제가 이곳에서 할 수 있는 일이 있다면, 부디 알려주십시오. 도움이 될 수만 있다면 무슨 일이든 할 것입니다. 부인의

* gentry. 영국의 중세에서 근대에 걸쳐, 세습귀족보다는 낮고 요먼(yeoman, 자작농이나 소지주)보다는 높은 지위를 누렸던 사회계층. 일반적으로 육체노동을 하지 않고 토지수입으로 생활하며, 지방행정에 책임을 졌고, 용기와 정의감을 중요시했다.

† Rumney. 그리스의 포도주—지은이.

마음이 불편하면 제 마음도 결코 편치 않습니다. 이것은 하느님이 아십니다. 그럼에도 부인께서는 바깥어른을 위해 쾌활함을 잃지 마시고, 또 해로운 환상이나 쓸데없는 생각을 모두 떨쳐버리십시오. 사람은 분방한 공상으로 몸을 해치는 일도 있습니다. 이 점을 염두에 두시는 게 좋을 것입니다."[21]

그 사이 어린 캐서린 리치는 어떻게 지냈을까? 그녀는 토머스 벳슨의 편지에 거듭 등장하는데, 부지런히 펜을 들지 않는다는 이유로 때로는 질책을 받는다. 그는 그녀의 어머니한테 다음과 같은 편지를 보냈다. "캐서린이 편지를 하지 않아서 화가 납니다. 저는 여러 번 편지를 보냈는데, 답장이 없습니다. 답장할 생각만 있다면, 그녀는 비서를 고용할 수도 있을 겁니다. 그것도 싫다면, 두 번 다시 그녀의 편지에 답하고 싶지 않습니다."[22] 그러나 중요한 것은 그녀가 해마다 꾸준히 성장하고 있다는 사실이었다. 물론 그 속도는 연인을 기쁘게 할 만큼 빠르지는 않았다. 1478년 삼위일체 대축일에 그는 엘리자베스 부인에게 편지를 썼다. "하느님도 아십니다만, 저는 자주 그녀를 그리워합니다. 한번은 그녀가 30세가 되는 꿈을 꾸었지요. 잠에서 깼을 때는, 그녀가 20세만 되어도 좋겠다는 생각을 했습니다. 하지만 조만간 저의 희망은 꿈이 아니라 현실이 될 것입니다. 저는 전지전능하신 예수 그리스도께서 저의 소망을 이루어주시기를 간절히 기도하고 있답니다."[23] 그리고 한 달 뒤에는 연인의 의붓아버지에게 편지를 보냈다. "저의 사촌누이 캐서린을 잘 보살펴주시기를 간절히 바랍니다. 하느님과 귀하가 아시다시피 저는 그녀가 잘 지내기를 기원합니다. 이 집에 그녀가 함께 있어 준다면 무한히 기쁠 것이라고 생각합니다. 하지만 저는 모든 것을 하느님께 감사드립니다. 저의 괴로움은 갈수록 커져만 갑니다. 그래도 저는 지금까지 고통을 참아왔듯이 앞으로도 하느님을 위해, 또 그녀를 위해 괴로움을 견디려 합니다."[24)] 하지만 캐서린은 15세가 되었고 결혼해도 좋을 만큼 성장했다. 일주일 뒤에 엘리자베스 부인에게 쓴 편지는, 토머스 벳슨이 집을 정리하고 캐서린의 신부의상을 준비하느라 대단히 고심하고 있음을 보여준다. 엘리자베스 부인은 자신이 해야 할 그런 일까지 미래의 신랑에게 일임한 것 같다.

> 부인의 편지를 보면 당신께선 8월 말경에야 이곳 런던에 오실 수 있을 것으로 생각됩니다. 만일 그렇다고 하면, 저는 걱정이 이만저만이 아닙니다. 해야 할 일은 많은데, 부인이 잘 알고 있는 일〔분명 캐서린을 위한 준비〕에 대해 저는 거의 아무것도 모르고 있기 때문입니다. ……캐서린에 관한 이런저런 일을 어떻게 처리해야 좋을지, 그것을 위해 저는 무엇을 준비해야 할지, 〔부인의 지도편달〕을 간절히 원하고 있습니다. 거들은 적어도 세 개가 필요할 것 같은데, 어떤 것을 골라야 할지 막막합니다. 또한 그녀에게 필요한 다른 물건도 있을 텐데, 당신은 그것이 무엇인지 잘 알겠지만, 솔직히 저는 아는 바가 없습니다. 맹세하건대, 비용이 아무리 많이 들더라도 저는 반드시 그것을 마련해놓을 것입니다. ……그리고 저의 사촌누이 캐서린을 이곳에 보내는 일에 대해서는, 그곳에서 부인이 알아서 하십시오. 분명히 그녀도 부인만큼 많은 것을 알고 있으리라고 믿습니다. 그래서 그녀가 오면, 여러 모로 제게 큰 도움이 되리라고 봅니다. ……부인, 윌리엄 경께서 저의 사촌누이 캐서린을 얼마나 다정하게 대해 주셨는지 등을 알려주셔서 더할 나위 없이 기쁩니다. 그래서 저는 바깥어른께서 언제나 그녀를 귀여워해주신 것에 감사하며, 그분을 위해 진심으로 하느님께 기도합니다. 또한 앞으로도 변함없이

그렇게 해주시기를, 그리고 캐서린이 훌륭한 몸가짐과 여성다운 품성을 유지하여 그 분의 사랑을 계속 받을 수 있게 해달라고 하느님께 기도한답니다. 그녀는 마음만 먹으면 얼마든지 그렇게 할 수 있을 것이고, 또 그녀를 칭찬하는 사람은 누구든지 그렇게 말합니다.[25)]

마지막 몇 단어의 자랑스러운 어조는 거들을 선택하는 문제로 난감해하는 남자의 초조함만큼이나 흥미롭다. 같은 날, 그가 윌리엄 스토너 경에게 쓴 편지는 더욱 흥미롭다. 그 편지에는 기쁨과 감사가 다소 혼란스럽게 뒤섞여 있고, 사업 때문에 스토너 가에서 멀리 떨어져 있는 것에 대한 유감과 일가의 건강을 기원하는 마음이 가득하다. 그는 이렇게 말하고 있다. “저는 가엾은 피리 부는 사내가 된 기분입니다. 일단 불기 시작하면 멈출 수가 없습니다. 그렇지만 다시 한번 주님의 가호로 귀하가 번영하시기를 기도합니다.” 캐서린에 대해서는 다음과 같이 적고 있다.

송구스럽게도 귀하가 친히 써주신 편지를 보고, 저의 사촌누이 캐서린이 귀하와 귀하의 부인, 그리고 그 밖의 다른 사람들에게 어떻게 행동하는지 잘 알게 되었습니다. 그녀에 대한 그런 소식은 저에게는 참으로 기쁘고 즐거운 일이 아닐 수 없습니다. 저는 그녀가 모든 미덕을 지키며 모범적으로 생활하기를 기원합니다. 그리고 언제나 그녀를 소중히 여기시고 훌륭한 충고를 아끼지 않으신 귀하의 호의에 감사하는 마음으로, 귀하가 천국에서 보상받을 수 있게 해달라고 하느님께 기도합니다. 저는 진작부터 알고 있었습니다만, 귀하의 가르침이 없었다면 그녀가 어릴 적부터 이와 같이 덕성스럽고 훌륭한 성품을 갖출 수는 없었을 것입니다. ……사촌누이 캐서린에 대해 귀하가 적어주신 말씀을 잘 기억하고 있겠습니다. 만일 그녀가 귀하의 말씀과 다르게 행동한다면, 제게 말씀해주신 내용을 그녀에게 전부 이야기해줄 것입니다. 이곳의 주교대리는 10주 안에 그녀와의 결혼을 예고할 것입니다. 그때까지 저는 주님의 은혜에 기대어 만반의 준비를 하겠습니다. 그녀도 모든 준비를 마치리라고 생각합니다. 이 점에 관한 한 저를 믿어주셔도 좋습니다.[26)]

이 편지는 1478년 6월 24일에 쓴 것이다. 토머스는 8월이나 9월에 어린 캐서린과 결혼한 것으로 보인다. 엘리자베스 부인이 남편에게 쓴 10월 5일자 편지에 "저의 아들 벳슨과 그의 아내가 당신의 안부를 물었어요"[27)]라고 적혀 있기 때문이다. 그 불쌍한 아이는 아내로서의 슬픔이 무엇인지 일찍 깨닫게 되었다. 1년 뒤 토머스 벳슨이 중병에 걸렸던 것이다. 그녀는 남편을 간호하는 동시에, 16세의 신부가 아니라 나이 지긋한 부인처럼 남편이 하던 일을 차질 없이 수행했다. 게다가 그녀는 그 무렵에 이미 장남의 탄생을 눈앞에 두고 있었다. 사업상 동지의 와병에 대한 윌리엄 스토너의 태도에는 모호한 측면이 없지 않다. 그는 한편으로는 친구의 생명을 염려하면서도, 다른 한편으로는 사업상의 계약이 정리되지도 않은 상태에서 벳슨이 사망할까 봐 몹시 불안해했다. 한 대리인은 스토너에게 보낸 편지에서 벳슨의 병과 캐서린의 고충에 대해 적고 있다.

삼가 아룁니다. 저는 귀하의 지시에 따라 9시에 스테프니에 당도했습니다. 도착하자마자 그 신사를 만났습니다. 얼굴에는 병색이 완연했지만, 그래도 그는 저를 반갑게 맞이했습니다. 그의 용태를 보니, 그리 오래 살지는 못할 것이라 생각됩니다. 베비스 부인을 비롯한 다른 부인들과 그의 삼촌도 그렇게 생각하고 있었습니다. 우리는 그의 건강을 위해 기도했습니다. 그리고 저는 귀하와 부인의 이름으로 최선을 다해 그를 위로했습니다. 저는 그의 방을 나와 객실로 향했는데, 그는 이내 정신없이 깊은 잠에 빠졌습니다. 11시에 저는 그의 삼촌을 불러냈습니다. 그리고 지난 1년 반 동안의 재고와 그 처리방안에 대해 그와 벳슨의 부인한테 보고를 들었습니다. 재고품은 1,160파운드어치로, 귀하가 그와 그의 배후에 있는 대리상들과의 거래를 청산하려면 그것을 즉시 처분해야 합니다. 그가 하느님과 악마 사이에서 대답할 재고품의 소유권에 대해서는, 그가 귀하의 이름으로 매입한 상품의 장부와 귀하의 이름으로 매각한 상품의 장부에 적혀 있을 것입니다. 그 두 권의 장부가 그를 판단하는 기준이 될 것입니다. 그 장부는 그의 부인이 자물쇠를 채워 보관하고 있고, 그가 여러 상인에게 설정한 각종 담보와 부채에 관한 서류도 보관하고 있다고 합니다. ……금은 식기류는 사용 중인 것을 빼고는 담보로 삼기 위해 제인 양[캐서린의 여동생인 제인 리치를 말하는 듯함]과 제가 챙겼습니다.

그는 벳슨이 윌리엄 경과 그 부인에게 갚아야 할 80파운드짜리 계산서 2매에 대해 보고한 뒤, 다음과 같이 덧붙인다.

심부름꾼이 되돌아올 때까지는 그가 살아 있을 것입니다. 그 이상은 의사도 장담하지 못합니다. 유언집행인은 그의 아내와 등기업무에 밝은 런던의 험프리 스타키, 칼레의 상인 로버트 테이트, 이렇게 세 사람으로 되어 있습니다. 그렇지만 저는 제인 양과 함께 그 유언을 파기하고 그의 아내를 유일한 유언집행인으로 지목하도록 설득

> 하고 있는 중입니다. 결과가 어떻게 될지 지금은 말씀드릴 수 없으나, 저는 하느님의 은총과 함께 최선을 다할 것입니다.[28]

언제나 스토너 가에 각별한 애정을 쏟았고 그들의 이익을 위하여 헌신했으며, 지금은 그 집의 사위이기도 한 사람의 임종 앞에서 이 채권자들이 금은 식기를 차압하는 모습은 뜻밖이기도 하거니와 탐욕스러워 보인다. 16세의 어린 아내를 유일한 유언집행인으로 만들어 그녀를 완전히 친정의 권한 내에 두고, 이해관계가 없는 노련한 상인 두 명의 의견을 배척하려는 시도는 음험하기조차 하다. 음모는 계속되고, 사흘 뒤 그 대리인은 다시 편지를 보낸다. 그나마 유쾌한 것은 어쩌다 방문한 벳슨에게 독설을 퍼붓던 고약한 성격의 크록 노부인, 즉 엘리자베스 부인의 어머니가 그의 인내심을 잊지 않고 문병을 왔다는 사실이다.

> 모든 일이 아주 잘 풀릴 것 같은 예감이 듭니다. 목요일에는 크록 부인이 브링클리 씨와 함께 스테프니로 벳슨을 병문안 왔는데, 그는 상태가 매우 나빠 보였습니다. 브링클리 씨는 떠나기 전에 벳슨의 머리와 가슴과 복부에 고약을 발라주었습니다. 덕분에 그는 밤새 숙면을 취할 수 있었습니다. 브링클리 씨는 금요일에도 오셨는데…… 벳슨의 병세가 많이 호전되었다고 합니다. 주변 사람들도 모두 그렇게 말합니다. 그렇지만 벳슨이 살아날 수 있을지, 그는 아직 단정하지 못하고 있습니다. 그러나 화요일 정오까지는 살아 있을 것이라고 장담합니다. 제가 지금 편지를 쓰는 것은 마음이 불안하기 때문입니다. 제인 양과 제가 이곳에 온 이래, 애초의 의도와는 달리 특별한 일과 비밀을 많이 만들어버렸습니다. 저는 아직 그것을 구체적으로

밝힐 수는 없습니다. 아무튼 벳슨 부인은 온갖 감언이설에 아랑곳하지 않고, 오직 훌륭한 아버지인 귀하와 어머니만을 신뢰하고 있습니다. 만일 그가 세상을 떠나고 나면, 우리는 되도록 빨리 그녀의 마음을 움직여 우리의 뜻에 따르도록 해야 할 것입니다. 그리고 그가 죽든 살든, 모든 것이 분명해지기 전까지는 제인 양이 그녀 곁에 머물 필요가 있습니다. 귀하와 부인도 앞으로 아시게 되겠지만, 그때까지 우리가 자리를 지키고 있지 않으면, 여러 부류의 사람들이 그녀를 부추겨 우리에게 불리한 조치를 취할 것입니다. 제인 양에게 크게 고마워하셔야 될 줄 압니다.[29)]

하지만 모든 계획은 수포로 돌아갔다. 다행스럽게도 벳슨이 건강을 회복한 것이다. 10월 10일에 그의 도제 헨엄은 이렇게 적고 있다. "저의 주인이신 벳슨 씨께서 완쾌되셨습니다. 예수 그리스도에게 감사드립니다. 그는 질병의 모든 징후에서 벗어나 건강을 되찾으셨습니다. 이제 의사도 찾아오지 않습니다. 그럴 필요가 없기 때문이지요."[30)] 그러나 다른 죽음이 찾아와 토머스 벳슨과 스토너 가의 긴밀한 유대를 끊어놓았다. 그해 말에 친절하고 대범하고 다정한 엘리자베스 부인이 세상을 떠났기 때문이다. 놀라운 것은 그녀의 죽음으로 인해 그녀의 남편과 사위의 사업적 제휴마저 끝났다는 점이다. 이후 스토너 문서에서 토머스 벳슨의 이름이 등장하는 것은 그 집안에 대한 그의 부채가 언급되는 경우뿐이다. 벳슨은 공동으로 사업을 하면서 윌리엄 경의 지분을 사들였을 것이다. 1480년 3월 10일에 그는 스토너 가에 2,835파운드 9실링 0펜스의 부채를 지고 있음을 인정했다. 1482년에도 여전히 1,200파운드의 부채가 남아 있었다.[31)] 사업상의 동지였을 뿐 아니라 개인적으로도 친분이 두터웠던 양자의 관계가 갑자기 단절

될 수밖에 없었던 이유는 짐작조차 하기 힘들다. 『스토너 가 서한집』의 편집자는 "편지에 나타나는 벳슨의 성실하고 정직한 품성으로 미루어볼 때, 그에게 문제가 있었다고는 볼 수 없다"고 말한다.

이상이 주로 개인적이고 가정적인 토머스 벳슨의 면모였다. 그러나 여기서는 이 장의 서두에 말한 지정거래소에 대해서 (지정거래소의 조합과 코츠월드의 양모가격에 대한 간헐적인 언급을 제외하면) 별로 알려주는 바가 없다. 그가 이 자리에 한 명의 개인인 동시에 하나의 전형으로 등장한 이상, 이제는 그의 공적이고 직업적인 생활로 관심을 돌려 지정거래소 상인이 어떻게 자신의 사업을 했는지 간접적인 사료를 통해 유추해보고자 한다. 윤택한 생활을 꿈꾸던 지정거래소 상인은 두 가지 일에 많은 노력을 기울여야 했다. 첫째는 잉글랜드의 목양농가에서 양모를 구입하여 외국상인들에게 판매하는 것이다. 잉글랜드에서 가장 질 좋은 양모의 일부는 코츠월드 지방에서 생산되었다. 그리고 지정거래소 상인은 여름철에 깎아낸 대량의 양모로 수익을 올릴 생각을 하든, 가을철에 도살한 양의 가죽으로 돈 벌 생각을 하든, 그 지방의 양모를 유리한 조건으로 구입할 수 있었다. 그래서 벳슨은 따뜻한 봄날 바람에 실려 오는 산사나무 향기를 맡으며 우수한 품종의 밤색 말을 타고 글로스터셔로 향했다. 다른 양모상인들은 더 먼 곳까지, 예컨대 시토회 수도원에서 기르는 많은 양에서 생산되는 양모를 계약하기 위해 요크셔의 기나긴 협곡지대까지 갔다. 그러나 벳슨과 셀리 가의 사람들은 코츠월드 지방의 양모피를 최상품으로 생각했다 (7월의 어느 날, 그는 2,348장의 양모피를 "기사 윌리엄 스토너 경과 토머스 벳슨의 명의로 런던의 '예수' 호에 싣고 존 롤링턴 선장에게 하느님의 가호가 있기를 빌며" 런던으로 보냈다). 양모 매입의 최적기인 5월이 되면, 지정거래소 상인과 양모중개인은 노슬리치에 가장 많이 모여들었다. 따라서 노슬리치 교회에 양모상인들의 기념비가 많은 것은 전혀 놀랄 일이 아니다. 그들은 자주 그 교회에서 무릎 꿇고 기도했고, 마을은 주문을 주고받고 견본을 살펴보는 구매자와 판매자로 북적거렸다. 셀리 가는 주로 노슬리치의 양모중개인인 윌리엄 미드윈터와 존 부시라는 사람으로부터 양모를 매입했다. 중개인과 지정거래소 상인의 관계는 긴밀하고 우호적인 경우가 많았다. 미드윈터는 고객에게 물건만 판 것이 아니라 때로는 신붓감을 소개하기도 했다. 결혼적령기의 젊은 여성들은 여관에서 포도주를 마시며 웃고 떠들면서 품평의 대상이 되는 것을 마다하지 않았다.[32] 미드윈터는 대금결제가 너무 늦어지면 몹시 화를 내는 경향이 있었지만, 이유가 이유이니만큼 그 정도는 용납되었다. 토머스 벳슨은 램버턴의 로버트 터벗이 판매하는 양모피를 좋아했고,[33] 그 밖에도 존 테이트, 브로드웨이(또 하나의 유명한 양모마을)의 화이트,[34] 스토너 가와도 친한 헨리의 상인 존 엘름스와 거래했다. 미드윈터·부시·엘름스는 양모중개인 또는 '거간'으로, 양을 키우는 농민과 양모를 매입하는 지정거래소 상인을 연결해 주는 역할을 했다. 하지만 지정거래소 상인은 때로는 개별 농민과의 직거래를 통해 크고 작은 목양농가에서 양모를 구입하기도 했다. 상인들은 매년 양모를 구하기 위해 요크셔의 협곡이나 코츠월드의 구릉지대를 방문했기 때문에, 그들과 농민들 사이에 따뜻한 우정이 싹트는 경우도 있었다. 요크의 시민이자 상인인 리처드 러셀은 1435년에 자기의 유산 중 일부를 "내게 양모 20파운드어치를 팔았던 요크 삼림지대의 농민들에게, 그리고 양모 10파운드어치를 팔았던 린즈헤이의 농민들에게 나누어주라"[35]는 훈훈한 유언을 남겼다.

'셀리 가 서한집'에는 노슬리치에서 이루어지는 양모 매입에 대한 정보가 많이 들어 있다. 벳슨과 스토너 가의 제휴가 끝난 것으로 추정

되는 해의 5월에, 사업차 그곳에 간 리처드 셀리 1세는 '칼레에 있던 아들 조지 셀리'에게 편지를 보냈다.

> 잘 지냈느냐? 네가 칼레에서 보낸 5월 13일자(1480년) 편지를 받았다. 편지를 보고 네가 시장에 가서 존 데스터머와 존 언더베이의 희망대로 중등급 양모를 팔았다는 사실을 알게 되었다. 나는 하느님의 은총으로 노슬리치의 윌리엄 미드윈터에게 매입한 양모 29사플러*와, 양모 포장 담당자 윌 브리턴이 상등급이라고 말하는 양모 26사플러를 선적하는 일로 바쁘단다. 그리고 수도원장의 양모 3사플러는 작년과는 달리 최상급으로, 부활절 전에 이미 선적을 완료했다. 선적은 런던에서 이미 시작되었지만, 아직 선적을 완료하지는 못했다. 그러나 휴가가 끝나고 나면 마무리될 것이다. 그러고 나면 운송비와 기타 경비를 너에게 알려주마. 오늘 네 형 리처드 셀리 2세는 너에게 줄 양모피와 나에게 줄 양모피를 구하기 위해 말을 타고 노슬리치에 갔단다.[36)]

또 다음과 같은 편지를 쓴 적도 있다. "너는 편지에서 코츠윌드의 양모를 구입해 두라고 했는데, 나는 이미 존 셀리가 집하한 30색과 노슬리치의 윌 미드윈터에게 매입한 40색을 확보하고 있다. 그리고 더 이상은 구입하지 말라는 충고를 들었다. 코츠윌드의 양모는 1토드(약 13kg)에 13실링 4펜스로 무척 비싸다. 지난 7년 동안 코츠윌드의 양모가격은 너무 많이 올랐다."[37)] 양모를 구하기 위하여 말을 타고 달리는 상인들의 모습은 대단한 볼거리였을 것이다. 초서도 그들과 마주

* sarpler. 중세에 양모의 부피를 재는 데 사용되던 단위로 2색에 해당한다. 통상적으로 1사플러라고 하면 약 330kg의 양모를 담은 포대를 말한다.

치곤 했다.

개중에는 둘로 갈라진 턱수염을 기른 상인도 있었다.
그는 울긋불긋한 옷을 입고, 말 위에 높이 앉아 있었다.
머리에는 플랑드르의 비버 모피로 만든 모자를 썼고,
장화는 맵시 있게 단단히 졸라맸다.
그는 자신의 생각을 거침없이 밝히면서,
돈을 벌었음을 은근히 과시했다.

벳슨은 노슬리치에서 때때로 지정거래소의 동료들, 특히 성실한 노상인 리처드 셀리와 그의 아들 조지를 오다가다 우연히 만났을 것이다. 조지는 '메그'라는 매를 손목에 얹고 말(그에게는 '베이어드' 와 '파이' 라는 이름의 말이 있었다)을 타고 다녔다. 그리고 뉴어크* 근처의 홈 출신인 존 바턴도 만났으리라 생각된다. 지정거래소 상인임을 자랑으로 여기던 바턴은 자기집 스테인드글라스 창에 다음과 같은 좌우명을 새겨 두었다.

양이 모든 것을 지불해주었으니,
나는 이를 영원히 하느님께 감사하리라.[38)]

하지만 바턴이 양모를 구하러 멀리 남쪽에 있는 코츠월드 지방까지 가지는 않았을 것으로 짐작된다. 또한 벳슨은 간혹 길에서 강인하고 침착한 경쟁자인 플랑드르인과, 날씬하고 언변이 좋으며 눈이 검고

* 영국 중부 노팅엄셔 주에 있는 소도시.

제스처가 풍부한 롬바르디아인을 만났다. 그들은 코츠월드에는 용무가 전혀 없었다. 사실 그들은 규정상 칼레의 시장에서 양모를 구입해야 했다. 그럼에도 이들은 코츠월드까지 갔다. 선량한 잉글랜드인은 그들의 계략에 분노했고, 그들의 장사가 잘 되는 것을 보고 분개했을 것이다. 1480년 10월 29일자 편지에 리처드 셀리 1세는 다음과 같이 적고 있다. "나는 아직까지 런던에서 양모를 포장하지도 못했고, 올해는 많은 양의 양모를 구입하지도 못했다. 코츠월드의 양모가 롬바르디아인에게 팔렸기 때문이다. 그래서 런던의 양모를 포장하는 일도 급하지 않다."[39] 그의 아들은 11월 16일 칼레에서 아버지한테 편지를 썼다. "칼레에는 코츠월드의 양모가 거의 없습니다. 롬바르디아인이 그것을 잉글랜드에서 사재기했기 때문이라고 생각됩니다."[40] 잉글랜드의 다른 상인들과 마찬가지로 셀리 가의 상인들도 때로는 잉글랜드에 있는 외국의 판매상들과 음성적으로 거래했다. 2년 뒤에 그들의 대리인인 윌리엄 셀리는 편지를 써서, 플랑드르의 상인 두 명이 법령을 무시하고 현재 잉글랜드에서 양모를 구입하려 하고 있는데 칼레의 당국자들이 그 낌새를 챈 것 같다며, 각별히 조심할 것을 셀리 가에 당부하는 동시에 윌킨과 피터 베일로 하여금 대금은 칼레에서 지불하게 하라고 충고하고 있다. "그렇지만 귀하의 거래내역은 피터 베일의 장부를 뒤지지 않는 한 아무도 모를 것입니다."[41] 정직한 벳슨은 물론 이런 꼼수를 쓰지 않았고, 특히 폭리를 취하려는 교활한 롬바르디아인에게 분개했다. 그들은 잉글랜드의 상인들을 속이기 위해 금융상의 농간을 부렸다. 그들이 코츠월드 지방을 들쑤시고 다닌 것은 잉글랜드산 양모를 외상매입하기 위해서가 아니었을까?

말을 타고 코츠월드를 비롯한 잉글랜드 전역을

누비고 다니는 그들은 틀림없이 유쾌할 것이다.
그들이 원하는 것은 우리 잉글랜드인이 간신히 손에 넣을 수 있는
것보다 더 큰 자유와 특권을 손에 넣는 것이다.

그런 다음에 양모를 플랑드르로 운반해서 5% 할인하여 현금으로 팔고, 이 돈을 주로 잉글랜드 상인들에게 고리로 빌려줌으로써 잉글랜드에서의 지불일이 올 때까지 막대한 부당이득을 취할 수 있었기 때문은 아니었을까?

그리하여 그들은 솔직히 말해서
우리의 콧물을 우리의 소매로 훔치게 만든다.
이 이야기는 비록 조야하고 부적절하지만,
정곡을 찌르는 면도 있다.[42)]

다음으로 토머스 벳슨이 처리해야 하는 중요 업무는 양모를 포장하여 칼레로 실어 나르는 것이다. 그는 지정거래소 상품의 포장과 품목 기재의 허위를 철저히 감시하는 지정거래소 상인조합과 국왕의 법규를 지키지 않을 수 없는 처지였다. 양모는 산지에서 포장되어야 했고, 모발이나 흙, 기타 불순물이 섞이는 것은 엄격하게 금지되었다. 지정거래소 조합에 의해 임명된 양모 생산지의 집하인은 회계청*에서 선서를 했고, 말을 타고 관내를 순회하면서 각 화물에 봉인을 했다. 따라서 봉인을 뜯지 않고서는 화물을 열어볼 수 없었다. 이 절차를 거친 커다란 양모 꾸러미는 짐말에 실려, “로마인의 정복 이전부터 존재했

* Exchequer. 영국 중세에 재정과 회계를 담당했던 관청.

던 고대의 도로를 통해 윌트셔와 햄프셔의 구릉지대를 지난 다음, 햄프셔에서 필그림스웨이*를 타고 서리와 켄트를 가로질러 메드웨이의 항구들로" 운반되었다. 각 항구에서는 세관 관리가 양모를 선적하는 상인의 이름과 각 상인이 선적한 양모의 무게와 품질을 장부에 기록했다.[43] 양모의 일부는 런던에 도착했는데, 대부분의 지정거래소 상인은 마크 레인(마트 레인이 와전된 것)에 사무소를 갖고 있었다. 런던에 입하된 양모에 대해서는 리든홀에서 무게를 달고 관세와 상납금의 액수를 결정했다.[44] 토머스 벳슨은 스토너 가의 조수 세 명의 도움을 받았다. 스스로를 '도제'라 부르던 그 세 명은 토머스 헨엄, 고더드 옥스브리지, 토머스 홀레이크였다. 벳슨은 특히 홀레이크에게 호감을 갖고 있었다. 그 청년이 어린 캐서린 리치에게 친절했기 때문이다. 그들은 런던 소재 스토너 가의 창고에서 일할 때도 있었고, 칼레의 숙소에서 일할 때도 있었는데, 런던에서는 양모 포장을, 칼레에서는 그것의 판매를 훌륭하게 관리함으로써 벳슨의 수고를 크게 덜어주었다.

이런 식으로 포장되고 세관관리의 검량·봉인·감정을 거친 양모는 칼레 소유의 선박이나 잉글랜드 동부 또는 남동부 해안의 작은 항구들 소유의 배로 칼레까지 운송되었다. 이 항구들은 지금은 대개 한적한 마을이 되었다. 양모를 실은 배는 헐†과 콜체스터뿐 아니라, 브라이틀링시, 로더하이스, 서퍽의 월버스윅, 에식스의 레인엄, 브래드웰, 메이드스톤, 밀턴, 뉴하이스, 밀홀 등지에서도 출항했다. 1478년 8월에 셀리 가의 사람들은 선박 21척의 선주들에게 여름에 깎은 양모의 운송비를 지불했다.[45] 선적은 여름철 내내 계속되었고, 크리스마스 직전까지 이어졌다. 그러나 겨울에는 마르티누스의 축일(11월 11일)

* Pilgrims' Way. 잉글랜드 남부를 가로질러 윈체스터에서 캔터베리까지 이어지는 고대의 통로.
† 잉글랜드 험버사이드 주에 있는 중세의 모직물 교역항. 킹스턴어폰헐이라고도 한다.

에 양과 가축이 대량 도살된 뒤에 나오는 피혁 또는 양가죽을 선적하느라 바빴다. 이 당시 가정주부는 겨울에 먹을 고기를 소금에 절였고, 농민들은 오래전에 계약한 피혁을 지정거래소 상인들에게 인도했다. 상인의 편지와 관세 명세서에는 그 용감한 작은 선박의 이름과 화물의 내역이 자주 등장한다. 예컨대 1481년 10월에 셀리 가는 위탁받은 양모피를 선적했다.

> 오랜만에 인사드립니다. 그간 안녕하신지요. 10월분 물량이 출하되고 있는 지금, 런던 항에서 양모피를 선적했음을 알려드립니다. ……그 양모피는 귀하가 수취할 물건으로, 아무쪼록 즉시 운송비를 지불하시기 바랍니다. 런던의 '메리' 호(윌리엄 소디베일 선장)에는 돛대 뒤쪽에 7팩,* 총 2,800장을 실었습니다. 맨 위에 있는 1팩 안에는 'O'자 마크가 표시된 여름 양모피 일부가 섞여 있습니다. 그 밑에는 윌리엄 돌턴의 양모피 3팩, 맨 밑에는 제 주인의 양모피 3팩을 실었습니다. 레인엄의 '크리스토퍼' 호(헨리 윌킨스 선장)에는 돛대 뒤에 코츠[월드]의 양모피 7팩 반, 총 3,000장을 실었고, 그 아래에는 노샘프턴의 윌리엄 린즈의 대리인 웰더 필즈의 양모피 200장을 실었는데, 가는 끈으로 둘 사이를 구분해두었습니다. 메이드스톤의 '토머스' 호(선장 해리 로슨)에는 양모피 6팩, 총 2,400장을 실었는데, 그 가운데 5팩은 돛대 앞의 승강구 밑에 있고(아무도 그 위에 앉지 않습니다), 1팩은 선미에 있습니다. 양모피 6팩에는 역시 'O'로 표시된 여름 양모피 일부가 포함되어 있습니다. 또한 런던의 '메리 그레이스' 호(선장 존 로킹턴)에는 6팩, 총 2,400장의 양모피를 선미에

* pack. 약 108kg의 양모를 담은 포대.

> 있는 토머스 그랜저의 양모피 아래에 싣고, 둘 사이를 빨간색 끈으로 표시해두었습니다. 이번에 출하한 양모피의 총량은 26팩 반이고, 잉글랜드산 겨울 양모피 561장에는 'C'자 마크가 찍혀 있습니다. 여름 양모피는 600장이 넘지만, 그 중 일부는 이번에 보내지 못했습니다. 2팩의 선적일자를 아직 잡지 못했기 때문입니다. 아무튼 여름 양모피에는 'O'자 마크를 찍어놓았습니다. 그리고 레인엄의 '메리' 호(존 대니얼 선장)로부터는 귀하의 도구와 제 주인의 마크가 찍힌 에식스의 치즈가 들어 있는 트렁크를 받으시게 될 겁니다.

이와 마찬가지로 헐의 '마이클' 호와 뉴하이스의 '토머스' 호에 실린 다수의 양모피에 대해서도 상세하게 기술되어 있다. 셀리 일가는 그 '토머스' 호의 "선미의 돛대 바로 뒤에 있는 토머스 벳슨의 양모피 밑에" 총 1만 1,000장 이상의 양모피를 실었다.[46)]

이러한 화물의 목록을 보면 활력이 샘솟지 않는가? 원숭이든 상아든 공작이든 '값싼 주석쟁반'이든 화물은 가장 로맨틱한 이야기의 주제이다. 이아손이 콜치스로 항해한 이래,* 양모는 모든 화물 중에서도 가장 로맨틱한 것으로 각광받아왔다. 이 화물은 레인엄의 '크리스토퍼' 호의 선장 헨리 윌킨스, 런던의 '예수' 호의 선장 존 롤링턴, 뉴하이스의 '토머스' 호의 선장 로버트 유언을 비롯한 노련한 선원들이 선미 또는 승강구 밑에 소중한 양모포대를 싣고 아내나 연인에게 손을 흔들며 활기 찬 작은 만을 떠나가는 장면을 연상시킨다. 초서의 마음을 사로잡은 선장의 모습은 다음과 같다.

* 콜치스는 흑해 동부의 고대국가이고, 이아손은 그곳으로 황금양모를 구하러 갔다는 그리스 신화 속의 인물이다.

그러나 조수와 해류, 위험한 해역,
항구, 달의 변화, 항로를 판단하는 기술에 관한 한,
헐에서 카르타헤나*에 이르기까지,
그를 따를 자가 없었다.
그는 매사를 대담하면서도 현명하게 처리했다.
그의 턱수염은 몇 번이나 폭풍우에 시달렸다.
그는 고틀란드†에서 피니스테레 만#에 이르는
모든 항구의 사정에 정통했고,
브르타뉴와 스페인의 모든 나루와 포구도 잘 알고 있었다.
그의 배는 '마들렌' 호라고 불렸다.

그들의 배는 분명히 '마거릿 셀리' 호와 비슷했을 것이다. '마거릿 셀리' 호는 셀리 형제가 28파운드라는 적당한 가격에 구입하여 어머니의 이름을 붙인 배였다. 물론 의장(艤裝) 및 개조 비용은 별도로 들어갔다. 그 배는 선장, 갑판장, 요리사, 16인의 유쾌한 선원을 태우고 다녔고, 해적에 대비하여 대포, 활, 삼지창, 5다스의 다트(dart), 5.5kg의 화약으로 무장하고 있었다. 또한 배에는 염장생선·빵·밀·맥주 등의 식량과 제일란트·플랑드르·보르도로 수출하는 셀리 가의 물품이 가득 실려 있었다.[47] '마거릿 셀리' 호는 200톤급이라 생각되지만, 그것보다 훨씬 작은 배도 있었다. 『셀리 문서』를 간행한 학식 있는 편집자는 "메드웨이의 작은 항구들에 출입하던 배들은 고작해야 메드웨이 강을 안전하게 항행할 수 있는 30톤급 정도였을 테고, 메이드스

* 스페인 남동부의 무르시아 지방에 있는 항구도시.
† 발트 해에 있는 스웨덴의 섬.
# 스페인 북서부 갈리시아 지방에 있는 항만.

톤의 '토머스' 호는 에일스퍼드 다리를 통과해야 했기 때문에 거룻배 수준의 규모에 불과했을 것"[48]이라고 적고 있다. 그러나 이 배들은 해협을 건너고 민첩하게 해적을 피했다. 물론 칼레에 있던 토머스 벳슨은 양모선단이 무사히 도착하기를 가슴 졸이며 기다려야 했다. 초서가 묘사한 상인처럼,

> 그는 네덜란드의 미델뷔르흐와 잉글랜드의 오웰 강 사이의 항로가 안전해질 수만 있다면, 어떤 대가를 치러도 좋다고 생각했다.

그는 셀리 가의 조지 또는 리처드와 나란히 서서, 모자의 깃을 바닷바람에 나풀거리는 가운데 부두에서 눈을 떼지 못했을 것이다. 그러다가 배가 시야에 들어오면 하느님께 감사를 드렸을 것이다. 한번은 런던에서 윌리엄 스토너에게 다음과 같은 편지를 보냈다. "주님의 가호로 출하된 양모가 무사히……칼레에 도착했습니다. 직접 찾아뵐 때까지 보고를 미룰까도 생각했습니다만, 이렇게 경사스러운 일을 보고받고 귀하가 기뻐하실 것을 생각하니 도저히 참고 있을 수가 없었습니다. 참으로 기쁘고, 진심으로 하느님께 감사드립니다."[49] 그의 도제 토머스 헨엄도 3주 뒤에 비슷한 편지를 썼다. "저는 4월 11일에 켄트 주 샌드위치를 출발, 양모선과 함께 지난 참회의 목요일*에 칼레에 도착하여 귀하의 양모를 무사히 받았습니다. 이에 예수 그리스도에게 감사드립니다. 게다가 귀하의 양모는 이번에 출하된 수하물 중에서도 가장 온전한 형태로 도착했음을 알려드리는 바입니다. 아울러 귀하의 양모는 부활절 전야까지 극히 안전하게 입고되었다는 점과, 선원들이

* Shrove Thursday. 사순절이 시작되기 전의 목요일.

그림 7. 토머스 벳슨 시대의 칼레(*Cott. MS. Aug. i, Vol. II.* British Museum).

운송료를 받고 몹시 만족해했다는 점을 전해드립니다."[50] 셀리 가의 사람들도 비슷한 논조의 편지를 썼다. "오늘, 8월 16일, 양모선단이 런던과 입스위치에서 무사히 칼레에 도착한 것을 하느님께 감사드립니다. 같은 날, 하느님 덕분에 그 일부를 육지로 잘 옮겼습니다."[51] 그들의 편지는 그들이 어떤 위험을 두려워했는지에 대해서도 말해준다. 1482년 6월 6일에 리처드는 "사랑하는 아우 조지"에게 보낸 편지에, "네가 이곳에 하루빨리 안전하게 도착하기를 예수님께 기도드린다"고 적고 있다. "로버트 에릭은 칼레와 도버 사이에서 스코틀랜드인에게 쫓기다가 간신히 도망쳤다고 한다."[52] 해적들의 추격을 받은 사례는 기록에 많이 남아 있다. 또한 해치 밑에서 양모가 불탔다거나, 폭풍우를 만나 양모를 바다에 던져버렸다는 이야기도 있다.[53]

토머스 벳슨과 셀리 가의 사람들은 승객과 편지를 운반하는 배를 타고 도버 해협을 자주 왕래했다. 그들은 칼레에 있을 때도 런던에 있을 때와 다름없이 마음이 편안했다. 칼레에 있는 동안 잉글랜드 상인들은 자기가 원하는 곳에 머무를 수 없었다. 지정거래소 상인조합은 정식 허가를 받은 '호스트들'의 명부를 갖고 있었고, 상인들은 그 사람들의 집에 숙박해야 했던 것이다. 보통 한 호스트의 집에는 여러 명의 상인이 체류했다. 그들 가운데 가장 유력하고 위엄 있고 존경받는 연장자는 주빈식탁에서 식사를 했고, 경험이 일천한 젊은 상인들은 객실의 보조식탁에서 식사를 했다. 윌리엄 셀리가 런던에 있는 리처드와 조지에게 보낸 다음의 편지가 보여주듯이, 때때로 상인들은 요금 문제로 호스트와 다투기도 했다.

> 그리고 저희가 투숙하고 있는 집의 주인 토머스 그랜저와 동료들 간에 다툼이 있었음을 알려드립니다. 계약 당시 토머스 그랜저는 일

> 주일치 숙박료에 대해 주빈식탁을 쓸 때는 3실링 4펜스, 보조식탁을 쓸 때는 2실링 6펜스를 받기로 약속했습니다. 그런데 이제 와서 일주일 숙박료로 주빈식탁은 4실링, 보조식탁은 40펜스 이상을 받겠다고 합니다. 그래서 동료들은 이 집을 떠나기로 했고, 각자 다른 호스트의 집으로 뿔뿔이 흩어졌습니다. 윌리엄 돌턴은 로버트 토니의 집으로, 랠프 테밍턴과 스탬퍼드의 브라운 가의 대리인은 토머스 클라크의 집으로 갔습니다. 이렇게 해서 저만 이 집에 남게 되었음을 알려드리오니, 아무쪼록 적절한 조처를 취해주시기 바랍니다.[54]

그러나 토머스 벳슨은 결코 집주인과 불화를 일으키지 않았다. 벳슨에 대한 집주인의 유일한 불만은 연애편지를 쓰는 데 열중하느라 식사시간에 늦게 나타난다는 것이었으리라.

칼레에서 그가 처리해야 할 일은 많았다. 일단 양모를 배에서 내리고 나면, 국왕의 관리들이 양모포대의 꼬리표가 제대로 붙어 있는지 검사한 다음, 숙련된 포장담당자가 내용물을 조사한 후 다시 포장하여 봉인했다. 상등급의 사플러에 조잡한 양모가 섞여 있다는 것을 아는 상인들에게는 조마조마한 순간이 아닐 수 없었다. 정직한 벳슨은 절대로 부정한 일을 하지 않았을 것이라는 확신이 든다. 그러나 셀리 가의 사람들은 양모무역의 속임수에 대해 잘 알고 있었다. 어떤 해에 칼레의 관리가 셀리 가의 24번 사플러를 검사하기로 했을 때, 그들의 대리인인 윌리엄 셀리는 그것이 허접한 양모의 보따리임을 알고, '상등급의 양모'가 담겨 있는 8번 사플러와 몰래 바꿔치기 하고 꼬리표를 바꿔 붙였다. 그래서 그는 셀리 가에 "귀하의 양모는 제가 마지막에 다시 꾸린 사플러로 검사를 받았습니다"[55]라는 소식을 전할 수 있었다. 가위가 간계야말로 지정거래소의 설정이라고 표현한 것도 무리가 아니다.

그리하여 많은 사람이
양모거래에 부정이 끊이지 않고
오래된 규정은 아예 지키지 않는다.[56)]

그런 뒤에 관세와 상납금을 시장(市長)과 지정거래소 상인조합에 내야 했다. 시장과 지정거래소의 임원은 국왕을 대리하여 그것을 징수했다. 다음 순서는 모든 상인의 주요 임무인 양모의 매각이었다. 물론 토머스 벳슨은 배가 도착하는 대로 양모를 가능한 한 빨리 처분하려 했지만, 때로는 판매가 부진하여 몇 달 동안 갖고 있어야 했다. 여름에 깎아 이듬해 2월까지 입하된 양모 가운데 4월 6일까지 팔리지 않은 것은 구모(舊毛)로 분류되었다. 지정거래소 상인조합은 외국상인에 대해 신모(新毛) 3사플러를 살 때 의무적으로 구모 1사플러도 함께 사도록 규정하고 있었다. 플랑드르 상인들은 불만을 드러내며 그 비율을 3:1이 아니라 5:1로 해야 한다고 주장했지만, 규정에 따를 수밖에 없었다.[57)] 벳슨의 임무는 대부분 칼레의 시장에서 이루어졌다. 그곳에서 그는 유서 깊은 지주가문의 자손인 점잖은 플랑드르 상인과, 좀 더 서민적인 델프트와 레이던*의 상인, 그리고 따뜻한 피렌체·제노바·베네치아에서 온 양모상인과 만났다. 스토너와 셀리 양가의 으뜸가는 고객(양가의 서한집에 모두 언급되고 있다는 점에서)은 브루게의 판 데라더 가의 페테르와 다니얼이었다. 토머스 홀레이크는 그들에게 양질의 코츠월드 양모 4사플러를 1색당 19마크에 매각했고, 4.5클로브†의

* 둘 다 오늘날 네덜란드 서부의 자위트홀란트 주에 있는 도시.
† clove. 1클로버는 양모의 중량단위로, 1클로브는 약 3.2kg.

양모를 덤으로 주었다고 보고하고 있다. "귀하의 양모를 구입한 상인들은 플랑드르 출신의 상인들 중에서 가장 괜찮은 편입니다. 그래서 저는 그들에게 많은 호의를 보이고 지불유예기간을 특별히 더 주었습니다."[58)]

하지만 지정거래소 상인은 칼레에서만 임무를 수행한 것이 아니라, 안트베르펜과 브루게, 그 밖의 여러 곳에서 열리는 큰 시장에도 말을 타고 갔다. 헨엄은 윌리엄 경에게 "토머스 벳슨 씨는 4월 말일에 칼레에 도착했고, 5월 초하룻날에 원기왕성하게 브루게의 시장으로 떠났습니다"[59)]라고 적고 있다.

그런데 어느 날 이 상인은
브루게의 시장으로
상품을 사러 떠날 채비를 했다.[60)]

초서의 이야기에 등장하는 이 상인과는 달리, 벳슨은 상품을 '판매'하기 위해 그곳에 갔다. 그는 윌리엄 경에게 편지를 썼다. "저는 삼위일체 축일 저녁에 칼레에 도착했지만, 선하신 주님 덕택에 아주 편하게 여행했습니다. 저는 다음 금요일에는 장이 서는 곳으로 출발하려고 합니다. 하느님께서 제가 하는 모든 일에 행운과 도움을 주시기를 간절히 기도합니다. 하느님의 은혜로 현지에서 일이 잘 풀린다면, 귀하에게도 저에게도 이익이 될 수 있겠지요. 그렇게 될 수 있도록 노력할 작정입니다. 아직까지는 그곳에 소수의 상인만 도착했다고 하는데, 하느님의 은총에 의해 곧 많은 사람이 모여들 것이라고 생각합니다. 장이 서면 결코 기회를 놓치지 않겠다는 각오를 하고 있습니다. ……시장에서 돌아오는 대로 모든 것을 상세하게 전해 올리겠습니다."[61] 시장에서 벳슨은 상당수의 상인을 만났을 것이다. 정정(政情)이 불안하여 통행이 어려워지는 경우도 많았지만, 상인들은 강도를 당할 위험을 무릅쓰고 유럽 전역에서 몰려들었다. 잉글랜드 상인은 일반적으로 플랑드르와 브라반트의 정기시(fair)에서 최고의 판매자이자 고객이라는 평판을 들었다. 그렇지만 플랑드르인은 가끔 잉글랜드 상인들에 대해 불만을 터뜨렸다. 지정거래소 상인조합이 규칙을 정해 소속 상인들에게 장이 끝나는 날 외에는 물품을 구매하지 못하도록 했는데, 이로 인해 플랑드르 상인들은 막판에 재고부담을 덜기 위해 울며 겨자 먹기로 헐값에 상품을 판매하게 된다는 것이었다.[62] 『잉글랜드 정책소론』의 저자는 잉글랜드인이 그 정기시의 큰 고객이라는 점을 대놓고 자랑하고 있다.

그러나 칼레에 있는 네덜란드인은 우리의 양모피와
양모를 구입하고, 잉글랜드인은 그것을 판다.……
우리는 품질이 좋다는 잉글랜드산 직물을 가지고
브라반트의 시장에 가야만 한다.
또한 피륙과 잡화와 식료품도
갖고 가야만 한다.
잉글랜드인이 '정기시'라고 부르는 그 시장에 와서,
각국 사람들은 대금을 정산하곤 한다.
잉글랜드인, 프랑스인, 롬바르디아인, 제노바인, 카탈루냐인이
멀리 그곳까지 온다.
거기에 거주하고 있는 스코틀랜드인, 스페인인, 아일랜드인은
소금으로 처리한 생가죽을 많이 갖고 있다.
단언컨대 브라반트·플랑드르·제일란트에 체재 중인

> 잉글랜드인은 다른 나라 사람들보다 일용품을 많이 구입한다.
> 나는 상인들이 그렇게 이야기하는 것을 들은 적이 있다.
> 따라서 만일 잉글랜드인이 시장에 없다면,
> 상인들은 할 일이 없어진 양 낙담하여 돌아간다.
> 잉글랜드인은 다른 나라 사람들에 비해 많은 물품을 구입하고
> 그들의 보따리에서 많은 물건을 풀어놓기 때문이다.[63)]

시장은 시기에 따라 각기 다른 곳에서 열렸지만, 1년에 네 차례 계절별로 큰 정기시가 서는 기간이 있었다.[64)] 겨울에는 한랭기 시장(Cold mart)이 섰다. 토머스 벳슨은 모피로 몸을 감싸고 말에 올라 얼어붙은 도로에 뚜드럭뚜드럭 말발굽소리를 울리며 시장에 갔다. 봄에는 부활절 시장(Pask mart)이 열렸다. 이때는 제비꽃을 모자에 꽂고 흥겹게 휘파람을 불며 길을 떠났을 것이다. 여름에는 세례 요한 축일을 전후하여 싱손 시장(Synxon mart)이 섰다. 그는 더운 날에는 이마의 땀을 닦으며, 캐서린을 위해 안트베르펜의 가판대에서 제노바인으로부터 황갈색 공단이나 루카의 비단 한 필을 샀다. 가을에는 플랑드르인이 성 바뮈스라 부르는 성(聖) 레미(성 레미기우스) 축일인 10월 28일을 전후하여 밤스 또는 바뮈스 시장이 열렸다. 벳슨은 브루게의 시장에서 한자동맹의 상인들로부터 캐서린에게 줄 어린 양과 밍크의 모피, 또는 근사한 검정색 가죽망토를 샀을 것이다. 위와 같은 시장이 섰을 때, 지정거래소의 상인들은 양모를 사들이는 고객을 찾아 이곳저곳을 돌아다녔고, 잠시잠시 짬을 내어 지인들이 부탁한 여러 가지 소소한 용무를 처리했다. 고국에 있는 사람들은 지정거래소 상인이란 외국에 나가 심부름을 해주고 선물을 보내주기 위해 존재한다고 생각하는 경향이 있었다. 혹자는 루뱅의 장갑을 원했고, 혹자는 막대사탕

을, 혹자는 가스코뉴의 포도주 큰 통("그곳에서는 그것을 좀 더 싸게 살 수 있을 거라네")을 원했다. 네덜란드의 직물 한두 야드를 부탁하는 사람도 있었다. 생강과 사프란은 누구나 좋아하던 선물로, 베네치아인으로부터 구할 수 있었다. 셀리 가의 사람들은 'Wheny syan'이라고 썼다. 물론 장사와 관련된 물품도 구입했다. 아라스·브르타뉴·노르망디에 갔을 때는 양모를 포장하는 데 사용하는 칼레 산 끈과 즈크를 샀다.[65] 토머스 벳슨에 의하면, 셀리 가의 사람들은 언제나 사냥과 매 구입에 관한 이야기만 했는데 딱 한번 예외가 있었다고 한다. 그것은 조지 셀리가 말을 타고 10리 길을 아무 말 없이 가다가, 잉글랜드에 있는 자신의 회색 암캐가 새끼 14마리를 낳고 나서 죽었고, 게다가 새끼들도 모두 죽어버렸다고 큰소리로 말했을 때였다.[66]

이상에서 살펴본 바와 같이 토머스 벳슨은 칼레의 사무소, 각국의 정기시와 시장에서 양모와 양모피를 처분했다. 그러나 그의 임무는 여기에서 끝나지 않았다. 이제부터 그는 자신의 고객인 플랑드르 상인들로부터 수금하여 잉글랜드 내의 채권자인 코츠월드의 양모중개인에게 지불하는 복잡한 일을 시작해야 했다. 지정거래소 상인은 물품 대금을 6개월 만기 어음으로 지불하는 것이 관행이었다. 만일 외국의 상인이 대금을 늦게 주면, 토머스 벳슨은 지불약속을 지키기가 어려웠다. 게다가 복잡하기 그지없는 환전의 문제는 그의 고충을 배가시켰다. 현대인은 화폐의 종류가 많고 그 시세의 등락이 심하다는 것 정도는 잘 알고 있다. 그러나 15세기 지정거래소 상인의 두뇌를 괴롭히던 정밀한 계산과 끊임없는 분쟁은 우리의 상상을 초월한다. 잉글랜드와 유럽 대륙 간의 환율은 수시로 변했다. 그뿐만 아니라, 『셀리 문서』의 편집자가 지적하고 있듯이 "자신에게 화폐 발행의 권리가 있다고 주장하는 유력자가 많은데다 금 또는 은으로 동전을 만들었다는 그들의 주장이 의심스러운 경우도 허다했기 때문에, 셀리 가의 사람들은 외환가치를 조정하는 문제로 골머리를 앓는다. 그래도 그들은 상대방이 주는 돈을 받을 수밖에 없는 처지다."[67] 가엾은 토머스 벳슨의 사무소에 다음과 같은 각종 화폐가 쏟아져 들어왔을 때, 그가 얼마나 곤혹스러웠을지 한번 상상해보라. 스코틀랜드의 앤드루 금화, 헬데를란트의 아르놀트 금화(품질이 대단히 조악함), 부르고뉴 공 샤를의 샤를 은화, 프랑스의 신구 금화, 위트레흐트 주교관구의 다비드 화폐와 팔레버 화폐, 베스트팔리아 백작령의 헤티누스 은화, 프랑스의 루이 금화, 림뷔르흐 은화, 밀라노 은화, 네이메헨 은화, 브라반트의 펠리페 금화, 위트레흐트의 플라크 화폐, 여러 주교가 발행한 포스틀레이트 화폐, 잉글랜드의 리알 화폐(10실링의 가치를 지님), 스코틀랜드의 기마화폐 또는 부르고뉴의 기마화폐(말 탄 사람의 모습이 묘사되어 있어서 이렇게 불림), 쾰른 주교관구의 플로린 레나우 화폐, 세틸러 화폐 등등.[68] 지정거래소 상인조합은 각 화폐의 가치를 잠정적으로 정해두었는데, 벳슨은 각종 화폐가 잉글랜드 화폐로 얼마에 해당하는지 숙지하고 있어야 했다. 그 대부분은 극히 품질이 나빴다. 이 점에서 잉글랜드의 화폐는 헨리 8세가 멋대로 주화의 질을 떨어뜨리기 전까지는 타국의 부러움을 살 정도로 평판이 좋았다. 곳곳에 환전의 어려움을 언급하고 있는 『셀리 문서』의 편지를 보면, 토머스 벳슨에게도 동정을 금할 수 없다. 그러나 그는 수염을 기른 초서의 상인과 마찬가지로 분명히 환전에 일가견이 있었을 것이다. 요컨대 "그는 실드〔프랑스의 금화〕를 다른 화폐로 바꾸는 기술을 터득하고 있었다."

잉글랜드와 네덜란드 간의 원활한 지불을 위해, 지정거래소는 이탈리아 및 스페인의 상인과 잉글랜드의 포목상조합이 만들어낸 뛰어난 금융제도와 신용제도(환어음 등)를 활용했다. 이들 모두는 상거래를 금융거래와 결합시켰던 셈이다. 윌리엄 셀리가 주인에게 쓴 다음의 편지는 당시의 상황을 잘 보여준다.

> 존 덜롭스 씨가 어음을 결제해주었다는 소식을 알려드립니다. 그는 애들링턴 씨를 통해 제게 플랑드르 화폐 300파운드를 보내왔습니다. 그 중에서 플랑드르 화폐 84파운드 6실링 6펜스는 지노트 스트라반트 씨에게 지불했습니다. 그리고 롬바르디아의 베닝게 데카손 씨에게는 잉글랜드 화폐 180노블*을 기한부 환어음으로 송금했습니다. 1노블을 플랑드르 화폐 11실링 2와 2분의 1펜스로 계산했으므로, 플랑드르 화폐로는 총 100파운드 17실링 6펜스입니다. 또한 같은 방식으로 야코프 판 더 바서 씨에게 89노블 6실링을 런던에서 지급되는 기한부 환어음으로 보냈습니다. 1노블을 플랑드르 화폐 11실링 2펜스로 쳤으니까, 플랑드르 화폐로는 총 50파운드입니다. 귀하의 300파운드 중에서 남은 돈은 제가 보관하고 있습니다. 이번 분기에는 귀하의 돈을 받을 상인이 남아 있지 않기 때문에, 더 이상 환어음을 발행할 일은 없습니다. 어음거래소에서는 지금 1노블이 플랑드르 화폐 11실링 3과 2분의 1펜스로 교환되고 있고, 네이메헨 은화, 잉글랜드 금화, 앤드루 금화, 라인 금화 외에는 통용되지 않고 있습니다. 어음시장은 갈수록 악화되고 있습니다. 그리고 말씀드린 환어음의 지급에 대한 최초의 편지 2통을 동봉합니다. 베닝게 데카손 씨의 편지는 제노바인 가브리엘 데푸예와 피에트로 산리에게 보낸 것이고, 야코프 판 더 바서 씨의 편지는 스페인인 안토니 카르시와 마르시 스트로시에게 보낸 것입니다. 롬바르디아 거리

* noble. 약 6실링 8펜스의 가치를 갖는 중세 잉글랜드의 금화.

에서 귀하는 이런 일에 관한 소문을 들으실 수 있을 것입니다.[69)]

1주일 뒤에는 다음과 같이 적고 있다.

> 이번 달 25일에 지불되는 잉글랜드 화폐 60파운드를 포목상 존 레이널드 씨에게 어음으로 송금하고, 같은 달 26일에 지불되는 60파운드를 데아고 데카스트론〔스페인인 디에고 다 카스트로〕 씨에게 송금했음을 알려드립니다. 양자 모두 그 기일에 만족할 것입니다. 그리고 롬바르디아인 루이지 모레 씨에게는 지불을 했고, 그 증서를 보관하고 있습니다. 그의 대리인은 까다로운 사람입니다. 네이메헨 은화만 받겠다고 고집합니다.[70)]

토머스 벳슨도 숙소에서 비슷한 편지를 많이 썼을 것이다. 그가 밤늦게까지 일하다가 졸음을 참으며 친구에게 쓴 편지는 다음과 같은 말로 시작된다. "런던에서 성모 영보(領報) 축일*의 밤, 나는 눈이 따끔거린다네. 자네는 잠자리에 들었겠지. 하느님, 저를 도와주소서."[71)] 업무가 가장 힘든 순간은 1년을 총결산할 때였다. 여기에 그가 일하는 모습을 묘사한 글이 있다.

> 사흘째 되던 날, 이 상인은 새벽같이 일어나
> 무슨 일을 해야 할지 골똘히 생각하다
> 사무실로 올라가 장부를 정리하기로 했다.
> 지난 1년 동안 장사가 어땠는지,

* Lady day. 가브리엘이 성모 마리아에게 그리스도의 잉태를 고한 날(3월 25일).

얼마나 쓰고 얼마나 벌었는지,
좀 더 부자가 되었는지 알아보기 위해서였다.
그는 장부와 돈이 든 봉투를 몽땅
계산대 위에 펼쳐놓았다.
그가 모은 재물은 참으로 상당한 양이었기 때문에,
금전 계산이 끝날 때까지는
사무실의 문을 단단히 걸어 잠그고
아무도 들어오지 못하게 했다.
그는 해가 뜨고 나서도 한참동안
그곳에 그렇게 앉아 있었다.[72)]

이렇게 지정거래소 상인의 일생이 지나갔다. 그는 양모를 구매하기 위하여 코츠월드의 농장으로 여행을 떠났고, 마크 레인의 사무소에서 일했으며, 런던과 칼레 사이를 왕복했고, 칼레의 시장에서 외국인과 거래했으며, 계절마다 시장이 서면 플랑드르까지 말을 타고 갔다. 거대한 지정거래소 상인조합이 그를 보호했고, 그의 숙소를 배려했으며, 양모의 품질을 주의 깊게 감시했고, 매매규칙을 정했으며, 법정에서 올바른 판결이 내려지는지 지켜보았다. 이처럼 힘들지만 재미있는 지정거래소 상인의 임무를 배경으로, 토머스 벳슨의 연애 이야기는 행복한 결혼으로 꽃을 피웠다. 1479년의 중병에서는 회복되었으나, 그는 장수할 팔자는 아니었나 보다. 그 병으로 인해 몸이 쇠약해진 탓인지, 그는 그로부터 약 6년이 지난 1486년에 세상을 떠났다. 15세에 시작된 7년 동안의 결혼생활에서 부지런한 캐서린은 5명의 자녀, 즉 토머스와 존이라는 2명의 아들과 엘리자베스·애그니스·앨리스라는 3명의 딸을 낳았다. 다행하게도 아직까지 서머싯 하우스에 보관되어 있는* 그의 유언장이 보여주듯이, 그는 편안하게 눈을 감았다. 그는 지정거래소의 상인인 동시에 어상(魚商)조합의 회원이었다. 당시 런던의 대규모 상인조합들은 그 명칭이 시사하는 상업활동에 종사하지 않는 사람도 회원으로 받아들였다. 유언을 통해[73] 토머스 벳슨은 자신이 묻히게 될 올핼로우스 바킹 교구의 교회에는 2층 지붕의 수리비를, "칼레의 성모 마리아 교회에는 지정거래소 예배당을 장식할 보석 구입비 30파운드"를, 그리고 어상조합에는 식기 구입비 20파운드를 기부했다. 그는 어상조합을 자녀들의 후견인으로 지목하고, 아내에게는 집을 물려주고, 자신과 함께 스토너 가를 위해 일한 토머스 헨엄에게는 40실링의 유산을 남겼다. 그리고 그의 성품에 어울리게 다음과 같이 지시했다. "나의 장례에는 과도한 비용을 쓰지 말고, 전지전능하신 하느님을 경배하고 찬미하는 데 부족함이 없도록 적절하고 신중하고 검소하게 치르시오." 22세의 나이에 5명의 자녀를 거느린 과부가 된 캐서린은 윌리엄 웰벡이라는 잡화상(잡화상조합은 부유한 상인조합이었다)과 재혼하여 아들 한 명을 더 낳았다. 그러나 그녀의 마음은 어린 시절 자신에게 재미있는 연애편지를 보냈던 첫 남편 곁에 머물렀다. 1510년에 임종시 그녀는 자신을 올핼로우스 바킹 교회의 토머스 벳슨 옆에 묻어달라고 말했다. 그곳에는 세 명의 지정거래소 상인이 아직까지 각자의 기념비 밑에 묻혀 있는데, 안타깝게도 벳슨의 흔적은 남아 있지 않다.[74] 그들을 그곳에 편히 잠들게 하라. 비록 오랫동안 사람들의 뇌리에서 잊혔지만, 그들은 조각으로 장식된 아름다운 중세의 교회 묘지에 묻혀 있는, 갑옷을 입은 대부분의 기사보다는 기억할 만한 가치가 있는 존재이다.

* 출생·혼인·이혼·사망·유언 등 가족사 관련기록은 1970년에 서머싯 하우스에서 성 카타리나 하우스로, 1997년에는 다시 가족기록 센터로 이관되었다.

화관은 그대의 이마에서 빛이 바랠지니,
더 이상 그대의 무공을 자랑하지 말라!
지금 자줏빛 죽음의 제단 위에
패자의 피가 흐르는 것을 보라.
그대의 머리는 차가운 무덤에
들어가야 하나니.
오직 정의로운 자의 행동만이
그 흙 속에서 향기를 풍기며 꽃을 피우리라.*

* 영국의 극작가 제임스 셜리(1596~1666)가 쓴 "The Contention of Ajax and Ulysses"의 한 구절.

6

코그셜의 토머스 페이콕

[헨리 7세 시대 에식스의 직물업자]

이곳이야말로 호화로운 직물업자의 작업장으로,
그 명성은 영원히 남을 것이다.
—토머스 덜로니*

고귀한 직물업은 잉글랜드의 생활 전반에, 이를테면 건축·문학·사회에 수많은 흔적을 남겼다. 그것은 우리의 농촌을 수직식 건축의 교회와 근사한 떡갈나무 대들보가 있는 주택으로 장식했다. 또한 우리의 민중문학에 잉글랜드의 위인에 대한 믿기 어려운 이야기를 가득 채웠다. 그런 이야기 속에서는 레딩의 토머스나 뉴버리의 잭 같은 직물업자가 수도사 베이컨†이나 로빈 후드와 어깨를 나란히 한다. 그리고 우리나라의 여러 주에 젠트리가 넘쳐나게 만들었다.

* Thomas Deloney(1543~1600). 직물업에 종사하면서 민요와 산문을 쓴 잉글랜드의 작가. 그의 유명한 산문집 *Jacke of Newberie, The Gentle Craft, Thomas of Reading* 은 각각 직물업자, 제화공, 직공을 묘사한 것이다.

† 13세기 잉글랜드의 프란체스코회 수사 로저 베이컨을 말한다. 그는 근대과학의 탄생을 예고한 사람으로 평가받을 정도로 실험의 중요성을 강조했지만, 연금술과 점성술에 몰두한 탓에 대중적인 문학작품에서는 주로 신비한 능력을 가진 사람으로 묘사되었다.

디포가 관찰한 것처럼, 18세기 초에는 "서부의 여러 주에서 젠트리 대접을 받던 유서 깊은 가문의 대부분은 원래 이 고귀한 제조업으로 일어섰고 번창했다." 잉글랜드의 국세조사표에 위버·웨버·웨브(직공), 셔먼(마무리공), 풀러·워커(축융공), 다이어(염색공) 등의 성이 다수 기재되어 있는 것이나, 미혼여성이 실잣는 여자(spinster)로 총칭되는 것도 직물업의 영향이다. 모직물은 양모를 제치고 잉글랜드의 가장 중요한 수출품이 된 뒤로부터 철과 목면에 밀려날 때까지, 잉글랜드가 상업적으로 번영할 수 있었던 발판이었다. 노년의 덜로니는 "모든 동업조합(craft)의 제품 가운데 오직 이것만이 중요했다. 모직물은 가장 위대한 상품으로, 이것 덕분에 우리나라는 만방에 이름을 떨치게 되었다"[1]라고 적고 있다.

이미 14세기 말에 잉글랜드의 직물업자는 네덜란드에 뒤지지 않는 우수한 모직물을 생산하기 시작했다. 초서가 묘사한 바스의 여인은 생생한 증인이다.

그녀는 이프르와 헨트의
직공을 능가할 정도로
옷감 짜는 솜씨가 뛰어났다.

그리고 16세기 말에 이르자 잉글랜드는 모직물 제조업 분야에서 모든 경쟁국을 따돌리고 명백한 승리를 거두었다. 모직물 제조업이 발달하자, 그 조직에도 변화가 생겨났다. 직조에는 상당수의 독립된 공정이 필요했기 때문에, 길드를 기초로 해당 제조업을 조직하는 것은 애초에 불가능했다. 빗질하고 실을 뽑는 예비공정은 언제나 여성과 아동의 부업이었다. 그러나 뽑아낸 실을 구입하여 베를 짜는 직공은 길드를 만들었다. 또 축융공·마무리공·염색공도 길드를 조직했다. 하지만 어느 집단도 단독으로는 완성된 직물을 만들어내지 못했고, 각 길드는 동업조합 내에서 서로 의존했다. 직공이 축융공을 고용할 때도 있었고, 축융공이 직공을 고용할 때도 있었다. 게다가 방직은 방적보다 시간이 훨씬 적게 걸리는 공정이었다. 따라서 직공은 충분한 양의 실을 구하기가 어려웠고, 방직기를 멈추고 무료하게 시간을 보내는 경우가 허다했다. 그리고 모직물 시장이 직공들의 도시에 국한되지 않고 크게 확대되자, 모직물 완제품을 전문적으로 처분할 중개인도 필요해졌다. 이런 상황에서 양모를 대량 구매하여 직공들에게 판매하는 계층이 서서히 형성되었다. 그 후 이들의 사업 패턴은 양모를 있는 그대로 판매하는 게 아니라, 직공·축융공·마무리공에게 공임을 주고 직조·축융·마무리를 맡긴 다음, 작업이 완료되면 그것을 회수해가는 방식으로 자연스럽게 변화해갔다. 이런 사람들은 점차 부유해졌고, 자본을 축적하여 많은 사람을 고용할 수 있게 되었다. 얼마 후에는 직물을 만드는 데 필요한 각종 직인을 모두 고용하기 시작했다. 그들의 하인은 가가호호를 돌며 여성들에게 양모를 나눠주고, 이 여성들이 손질하여 뽑아낸 실을 염색공·직공·축융공·마무리공에게 배달했다. 완성된 직물은 직물업자(clothier)라 불리던 산업상의 중개인에게 되돌아왔고, 직물업자는 그것을 직물상(draper)이라 불리던 상업상의 중개인에게 매각했다. 직물업자는 부유하고 중요한 존재로 급성장하여, 어떤 지방에서는 중간계급의 중추가 되었다. 그들은 오래된 자치도시보다는 농촌마을에서 주로 활동했다. 길드의 규제를 피하고 싶었기 때문이다. 이에 따라 모직물산업은 거의 모두 농촌으로 옮겨갔다. 잉글랜드 서부와 이스트앵글리아(단 요크셔는 제외)에서는 이런 '선대'제(putting out system)에 의해 모직물이 생산되었다. 그러다가 산업혁명이 일어나자 직물업은 농가에서 공장으로, 남부에서 북부로 밀려났다. 이때부터 한때 번영을 누리던 마을들은 황폐화되었다. 그러므로 우리는 각지에 흩어져 있는 흔적과 오래된 건물, 더욱 오래된 사람들의 이름으로부터 유명한 이스트앵글리아의 직물업자들과 이들 밑에 모여들어 부지런히 일하던 노동자들의 모습을 재구성해야 한다.

에식스의 코그셜에 살았던 토머스 페이콕은 그런 유명한 직물업자 가운데 한 사람이었다. 그는 1518년에 명예롭게 천수를 다했다. 그의 집안은 원래 서퍽의 클레어에 터를 잡고 있었으나, 15세기 중엽에 그 방계가 그곳에서 그리 멀지 않은 코그셜이라는 마을로 이주하여 정착했다. 그의 할아버지와 아버지는 푸줏간에서 일했을 것으로 보이지만, 그와 그의 동생, 그리고 그 후손들은 직물업이라는 "진정으로 고귀한 제조업"에 종사함으로써 그 마을에 불멸의 족적을 남겼다. 코그셜은 에식스의 거대한 직물제조구역에 속해 있었는데, 에식스에 대해 토머스 풀러는 다음과 같이 적고 있다. "이 고장은 마치 베스시바와도 같다. '그녀는 방추(紡錘)로 손을 뻗어, 양손으로 그 가락을 잡는다.'* ……쟁기가 부지런히 밭을 갈고 물레가 쉴 새 없이 돌아가게 해달라고, 그리하여(전자로부터는 먹을 것이, 후자로부터는 입을 것이 생김으로써) 이 나라에서 굶주림의 공포가 사라지게 해달라고 하느님께 기도하는 것은 결코 잘못이 아닐 것이다."[2] 에식스 전역에는 직물업으로 유명한 코그셜·브레인트리·보킹·홀스테드·셰일퍼드·데덤 같은 마을이 흩어져 있었다. 특히 콜체스터는 에식스 최대의 모직물 시장이자 교역 중심지였다. 이런 마을들은 모직물 산업으로 번영을 구가했다. 어느 집에서나 물레 돌아가는 소리가 들렸고, 어느 거리에서나 직

* 「잠언」 31장 19절.

공의 작업장이 눈에 띄었으며, 어느 집의 부엌에나 벽 옆에는 소박한 사람들이 일할 때 사용하던 조잡한 직기가 있었다. 그리고 복잡한 거리에서는 매주 가공용 양모를 새로 갖고 오고, 완성된 직물을 콜체스터와 그 인근 마을의 직물업자에게 실어다 주는 짐말들의 발굽소리가 울려 퍼졌다. 15세기를 통해 코그셜은 비록 노리치·콜체스터·서드버리만은 못했지만, 그래도 제법 중요한 중심지였다. 오늘날까지도 그곳에 있는 여관 두 곳은 '양모포대'와 '양모'라는 간판을 달고 있다. 앞에서 지적했듯이, 우리는 여기저기 남아 있는 흔적으로부터 토머스 페이콕과 그 동료들의 모습을 복원해야 한다. 그런데 다행히도 그런 흔적은 잉글랜드의 마을에 풍부하게 남아 있고, 코그셜에서도 쉽게 찾을 수 있다. 우리는 세 가지 사물, 즉 마을거리에 있는 그의 가옥, 마을교회의 측랑(側廊)에 있는 가족묘비, 그리고 서머싯 하우스에 보관되어 있는 그의 유언장을 자료로 해서 그를 되살려낼 수 있다. 가옥과 묘비와 유언장만으로는 무언가 부족하다고 생각하기 쉽지만, 그것들은 그의 역사를 모두 담고 있다. 문자로 기록된 것이 아니면 역사가 아니라는 생각은 큰 오산이다. 교회·가옥·교량·원형극장 같은 건축물도, 그것을 읽어낼 수 있는 눈을 가진 사람에게는 인쇄물과 마찬가지로 그들의 역사를 있는 그대로 말해준다. 수세기 동안 매장되어 있다가 아무 생각 없이 밭을 갈던 소년에 의해 발굴된 로마의 별장—그 넓게 설계된 기초, 모자이크 문양의 훌륭한 바닥, 정교한 난방시설, 항아리 파편—은 어떤 텍스트보다도 로마 제국의 진면목을, 요컨대 로마의 시민이 제국의 변방에 있던 안개 자욱한 섬에서 어떻게 생활했는지를 생생하게 보여준다. 해자와 도개교(跳開橋), 망루와 외벽과 내성으로 이루어진, 그리고 창문 대신 총안(銃眼)이 나 있는 노르만족의 성채는 12세기의 생활이 얼마나 위험했는가를 100편의 연대기보다 훨씬 실감나게 알려준다. 로마 시대의 일반 시민은 그와 같은 생활을 경험하지는 않았다. 안뜰·예배당·객실·비둘기장을 갖춘 14세기 농촌의 장원저택은 수많은 장원의 생활이 영주를 중심으로 전개되는 평화로운 시대가 다시 찾아왔음을, 그리고 대다수의 잉글랜드인은 프랑스가 겨우 체면을 차린 백년전쟁에서 별로 상처를 받지 않았음을 말해준다. 15세기의 도시와 농촌에서는 도로변에 근사한 수직식 건축의 상인가옥이 세워지기 시작했다. 정원, 조각된 대들보, 커다란 화로가 있는 아늑한 분위기의 이들 가옥은 잉글랜드 역사에 새로운 계급—영주와 농민의 사이를 비집고 나온 독립적인 중간계급—이 출현했음을 알려주는 상징물이다. 위대한 엘리자베스 여왕의 화려한 시대는 엘리자베스조의 아름다운 가옥에 고스란히 반영되어 있다. 그 시대의 가옥에는 넓은 익실(翼室), 큰 방, 굴뚝, 유리를 끼운 창문이 있었고, 그 창을 통해 집안의 꽉 막힌 안뜰이 아니라 탁 트인 공원과 쭉쭉 뻗은 나무를 바라볼 수 있었다. 18세기에 건축 또는 개축된 가옥에 들어가면, 치펜데일풍*의 의자와 옻칠한 탁자, 탑과 중국인 관리가 묘사된 중국산 벽지를 볼 수 있다. 18세기는 인도에서 떼돈을 번 부자를 연상시키는 시대이기도 하다. 그 시대에 동인도회사는 동양의 물품을 상용화했고, 유행을 선도하는 신사는 커피 대신 차를 마셨으며, 호레이스 월폴은 도자기를 수집했고, 올리버 골드스미스는 수필집 『세계의 시민』에서 중국을 이상화했으며, 새뮤얼 존슨 박사는 '문학의 대칸'이라는 별명을 얻었다. 그리고 날림으로 지은 백 채의 똑같이 생긴 가옥이 일렬로 늘어서 있는 광경을 그린 이 그림이나 저 그림을 보라. 또는 온통 지붕뿐이고 창문이 거의 없는, 그나마 몇 개 있는 창에

* 18세기 영국의 대표적인 가구제작자 토머스 치펜데일이 유행시킨 로코코풍의 양식으로, 곡선이 많고 장식성이 강한 것이 특징이다.

그림 8. 코그셜에 있는 토머스 페이콕의 집
(*The Paycockes of Coggeshall* by Eileen Power[Methuen & Co. Ltd]).

는 조잡한 유리를 끼워넣은 새로운 양식의 별장을 보라. 이것이 바로 우리가 살고 있는 20세기의 모습이다. 건축물만 보고도 잉글랜드의 모든 사회사와 대부분의 정치사를 거의 완전하게 복원할 수 있다. 그래서 나는 주저 없이 토머스 페이콕의 가옥을 훌륭한 사료라고 단언하는 것이다.

건축물보다는 덜 흥미롭지만, 그와 같은 종류에 속하는 사료로 기념비가 있다. 그것은 잉글랜드의 대부분 지역에서 발견되지만, 특히 이스트앵글리아와 런던 부근의 여러 주(Home Counties), 템스 강 유역에 많다.[3)] 그 종류도 극히 다양하여, 제의를 걸친 수도사, 대학의 교복을 걸친 법학박사와 신학박사와 문학사, 수도원장과 수녀원장의 기념비, 갑옷을 입은 기사의 기념비, 부인의 기념비 등이 있다. 부인들의 기념비에는 시대별 유행의 변화를 보여주는 독특한 의상을 걸친 여성이 강아지를 데리고 있는 모습이 묘사되어 있기 때문에, 그것을 보면 당시에 유행하던 커틀, 코트아르디,* 머릿수건, 파틀렛,† 파딩게일,# 머리장식 등의 비밀을 밝혀낼 수 있다. 또한 기념비는 가옥과 마찬가지로 중간계급의 번영을 입증해준다. 상인은 근사한 가옥을 짓기 시작한 14세기부터 화려한 기념비 밑에 묻히기 시작했기 때문이다. 그 중에서도 가장 멋진 것은 양모포대나 양 위에 발을 올려놓고 있는 양모 지정거래소 상인의 기념비라고 생각된다. 그렇지만 다른 상인의 기념비 중에도 훌륭한 것이 많다. 시장과 시의 참사회원을 지낸 상인의 기념비는 특히 호사스럽다. 신사들이 가문의 문장(紋章)을 기념비에 새긴 것처럼, 그들은 자신의 상표를 자랑스럽게 기념비에 남겼다.

* cottehardi. 중세의 여성이 커틀 위에 입던 허리가 잘록한 상의.
† partlet. 깊이 파인 목과 어깨 부위를 가리는 주름 잡힌 레이스.
# farthingale. 고래수염으로 만든 원형 버팀대로 형태를 부풀린 스커트.

사실 그들은 자부심을 가질 만한 충분한 이유가 있었다. 린에 있는 유명한 기념비는 상인들의 자부심을 단적으로 표현해준다. 그 기념비의 주인공 로버트 브라운치는 두 명의 아내 사이에 잠들어 있는데, 그의 발 밑에는 그가 국왕 에드워드 3세에게 공작 요리를 바치는 대향연의 광경이 조각되어 있다.* 노슬리치에는 십자군 병사의 칼 못지않게 자랑스러운 가위를 들고 있는 재단사의 기념비가, 시런세스터에는 포도주통을 밟고 있는 포도주 상인의 기념비가 있다. 이들에 비하면 아내에게 적은 유산을 남겼지만, 자기의 직업을 상징하는 도구에 대한 자부심만큼은 그들에게 결코 뒤지지 않던 사람들도 있다. 두세 명의 공증인은 뿔로 만든 펜과 펜 뚜껑을, 사냥꾼은 뿔피리를 들고 있다. 그리고 뉴런드 교회에는 포리스트오브딘†에서 일하던 자유 신분의 광부 한 명이 묘사된 기념비가 있다. 그는 모자를 쓰고, 가죽 반바지를 무릎 아래에서 묶고, 어깨에는 채탄용 나무통을 메고, 오른손에는 작은 곡괭이를 들고, 입에는 촛대를 물고 있다. 이런 종류의 역사적 증거는 우리가 토머스 페이콕을 이해하는 데 도움을 준다. 페이콕 가의 기념비들은 코그셜 교구 성 베드로 아드 빈쿨라 교회#의 북쪽 측랑에 있었다. 그런데 지난 150년 동안에 그 중 몇 개가 사라졌고, 애석하지만 토머스 페이콕의 기념비도 없어졌다. 그러나 측랑에는 1533년에 사망한 그의 동생 존 내외의 기념비와, 1580년에 사망한 그의 조카 토머스(동명이인)의 기념비가 남아 있고, 그 위에는 아직도 상표가 남아 있다.

마지막 자료는 페이콕 가의 유언장이다. 그 가운데 서머싯 하우스

* 브라운치는 14세기에 두 번이나 린의 시장을 지낸 상인이다. 그리고 14세기에는 공작을 명예와 불멸의 상징으로 여겨 귀빈을 모시는 향연에는 그 요리를 올렸다고 한다.

† Forest of Dean. 글로스터셔 주의 서부에 있는 원시림지대.

\# 5세기에 코그셜의 부유한 모직물 제조업자들이 돈을 내서 세운 교회. '베드로 아드 빈쿨라'란 쇠사슬에 묶인 베드로란 뜻이다.

에 보존되어 있는 세 통은 페이콕의 집을 지은 토머스의 부친 존 페이콕(1505년 사망)의 것, 토머스 페이콕 본인(1518년 사망)의 것, 그의 조카 토머스의 것 등이다. 측랑에 기념비를 남긴 그의 조카 토머스는 그 지방의 역사와 직물업의 조직에 관한 정보를 가득 담고 있는 굉장히 상세하고 긴 유언장을 남겼다. 사회사가들은 아직까지 유언장을 하나의 사료로 충분히 활용하지 못하고 있는 것 같다. 요크 주의 등기소에 보관된 유언장을 모아 놓은 『테스타멘타 에보라켄시아』[4] 같은 방대한 유언장 모음집을 훑어보지 않은 사람은, 그 안에 영국의 조상들의 생활상에 대한 구체적인 정보가 엄청나게 많이 들어 있다는 사실을 믿기 어려울 것이다. 유언장을 보면 어떤 사람이 몇 명의 딸에게 유산을 주었는지, 몇 명을 수녀원에 보냈는지, 아들에게는 어떤 교육을 시켰는지 알 수 있다. 그리고 어느 수도원이 가장 인기가 있었는지, 누가 어떤 책을 갖고 있었는지, 자선기부금은 어느 정도가 적당하다고 생각했는지, 아내의 사무능력을 어떻게 평가했는지도 알 수 있다. 또한 자기 집안에서 애용되는 금은 식기, 하나하나에 애칭이 붙어 있는 잔과 그릇, 반지·브로치·벨트·묵주의 목록이 눈이 휘둥그레질 정도로 길게 나열되어 있는 것도 볼 수 있다. 의복과 모피에 대한 상세한 설명도 있다. 화려한 것이든 평범한 것이든, 중세 사람들은 자기가 애지중지하던 의복을 보석과 다름없이 소중하게 물려주었기 때문이다. 침대에 대해서는 온갖 침구와 침실 커튼에 이르기까지 훨씬 상세히 설명되어 있다. 당시 침대는 굉장히 값비싼 가구로, 유언에 의하면 실제로 훌륭하고 아름다운 장식품인 경우가 많았다. 셰익스피어는 아내 앤 해서웨이에게 두 번째로 좋은 침대를 물려주었다 하여 쓸데없는 욕을 많이 먹었다. 하지만 그가 가장 좋은 침대를 유증했을 가능성도 배제할 수는 없다. 유언장에 언급된 물건 중에서 의복이나 침대 또는 침실 커튼보다 아름다운 것은 금색실로 수놓은 예복이다. 장례식에 대한 꼼꼼한 지시도 대단히 흥미롭다. 유언장을 남긴 사람의 부류도 실로 다양하다. 예농의 소유물은 이론상 영주의 것이지만, 예농이 남긴 유언장도 있다. 왕과 왕비, 영주와 귀부인, 주교와 본당신부, 법률가와 상점주인 등의 유언장도 남아 있다. 물론 중간계급의 사회적 번영을 입증하는 유언장도 많다. 거기에는 그들의 구체적인 상거래 내역, 상점의 물건, 집안의 재산목록, (때로는) 농촌에 있는 토지, (거의) 도시에 있는 주택의 임대료, 식기류가 든 찬장과 아내의 장신구가 든 화장대, 도제와 길드, 자선행위, 젠트리와의 통혼, 종교적 견해 등이 적혀 있다. 요컨대 유언은 그들의 일상생활을 생생하게 묘사하고 있다.

이상의 세 가지 자료로부터 토머스 페이콕의 일생과 그의 시대를 그려보기로 하자. 가옥과 기념비와 유언장은 중세의 마지막 두 세기 동안 번영을 누린 수많은 중간계급의 급성장을 보여주기에 더할 나위 없이 좋은 자료이다. 이 계급의 부는 토지소유가 아니라 공업과 무역에 기반을 둔 것이었다. 이미 살펴본 토머스 벳슨과 무명의 메나지에 드 파리는 그 계급의 대표적인 인물이었다. 이제는 직물업자 토머스 페이콕에 대해 그의 가옥, 유언장, 페이콕 가의 기념비가 무엇을 말해 줄 수 있는지 알아볼 차례이다. 첫째, 그것들은 그가 생업으로 삼았던 고귀한 산업에 대해 웅변적으로 이야기해준다. 페이콕의 집에는 직물업의 흔적이 많이 남아 있다. 페이콕 가의 상표는 두 줄기의 클로버 잎과 흡사한 흰 담비의 꼬리였는데, 이 상표는 굴뚝의 대들보 위와 벽난로의 징두리널 위에, 그리고 가옥의 정면을 장식하고 있는 길고 가느다란 조각물의 중앙에 새겨져 있다. 토머스는 모직물 꾸러미에도 그 상표를 새겼다. 그에게 이것말고 또 무슨 문장이 더 필요하겠는가. 그의 집은 어느 모로 보나 전형적인 중간계급의 가옥이었다. 다시 말해서 벼락부자가 된다는 것이 천박해진다는 것을 의미하지는 않았던 시대에 벼락부자가 된 사람의 집이었다. 그의 부는 세련되고 아름다운 장식물에 유감없이 표현되어 있다. 띠 모양의 조각이 가옥의 정면을 수놓고 있는데, 그 구불구불한 조각에는 수많은 문양—잎, 덩굴손, 진기한 꽃, 사람의 머리, 튜더 왕가의 장미 문장, 왕관을 쓴 왕과 왕비가 손을 잡고 누워 있는 모습, 통통한 다리를 가진 아기가 칼라* 쟁반 속으로 뛰어드는 모습—이 새겨져 있다. 그리고 중앙의 방패 위에는 상표와 집주인의 이니셜이 찍혀 있다. 떡갈나무를 아주 정교하게 깎아서 만든 객실의 아름다운 천장에도 군데군데 상표가 새겨져 있다. 2층에 있는 넓은 침실의 천장에는 대담하게 원형으로 처리된 들보가 드러나 있다. 그리고 작고 아담한 응접실의 판벽은 아마포를 접어놓은 듯한 문양으로 장식되어 있고, 그 몰딩에는 기이한 동물이 조각되어 있다. 이와 같은 세련된 아름다움은 비단 토머스 페이콕의 가옥뿐 아니라, 코그셜의 교회와 광대한 이스트앵글리아 일대의 여러 교회, 이를테면 서퍽의 래번엄과 롱멜퍼드, 색스테드, 새프런월든, 린, 스네티셤 등지의 교회에서도 공통적으로 발견되는 특징이다. 높이 우뚝 서 있는 이 큰 교회들은 직물업자들이 새로 획득한 부로 건축되었던 것이다. 이런 건물들은 초기 잉글랜드의 단순하고 장엄한 건축양식을 대체한 수직식 건축의 표본으로, 그 비용을 부담한 벼락부자들이 좋아하던 정교한 장식과 화려한 세공이 돋보인다. 부유한 상인들은 새로운 건물을 짓는 데 기꺼이 돈을 기부했다. 이런 식으로 중간계급은 재력을 뽐내고 싶어 했다. 그러나 다시 한번 말하지만, 그들의 과시에는 부의 천박함이 엿보이지 않는다. 아름다운 집을 바라보

* calla. 천남성과의 다년생 초본.

면서, 또는 상표가 찍힌 기념비를 세워둔 성 카타리나 교회의 측랑의 가족묘에 참배하면서, 토머스 페이콕은 틀림없이 자신의 생업인 그 고귀한 사업에 감사했을 것이다.

페이콕 가의 유언장들도 같은 이야기를 들려준다. 토머스는 가족 외에 자신을 위해 일한 선량한 이웃에게도 유산을 물려주었다. 예컨대 굿데이라는 유쾌한 이름의 가족이 있었는데, 그 집 식구 중 두 명은 손재주가 뛰어난 마무리공이었다. "나는 마무리공 토머스 굿데이에게 20실링을, 그 자녀들에게 각각 3실링 4펜스를 물려준다. 또 마무리공 에드워드 굿데이에게 16실링 8펜스를, 그의 자식에게 3실링 4펜스를 물려준다." 그는 샘퍼드의 로버트 굿데이와 로버트의 동생 존, 로버트의 자매들에게도 돈을 남겼다. 특히 자신의 대녀(代女)인 그레이스에게는 좀 더 많은 돈을 남겼다. 또한 스티스테드의 니콜라스 굿데이와 코그셜의 로버트 굿데이, 그리고 그 가족도 잊지 않고 챙겼으며, 그들의 친척인 목사 존에게도 위령미사비조로 10실링을 남겼다. 굿데이 가의 사람들은 분명히 그와 친했을 뿐 아니라 업무관계로 얽혀 있었을 것이다. 그들은 수세기 동안 모직물업에 종사해온 유명한 코그셜가의 사람들이었다. 토머스 페이콕과 이름이 같은 그의 조카도 1580년에 유언을 남길 때까지 굿데이 가와 친밀한 관계를 유지했다. 그는 "나의 대자(代子) 에드워드 굿데이에게 40실링을, 그의 형제자매 가운데 내가 죽을 때까지 살아 있는 자에게 각각 10실링을" 남겼고 "윌리엄 굿데이에게도 10실링을" 남겼다. 숨 가쁘게 변하는 오늘날을 살아가는 세대는 과거에는 마을생활이 몇 세기 동안이나 거의 고정불변이었다는 사실을 상상하기도 힘들 것이다. 그 무렵에는 사람들이 요람에서 무덤까지 같은 집, 같은 자갈길에서 성장했고, 아버지나 할아버지와 같은 이름을 쓰는 사람들이 대대로 집안끼리 친하게 지냈다.

토머스 페이콕은 다른 지인과 일꾼에게도 유산을 남겼다. 그는 "한때 나의 도제였던" 험프리 스토너에게 6실링 8펜스를 물려주라고 유언했다. 서리가 내린 아침에 도제 숙소로 짐작되는 커다란 서까래 지붕 밑의 다락방에서 눈을 비비며 내려오는 그의 모습이 눈에 선하다. 물론 그는 주인을 위해 일하는 직공이나 축융공과도 친하게 지냈을 것이다. 또한 그는 양갓집의 청년으로, 어쩌면 토머스 벳슨이 모시던 스토너 가의 친척일지도 모른다. 왜냐하면 덜로니가 적고 있듯이, "기사와 신사의 어린 아들 가운데 아버지에게 토지를 물려받지 못한 자는 대개 장사를 배움으로써 장차 성공하여 여유롭게 생활하고자 했기" 때문이다. 토머스 페이콕은 임종시에 지인 두 명의 채무를 청산해줌으로써 사실상 그들에게 상당한 유산을 물려주었다. "나는 직공 존 베컴에게 5파운드를 물려준다. 〔만일〕 그가 내게 5파운드를 빚졌다면 그것을 청산해주고, 가운과 더블릿을 주라. ……축융공 로버트 테일러에게는 둘 사이의 금전거래에서 그가 빚진 것을 청산해주고, 추가로 3실링 4펜스를 주라." 그 밖의 유산 분배를 봐도 그가 사업을 크게 하고 있었음을 알 수 있다. "지금까지 거명하지 않은 모든 직공·축융공·마무리공에게 12펜스씩을 주라. 특히 나를 위해 열심히 일한 자들에게는 3실링 4펜스씩을 주라. 그리고 소모공(梳毛工)·기모공(起毛工)·방적공에게는 총 40파운드를 나누어주라."[5] 그의 유언에는 모직물 제조의 모든 공정이 언급되어 있는데, 이는 토머스 페이콕을 중심으로 직물제조업의 전체 과정이 진행되었음을 뜻한다. 그는 여자들에게 양모를 주어 잘 손질하여 실을 잣게 하고, 그 실을 모아서 직공에게 넘겨 옷감을 짜게 했다. 축융공은 완성된 모직 천을 넘겨받아 가공을 하고, 염색공은 축융공한테서 넘겨받은 천을 염색했다. 모직물이 완성되면 12개씩 묶어서, 그것을 판매하는 도매상인 직물상에게 보냈다. 아마도 페이콕은 모직물을 주로 '직물상 토머스 퍼포인트'에게 보냈을 것이다. 그는 이 상인을 '나의 사촌'이라고 불렀고, 자신의 유언집행인으로 지명했다. 토머스 페이콕의 일상적인 업무 또한 고스란히 유언장에 담겨 있다. 그는 사망하던 해에도 여전히 상당수의 직인을 고용하고 있었고, 그들에게 친절하고 관대했다. 그는 집을 지을 때도 사업에서 손을 떼지 않았다. 이에 비해 토머스 돌먼이라는 직물업자는 가옥을 신축할 때 사업을 중단함으로써 뉴버리 직공들을 비탄에 잠기게 했다.

> 주여, 불쌍한 우리 죄인들에게 자비를 베푸소서.
> 토머스 돌먼은 새로 집을 지으면서 방적공을 전부 쫓아냈습니다.[6)]

페이콕의 유언장을 읽어보면, 그가 고용인과 원만한 관계를 유지하고 있었다는 확신이 든다. 이런 경우는 그리 흔치 않았다. 이 시대의 직물업자들은 자본가의 몇 가지 장점뿐 아니라 많은 단점도 갖고 있었고, 자본과 노동의 해묵은 투쟁은 이미 15세기에 상당한 수위에 도달해 있었다. 우리가 알고 싶은 구체적인 정보 중에서 페이콕의 유언이 전혀 언급하지 않고 있는 것이 하나 있다. 그것은 그가 각자 자기 집에서 작업하는 직공만을 고용했는가, 아니면 자신의 집에서도 여러 대의 직기를 돌렸는가 하는 점이다. 그가 살았던 시대의 특징이라면, 외부노동조직*이 성행하는 가운데 소규모 공장조직과 유사한 것이 서서히 모습을 드러내고 있었다는 것이다. 직물업자는 자신의 집에 직기를 갖추고, 도제기간을 끝낸 일용직 숙련공(journeyman)을 고용하여

* outwork system. 생산자가 각자의 집에서 일감을 받아 가공하는 제도.

기계를 돌리기 시작했다. 독립적으로 작업을 해왔던 직공들은 당연히 새로운 관행을 혐오했다. 그들은 자유로운 장인의 위치에서 피고용인의 위치로 전락하여 직물업자의 직조장에 가서 일하거나, 임금 삭감을 감수하고 일용직 숙련공과 경쟁해야 하는 처지가 되었다. 더욱이 때로는 직물업자가 직기를 소유하고 직공들에게 빌려주기도 했다. 이럴 경우에는 직공들의 산업상의 독립성도 일부 상실되었다. 16세기 전반 내내 직물업구역의 직공들은 자본주의의 새로운 폐해를 성토하는 탄원서를 의회에 제출했다. 그들은 공장제도가 잉글랜드에 확립되기 오래전부터, 노동자가 원료·도구·작업장은 물론이고 자신의 노동으로 생산한 것조차 소유하지 못하고 오직 자신의 노동만 소유하게 되는 사태를 예견했던 것이다. 장인-직공의 지위는 피고용인으로 전락했다. 이런 관행은 에식스에서 널리 확산되고 있었다. 토머스 페이콕이 사망한 지 약 20년이 지났을 무렵, 그 지방의 직공들은 자기 집에 직기를 설치하고 직공과 축융업자를 고용한 직물업자를 성토했다. 탄원자들은 가난에 허덕였다. "부유한 직물업자들이 일정한 양의 직물을 짜는 데는 일정한 임금을 지불하기로 업자들끼리 담합했다." 이 가격은 너무 낮아서 밤낮을 가리지 않고 휴일 없이 일해도 가족을 부양하기가 어려워졌을 뿐 아니라, 대다수의 직공이 독립을 상실하고 다른 사람의 일꾼으로 전락하게 되었던 것이다.[7] 그럼에도 불구하고 이때까지만 해도 외부노동조직이 좀 더 일반적이었고, 페이콕의 일꾼들도 대부분 자기 집에서 살고 있었을 것으로 생각된다. 물론 페이콕의 집에 몇 대의 직기가 구비되어 있었을 가능성도 배제할 수는 없다. 그것은 아마도 전통적으로 직조에 사용되던 집 뒤편의 나지막하고 길쭉한 방이나 헛간 또는 '방적실'에 있었을 것이다.

그런 축소판 공장에서 일하는 모습은 덜로니의 『뉴버리의 잭의 유쾌한 역사』에 매우 목가적으로 묘사되어 있다. 우리는 그것을 토머스 페이콕의 사례에 적용하는 기쁨을 누려보기로 하자. 뉴버리의 잭은 실존인물로, 페이콕보다 1년 늦게 뉴버리에서 사망한 존 윈치콤이라는 굉장히 유명한 직물업자의 별명이다. 그가 판매하던 커지(kersey)라는 두툼한 모직물은 대륙에서 인기가 높았기 때문에, 페이콕도 그의 이름을 들어보았을 것이다. 말년의 풀러는 『잉글랜드 위인전』에서 그를 "지금까지 잉글랜드가 배출한 가장 걸출한 직물업자(전혀 과장이 아님)"[8)]라고 극찬하고 있다. 그가 자신의 도제 100명을 이끌고 플로든 전투*에 참여한 이야기, 뉴버리의 자택에서 왕과 왕비를 위해 잔치를 벌인 이야기, 뉴버리 교회의 일부를 건축한 이야기, 기사 작위를 고사하고 "죽는 날까지 가난한 직물업자로서 황갈색 상의를 입기로" 한 이야기 등은 날이 갈수록 부풀려지면서 잉글랜드 전역으로 퍼져나갔다. 영국 소설의 아버지라 할 수 있는 덜로니는 1597년에 그런 이야기들을 운문과 산문이 반반씩 섞인 다소 산만한 문장으로 기술하여 하루아침에 큰 명성을 얻었다. 우리는 그가 들려주는 이야기를 통해, 직물업자의 가옥에서 이루어지던 노동의 광경을 떠올릴 수 있다. 하지만 그 이야기는 과장이고 전설이라는 점, 그리고 우리의 토머스 페이콕이 직기를 고작해야 12대쯤 갖추고 있었으리라 추정되는 시점에 존 윈치콤이 아무리 사업을 크게 했다 해도 그의 집에 직기가 200대나 있었을 리는 없다는 점을 명심해야 한다. 그러나 시인에게는 상상의 자유가 있는 법이다. 어쨌든 중요한 것은 민요의 정신이고, 그 운율에 빠져들면 언제나 기분이 상쾌해진다.

* 1513년에 잉글랜드 군대가 국경을 넘어온 스코틀랜드 군대를 대파한 전투.

크고 긴 하나의 방에
튼튼한 직기가 200대.
실로 200명의 남성이
일렬로 늘어선 직기에서 작업했다.
옆에 앉아 있는 소년들은
즐겁게 떠들면서 실패를 돌렸다.
또 바로 그 옆에서는
100명의 쾌활한 여성이
기쁨에 겨운 듯
낭랑한 목소리로 노래하며
일사불란하게 양모의 깃털을 세우고 있었다.
그리고 옆방에 모여 있던
200명의 소녀는
짙은 붉은색 페티코트에
우윳빛 두건을 쓰고 있었다.
작업복 소매는 서산에 내리는
눈과 같이 희고,
양쪽 소매는 비단 밴드로
손목에 잘 밀착되어 있었다.
이 아리따운 소녀들은 게으름을 피우지 않고
그곳에서 온종일 물레를 돌리며
꾀꼬리 같은 목소리로
달콤한 노래를 불렀다.
또 다른 방에서는
남루한 옷차림의 아이들이 앉아서

질 좋은 양모와 조잡한 양모를
선별하고 있었다.
그 수는 150명
힘없고 가난한 사람의 자식이었다.
노동의 대가는
먹고 마실 것과
밤마다 지급되는 1펜스,
그것만으로도 아이들은 감지덕지했다.
또 다른 곳에는
50명의 멋진 남자들이 있었는데,
하나같이 유명한
숙련된 마무리공이었다.
이들 옆에서는 80명의 조방공(粗紡工)이
열심히 일하고 있었다.
염색실도 있었는데,
그곳에서는 40명이 일했다.
축융장(縮絨場)에도
20명이 고용되어 있었다.
그 일가의 음식물은
매주 살찐 소 열 마리,
버터와 치즈와 생선,
그리고 영양이 풍부한 각종 요리였다.
푸주한이 1년 내내 고용되었고,
에일과 맥주를 만드는 양조자와
빵을 만드는 제빵사도 고용되어,

그 가족을 위해 열심히 일했다.
큰 부엌에서는 5명의 요리사가
언제나 식사를 준비했다.
6명의 접시닦이 소년들이
접시와 항아리와 냄비를 씻었고,
좀 더 가난한 아이들은
날마다 고기 굽는 꼬챙이를 돌렸다.
옛사람이 이 광경을 봤다면
아마 깜짝 놀랐을 것이다.
이곳이 바로 호화로운 직물업자의 작업장이며,
그 명성은 영원히 이어질 것이다.[9)]

토머스 페이콕의 사생활도 그의 사업과 마찬가지로 재현할 수 있다. 귀중한 유언은 그의 가족에 대해 약간의 사실을 알려준다. 첫 번째 부인은 마거릿으로, 그녀의 이니셜은 그의 이니셜과 함께 가옥의 목조부를 장식하고 있다. 실제로 늙은 존 페이콕은 결혼한 젊은 부부를 위해 집을 지어준 것 같다. 그 행복한 날에 그 집의 광경이 얼마나 화려했을지는 쉽게 짐작할 수 있다. 우리 선조들은 결혼식에 온갖 정성을 기울였으므로, 신랑이 신부를 집에 데리고 오는 날은 즐거운 잉글랜드가 더할 나위 없이 즐거워지는 순간이었다. 다시 한번 덜로니의 목가를 인용하여 그 광경을 재현해보기로 하자.

> 신부는 적갈색 양모 외투에 양질의 모직 커틀을 착용하고, 머리에는 금으로 장식된 띠를 두르고, 등 뒤로는 당시의 유행에 따라 빗질을 하고 특이하게 땋은 금발을 늘어뜨리고 있었다. 신부는 두 명의

미소년에게 인도되어 교회에 도착했다. 소년들은 로즈메리를 엮어 만든 꽃다발을 들고, 그 잔가지를 비단 소매에 묶고 있었다. 그녀 앞에는 금은으로 장식된 아름다운 혼례용 잔이 운반되고 있었다. 그 안에는 갖가지 색깔의 비단 리본을 달고 아름다운 금박을 입힌 멋진 로즈메리 가지가 들어 있었다. 악사들은 그녀가 행진하는 동안 계속 음악을 연주했다. 그녀 뒤로는 그 지방의 내로라하는 아가씨들이 줄을 이었다. 한 아가씨는 커다란 웨딩케이크를, 다른 아가씨는 밀에 아름다운 금박을 입혀서 만든 관(冠)을 들고 왔다. 이런 식으로 교회까지 갔다. 신랑은 여기에서 새삼 설명할 필요가 없을 정도로 훌륭한 사내이다. 결혼을 축하하기 위해 런던에서 온 스틸야드*의 이방인 상인들 외에는 친구도 명사도 필요치 않았다. 결혼식은 엄숙하게 거행되었다. 식이 끝나자 그들은 올 때와 똑같은 순서로 집으로 돌아갔다. 피로연에서는 환호성과 감미로운 선율이 그치지 않았다. ……잔치는 열흘간 계속되었는데, 인근에 사는 가난한 사람들에게는 여간 고마운 일이 아니었다.[10)]

아름답게 조각된 그 집 객실의 천장 아래서는 보나마나 춤과 노래, 게임, 입맞춤, 왁자지껄한 소동이 이어졌을 것이다. 신랑과 신부가 모서리를 둥글게 깎은 들보가 있는 신방에 들어간 뒤에도 환락은 멈추지 않았다. 신혼부부는 신방에 놓여 있는 사주식(四柱式) 침대에서 일어나, 신방까지 몰려든 친구들을 맞이해야 했다. 이처럼 영국의 중세사람들은 점잔을 빼지 않고 쾌락을 만끽했다. 실제로 하인리히 불링거†는

* stillyard(steelyard). 중세에 잉글랜드에서 활약하던 한자동맹 상인의 거주지. 런던의 템스 강변에 있었다.

† Heinrich Bullinger(1504～1575). 츠빙글리의 뒤를 이은 스위스의 종교개혁가.

다음과 같이 진술하고 있다(그는 쾌활한 덜로니와는 완전히 딴판인 사람이었으나, 페이콕과는 동시대를 살았고, 마침 커버데일*의 번역도 있어서 여기에 인용한다). "저녁식사를 마치면, 그들은 다시 한번 피리를 불면서 춤을 추기 시작했다. 소음과 야단법석에 진이 빠져버린 젊은 이들은 잠시 휴식을 취하려 했지만, 조용히 쉴 수가 없었다. 예의나 체면 따위는 아랑곳하지 않는 사람들이 앞다투어 신방 문 앞에 몰려들어, 악마를 흥분시킬 만큼 음란하고 저속한 노래를 불러댔기 때문이다."[11] 오늘날에는 어떤 대가를 치러야 그런 '음란한 노래'를 들을 수 있을까?

이런 흥겨운 잔치를 치르고 코그셜에 정착하게 된 신부 마거릿은 페이콕 가의 옛 고향인 클레어 출신이었다. 그녀는 토머스 해럴드라는 사람의 딸이었는데, 페이콕은 장인을 좋아하고 존경했다. 이는 페이콕이 코그셜 교회에 기도원 건립자금을 내면서 자신과 아내, 양친, 그리고 장인인 클레어의 토머스 해럴드의 명복을 빌어줄 것을 특별히 당부했다는 데서 확인된다. 또한 유언집행인에게 5파운드의 유산을 "클레어 교회에 있는 나의 장인 토머스 해럴드의 묘에 그와 그의 처자의 그림을 새긴 돌(즉 기념비)을 세우는 데 쓸 것"이라고 지시하고, 소 다섯 마리 또는 현금 3파운드를 클레어 교회에 보내 "장인 토머스 해럴드의 기일(忌日)에 해마다 예배를 드리게 할 것"이라고 명했다. 페이콕은 아내의 형제자매에게도 유산을 남겼다. 마거릿 페이콕은 자식을 낳지 못하고 남편보다 먼저 사망했다. 토머스는 자신과 똑같은 성을 가진 아이들이 자기 집의 훌륭한 객실에서 뛰어놀거나, 천장의 조각물 어딘가에 숨어 있는 호두알만한 사람머리를 찾아내려고 장식장

* Miles Coverdale(1488?~1569). 잉글랜드 엑서터의 주교.

위로 기어오르는 모습을 보았지만, 이 아이들은 그의 조카, 즉 자매의 아이인 로버트와 마거릿 업처, 동생 존의 아들인 존, 동생 로버트의 아이인 토머스·로버트·에마와 어린 대녀 그레이스 굿데이였을 것이다. 토머스 페이콕이 앤 코튼이라는 소녀와 재혼한 것은 집과 성을 물려줄 아들을 원했기 때문이다. 그녀는 노년의 그에게 시집온 "착한 아내 앤"이었다. 그녀의 존재는 마거릿이 죽은 뒤 적막하고 쓸쓸하기만 하던 그 아름다운 집에 생기를 불어넣었을 것이다. 그녀의 아버지 조지 코튼은 토머스의 유언에 언급되어 있고, 그녀의 형제자매인 리처드·윌리엄·엘리너는 적지 않은 유산을 받았다. 그러나 토머스와 앤의 행복한 결혼생활은 오래가지 않았다. 그녀는 토머스의 유일한 자식을 가졌으나, 토머스는 아기가 태어나기 전에 세상을 떠났다. 그는 유언에서 앤을 신중하게 배려하고 있다. 그녀는 잉글랜드 화폐 500마크를 받고, 살아 있는 동안 그 멋진 주택을 소유하게 된다. 그는 주택의 상속에 대해 "나의 아내 앤이 원하는 동안은, 내가 살았던 집과 뜰에 있는 비둘기장을 그대로 소유할 수 있도록 언제나 신경을 쓸 것"이라고 자상하게 덧붙이고 있다. 페이콕의 기록에는 빈틈이 많기 때문에, 그의 자식이 살았는지 죽었는지는 알 수가 없다. 그러나 그 아이는 죽었거나 딸이었을 가능성이 크다. 왜냐하면 페이콕은 자신의 대를 이을 아들이 없을 경우에는 자신의 집을 조카 존(첫째 동생 존의 아들)에게 물려주기로 했는데, 1575년에 그 집은 바로 조카 존 페이콕의 명의로 되어 있었기 때문이다. 옆집은 그의 동생 로버트의 아들인 또 다른 토머스 페이콕의 것이었다. 이 토머스는 1580년경에 딸만 둔 채 죽었고, 이어서 1584년에는 존 페이콕이 사망했다. 슬프게도 그는 "코그셜의 페이콕 가의 마지막 인물"로 교구기록부에 이름을 남겼다. 이리하여 거의 100년에 걸친 대(大)직물업자 일가의 이 아름다운 집에 대

한 소유도 끝이 났다.[12)]

유언장을 훑어보면, 토머스 페이콕의 개인적인 성격도 어느 정도는 파악이 된다. 일꾼과 그 자식들에 대한 배려에서 알 수 있듯이, 그는 분명히 친절하고 관대한 고용주였다. 우리는 유언을 통해 그가 코그셜에서 태어난 아기들의 대부가 되어달라는 부탁을 자주 받았음을 알 수 있다. 그는 장례식과 사후 7일째 되는 날과 1달째 되는 날에 열리는 미사(month mind)에 "예복을 입고 손에 양초를 든 어린이 24명 또는 12명을 참석시키고, 여기에는 되도록 나의 대자녀를 많이 포함시킬 것. 나의 대자녀에게는 각각 6실링 8펜스를 주고, 그 밖의 어린이들에게는 4펜스씩을 줄 것. ……또한 그 밖의 대자녀에게도 6실링 8펜스씩을 줄 것"을 지시하고 있다. 이 아이들은 모두 가계에 보탬이 되고자 아주 어린 나이에 토머스 페이콕의 집에 고용되어 양모 선별 작업을 했을 것이다. 토머스 딜로니는 다음과 같이 적고 있다. "하느님은 가난한 사람들에게 작은 은총을 베풀어 많은 자녀를 주시고, 그 자녀들에게 이 일을 하도록 명하셨다. 이 아이들은 6~7세가 되면 자기가 먹을 빵은 자기가 벌 수 있었다."[13)] 디포는 블랙스톤에지에서 핼리팩스로 말을 타고 갔을 때, 요크셔 주 웨스트라이딩의 모든 마을이 직물제조업에 종사하고 있는 것을 보고는 감탄을 금치 못했다. "아주 어린 아이부터 노인에 이르기까지 모두가 일을 하고 있었다. 네 살이 넘으면 거의 모든 사람이 제 손으로 자기 밥벌이를 하고 있었다."[14)] 이처럼 너무 나이 어린 아동을 고용하는 것이 결코 산업혁명에 의해 도입된 새로운 현상은 아니었던 것이다.

토머스 페이콕이 코그셜뿐 아니라 인근 마을에도 친구가 많았다는 것은 그의 유산을 받은 사람의 수가 입증해준다. 또한 그가 신앙심이 깊은 인물이었다는 점도 유언을 통해 알 수 있다. 그는 콜체스터의 십자가 수도회* 형제단의 일원으로, "나를 위해, 그리고 나의 기도를 받아야 마땅한 사람들을 위해" 기도해줄 것을 부탁하며 그들에게 5파운드의 유산을 남겼다. 중세의 수도원에서는 후원자와 저명한 인사에게 수도원 형제단의 일원이 되는 특권을 부여하는 관습이 있었다. 이 특권을 부여할 때는 길고 복잡한 의식이 행해졌고, 신입단원은 모든 수도사로부터 평화의 키스를 받았다. 토머스 페이콕이 십자가 수도회 형제단의 일원으로 영입된 것은, 그가 이 지방에서 존경받고 있다는 증거였다. 그는 수도회의 종단에 특별히 친절했다. 우선 콜체스터의 프란체스코회와 몰던·첼름스퍼드·서드버리의 수도회에 위령미사비 10실링과 건물수리비 3실링 4펜스를 각각 남겼다. 또한 클레어의 수도회에는 위령미사 2회분 비용 20실링과 "내 사후의 사순절에 쓸 훈제청어 한 바구니"를 기부했다. 코그셜의 수도원에도 비상한 관심을 보였다. 그 수도원은 그의 집에서 1.6km가 채 안되는 거리에 있었는데, 그는 축제일에는 내빈석에 앉아 수도원장과 함께 당당하게 향응을 받았을 것이고, 성당 미사에도 참석했을 것이다. 그는 임종시에 수도원을 생각했다. 저녁기도를 알리는 수도원의 종소리는 부드러운 9월의 대기를 뚫고 그의 창가에 잔잔하게 울려 퍼졌다. 그는 "수도원장님"에게 유명한 브로드클로스† 한 벌과 현금 4파운드를 남기고, "교회에서 나의 장례를 치를 때 만가와 미사와 명종(鳴鐘)을 행하고, 7일째 되는 날과 1달째 되는 날의 추도식에서도 똑같이 해주고, 만일 가능하다면 또는 시간적 여유가 있다면, 위령미사를 같은 날에 3회 반복해줄 것"을 부탁하면서 그 비용으로 "총 10파운드"를 맡겼다.

* 13세기에 이탈리아에서 잉글랜드로 건너간 탁발수도사들의 종단. 나무로 만든 커다란 십자가를 들고 다닌 데서 유래한 명칭이다.

† broadcloth. 폭이 넓고 질이 좋은 평직(平織)의 옷감.

그의 경건한 마음은 코그셜 인근의 교구인 브래드웰·패티스윅·마크셜 등의 교회와, 페이콕 가의 옛 고향이 있던 에식스의 스톡네일런드, 클레어, 포슬링퍼드, 오빙턴, 비첨의 성 바울 교회 등에 유산을 남긴 데서도 분명히 드러난다. 그러나 그가 가장 큰 관심을 기울인 것은 당연히 코그셜 교회였다. 그 교회의 북쪽 측랑은 페이콕 가의 누군가에 의해 건립되었던 것 같다. 그곳에는 성 카타리나에게 봉헌된 제단이 있는데, 페이콕 가의 묘는 모두 거기에 있다. 토머스 페이콕은 유언에서 자신을 성 카타리나 제단 앞에 묻어달라고 지시하고, 교회에 다음과 같이 기증하도록 했다. "십일조와 기타 잊어버린 것을 모두 보상하기 위해 총 4파운드를 코그셜 교회의 높은 제단에 유산으로 바친다. 그리고 높은 제단의 위령미사용 성합(聖盒)과 성모 마리아 상이 서 있는 성 카타리나 측랑의 성 마가리타 성합을 조각하고 도금하는 비용으로 총 100마크를 남긴다. 다음으로 교회와 종의 수리비와 나의 영면비로 총 100노블을 남긴다." 그는 또한 그 교회에 기도원을 건립했고, 기도원에서 일주일에 세 번 열리는 미사에 참석하는 가난한 자 6명에게 매주 지급할 돈도 남겼다.

수도원과 교회에 이러한 유산을 남겼다는 것은 그가 신앙심이 깊고 가문의 명예를 중요시했다는 명백한 증거이다. 한편 중세 특유의 자선 형식을 취하고 있는 또 다른 일련의 유산 증여에는 토머스 페이콕의 체험이 반영되어 있다. 그는 자신을 위해 일하는 사람을 만나러, 또는 코그셜 부근 마을에 사는 친구를 만나기 위해 말을 타고 길을 떠났을 것이다. 또 처음에는 선조들의 고향을 방문하기 위해, 다음에는 아내가 될 마거릿 해럴드에게 구혼하기 위해, 마지막에는 마거릿과 함께 그가 좋아하던 장인을 만나기 위해 멀리 클레어까지 가기도 했을 것이다. 코그셜의 교회로 걸어갈 때나 말을 타고 시골길을 달릴 때, 그는 도로의 상태를 유심히 살폈다. 겨울에는 진창길을 힘들게 지나야 하는 경우가 많았고, 여름에는 구멍에 걸려 넘어질 뻔한 적이 한두 번이 아니었을 것이다. 중세에는 도로 관리를 개인이나 교회의 자선사업 정도로 여겼기 때문에, 간선도로를 제외한 대부분의 도로는 무관심 속에 방치되곤 했다. 랭런드는 『농부 피어스』에서 '나쁜 도로'('wikked wayes'는 나쁜 습관이 아니라 나쁜 길이라는 뜻이다)를 보수하는 것은 부유한 상인이 자신의 영혼을 구원하기 위해 반드시 해야 할 자선행위의 하나라고 기술하고 있다. 토머스 페이콕이 도로수리비를 기부하기로 한 것은 자신이 힘든 여행을 많이 경험했기 때문이다. 고단한 여행에서 먼지를 잔뜩 뒤집어쓰고 퉁명스러운 표정으로 돌아온 그는 '하인 존 레이너' 또는 '심부름꾼 헨리 브리그스' 그리고 창밖을 내다보며 남편이 돌아오기를 초조하게 기다리고 있던 마거릿의 극진한 시중을 받았을 것이다. 그는 자신의 고장에 40파운드의 유산을 남겼는데, 그 중 20파운드는 웨스트 스트리트(그의 집에 인접한 도로)의 보수에, 나머지 20파운드는 "시급한 개선이 요구되는 코그셜과 블랙워터 사이의 험한 길을 보수하는 데 쓸 것"이라고 유언했다. 그는 수도원에 갈 때마다 그 도로의 상태가 얼마나 안 좋은지 경험했을 것이다. 나아가 좀 더 멀리 떨어져 있는 클레어와 오빙턴 사이의 '열악한 도로'와, 오빙턴과 비첨의 성폴 교회 사이의 도로를 보수하는 비용으로도 각각 20파운드를 남겼다.

말년에는 그가 멀리 외출하는 일은 줄어들었을 것이다. 하루하루가 평화롭게 흘러갔다. 그의 사업은 번창했고, 그는 어디를 가나 사랑과 존경을 한 몸에 받았다. 그는 자신의 멋진 집에 자부심을 느꼈고, 그 집은 날이 갈수록 조금씩 아름다움을 더해갔다. 그는 차가운 저녁공기를 마시며 별채 바깥에 서서 들판 건너편의 양어장에서 대수도원의 수도사들이 낚시하는 모습을 바라보거나, 십일조의 곡물을 저장하는 커다란 창고의 이끼 낀 지붕 위로, 그리고 곡물 다발을 운반하는 노상의 소작인들 머리 위로 노을이 지는 광경을 목격했을 것이다. 그러면서 소작인 존 맨과 토머스 스푸너는 정말 착하고 한결같은 친구들이었다고 생각하며, 죽을 때 그들에게 가운이나 1파운드를 유산으로 물려주리라 마음먹었을 것이다. 죽기 1～2년 전에는 비둘기장이 있는 정원에 아내와 함께 앉아서, 하얀 비둘기가 사과나무 주위를 맴도는 광경을 바라보거나 아내가 가꾼 화단을 감상하며 미소를 짓곤 했을 것이다. 겨울밤에는 모피외투를 걸치고 드래건 여관으로 놀러갈 때도 있었다. 여관주인 에드워드 에일워드는 정중하게 그를 맞았고, 그는 이웃들과 함께 큰 잔에 백포도주를 따라 천천히 그리고 점잖게 마셨다. 그는 마을 최고의 직물업자답게 일행에게 자상한 눈길을 보냈다. 그러나 게으른 수도사가 주교와 수도원장의 금령에도 불구하고 수도원을 몰래 빠져 나와 술을 마시고 곤드레만드레 하는 모습을 볼 때는 눈살을 찌푸리고 고개를 절레절레 흔들며 이제 종교도 예전 같지 않다고 탄식했을 것이다. 하지만 유언장에서 알 수 있듯이, 그는 그런 일에 크게 괘념치 않았다. 그는 자신이 죽은 지 불과 20년 뒤에 수도원이 해체되어 수도원장과 수도사가 뿔뿔이 흩어지고, 국왕의 관리가 코그셜 수도원의 지붕에서 떼어낸 연판(鉛板)을 경매에 붙이는 사태가 발생하리라고는 상상도 하지 못했을 것이다. 그리고 400년이 지난 뒤, 수도원의 성당이 더운 날 들판에 남아 있는 그늘에 불과한 존재가 되고 수도원 건물이 에식스의 녹색 건초를 운반하는 화물차가 비를 피하는 초라한 폐허로 전락했을 때, 자신의 집은 조각된 천장과 자랑스러운 상표를 간직한 채 세월의 향기를 풍기며 아름답게 서 있게 되리라고는 정말로 꿈도 꾸지 못했을 것이다.

이와 같이 토머스 페이콕의 생애는 가장 잉글랜드다운 지방에서 평온하고 아름답게 막을 내리고 있었다. 그곳은 "비옥하고 풍요로우며 유익한 산물이 가득한"[15] 읍이었다. 여기서는 컨스터블*이 즐겨 그렸던 기복이 심한 작은 언덕, 느릅나무, 구름이 둥실 떠 있는 넓은 하늘을 볼 수 있었다. 코그셜의 거리에 어두운 그림자가 감돌던 9월의 어느 날, 집집마다 물레 돌아가는 소리가 끊어졌고, 웨스트스트리트의 아름다운 저택 바깥에는 근심어린 표정의 방적공과 직공들이 모여 있었다. 2층 침실의 멋진 천장 밑에서는 대직물업자가 마지막 숨을 몰아쉬고 있었다. 그가 자식이 태어나는 것도 보지 못하고 눈을 감으리라는 것을 아는 아내는 침대 옆에서 하염없이 울고 있었다. 며칠 뒤, 마을의 작은 집들은 다시 한번 적막에 휩싸였다. 사람들은 눈물을 흘리면서 장지로 향하는 토머스 페이콕의 장례행렬을 따라 갔다. 장례식은 그의 위엄에 걸맞게 치러졌다. 매장일뿐 아니라 7일째 되는 날과 1달째 되는 날에도 사람들은 미사를 올렸다. 그의 유언장을 보면 그 장례가 어떠했을지 능히 짐작할 수 있다. 토머스 페이콕은 당시의 풍습에 따라 유언집행인에게 자신의 장례절차를 세세하게 지시했기 때문이다. "나의 유언집행인은 나의 매장일과 7일째 되는 날과 30일째 되는 날에 다음과 같이 의식을 행할 것. 나의 매장일에는 사제들에게 위령미사를 부탁하고, 만가와 찬가와 임종의 기도에는 되도록 많은 사람이 참례하게 할 것. 만일 그 날 참석하지 못한 사람은 7일 미사를 올리게 할 것. 30일째 되는 날에는 나의 유언집행인들 모두 30일미사를 올리게 하고, 매장일과 마찬가지로 만가와 찬가와 임종의 기도를 행하며, 음악과 함께 정식 미사를 3회 반복할 것. 하나는 성령, 또 하나는 성모 마리아, 나머지 하나는 죽은 자를 위한 미사이다. 매장일과 7일째 되

* John Constable(1776~1837). 잉글랜드의 풍경화가.

는 날과 30일째 되는 날에 모두 진혼미사를 할 것. 장례의식에 참가할 때마다 사제들에게는 4펜스를, 아이들에게는 2펜스씩을 지급할 것. 횃불 비용으로는 매장일에는 12펜스, 7일째 날에는 6펜스, 30일째 날에는 7펜스를 줄 것. 예복을 입고 손에 양초를 드는 어린이 24명 또는 12명 중에는 되도록 나의 대자녀를 많이 포함시키고, 대자녀에게는 6실링 8펜스씩, 그 밖의 아이들에게는 4펜스씩을 줄 것. 횃불을 드는 모든 남자에게는 매번 2펜스씩 주고, 3일 가운데 하루라도 일을 거든 남녀와 어린이에게는 1펜스씩을 줄 것. 또한 그 밖의 대자녀에게도 6실링 8펜스씩을 줄 것. 이상의 3일 동안 종을 울린 사람에게는 10실링을 줄 것. 접대비와 학자의 두 차례 설교비용, 나를 교회로 운구하기 전에 집에서 행하는 만가의 비용은 총 1파운드로 할 것."

페이콕의 유언은 토머스 벳슨의 조심스러운 지시와는 사뭇 다르다. "나의 장례는 과도한 비용을 쓰지 말고, 전지전능하신 하느님을 경배하고 찬양하는 데 부족함이 없도록 적절하고 신중하고 검소하게 치를 것." 존경할 만한 노(老)직물업자 토머스 페이콕도 하느님에 대한 경배와 찬미를 염두에 두고 있었다. 그는 현재의 금액으로 500파운드 이상을 장례비에 지출했는데, 이는 기도원을 신설하는 데 든 비용보다 많은 액수였다. 그가 죽은 뒤 종교개혁에 의해 잉글랜드 내의 기도원은 모두 폐쇄되었다. 그때까지 매주 6명의 가난한 사람들에게 자선을 베풀던 성 카타리나 측랑의 페이콕 가의 기도원도 사라졌다. 그런 시대가 오기 전에 그가 눈을 감은 것은 차라리 잘된 일이었다. 토머스 페이콕은 그리운 그때 그 시절의 사람이었다. 그가 죽은 지 25년도 지나지 않아 에식스는 이미 변하고 있었다. 수도사는 수도원에서 추방되었고, 수도원의 지붕도 없어졌다. 낭랑한 라틴어는 더 이상 교회에 울려 퍼지지 않았고, 사제들은 토머스와 그의 처, 양친, 장인의 명복을 벌어주지 않았다. 직물업도 변화의 물결에 휩싸여 있었다. 손재주가 뛰어난 외국인에 의해 도입된 우수한 직물, 즉 '베이즈와 세이즈'* 로 알려진 '새로운 직물'의 출현과 함께 잉글랜드는 날이 갈수록 더욱 번영했다. 다음과 같은 속담도 생겨났다.

홉, 개혁, 베이즈, 맥주가
1년 만에 모두 잉글랜드에 밀려들었다.

그리고 코그셜은 '코그셜 화이트'라는 새로운 종류의 옷감 덕분에 더욱 유명해졌다. 이 옷감은 토머스 페이콕이 죽고 난 뒤에 그의 조카가 만든 것이었다.[16] 하지만 한 가지만은 변하지 않았다. 웨스트스트리트의 목사관 맞은편에 있는 그의 아름다운 집은 그것을 바라보는 모든 사람에게 언제나 기쁨을 안겨주었다. 이 집은 여전히 그 자리에 서 있다. 오늘날 그 집을 보면서 한때 그곳에 살았던 토머스 페이콕을 생각하면, 「집회서」에 나오는 유명한 구절이 떠오른다.

이제 명성 높은 사람들과 우리를 낳아준 선조들을 칭송하자.
주님께서는 그들을 통해 큰 영광을 나타내시어 처음부터 그 위대한 힘을 보여주셨다.
……
유능하고 재산이 많아 가정에서 평화롭게 지낸 사람도 있었다.
이들은 모두 당대에 존경을 받았고, 그 시대의 영광이었다.

* Bays and Says. 16세기 말 잉글랜드(특히 콜체스터)로 이주해온 플랑드르인이 소모사(梳毛絲)로 만든 모직물. 가볍고 얇고 저렴하여 유럽 각지에서 인기가 높았다. 베이즈는 오늘날의 베이즈(baize)에, 세이즈는 서지(serge)에 해당한다.

주와 자료

1장 농부 보도

A. 자료

1. 수도원장 이르미농의 기록부, 즉 파리 근교에 위치한 생제르맹 수도원의 토지대장은 811년과 826년 사이에 작성되었다. *Polyptyque de l'Abbaye de Saint-Germain des Prés*, pub. Auguste Longnon, t. I, Introduction; t. II, Texte (Soc. de l'Hist. de Paris, 1886～1895)를 참조.
2. 샤를마뉴의 왕령지칙령(王領地勅令, Capitulaire De Villis)은 자신의 토지를 관리하던 집사들에게 내린 칙령집이다. Guerard, *Explication du Capitulaire 'de Villis'* (Acad. des Inscriptions et Belles-Lettres, Mémoires, t. XXI, 1857), pp. 165～309에는 프랑스어로 번역된 텍스트와 상세한 주석이 수록되어 있다.
3. *Early Lives of Charlemagne*, ed. A. J. Grant (King's Classics, 1907). 이 책에는 아인하르트와 생골(St Gall)의 수도사가 묘사한 샤를마뉴의 생애가 수록되어 있다. 아래에 언급된 Halphen의 저서도 참조.
4. 당시의 사회생활에 대한 다양한 정보는 교회평의회의 명령, 고대 고지(高地) 게르만어와 앵글로색슨어로 된 주문과 시가, Aelfric의 Colloquium 등에서 얻을 수 있다. 앨프릭의 『대화』는 Bell, Eng. Hist. Source Books, *The Welding of the Race*, 449-1066, ed. J. E. W. Wallis (1913)에 일부 번역되어 있다. 이 시대를 다룬 개설서로는 Lavisse, *Hist. de France*, t. II가 있다. 샤를마뉴 시대의 구체적인 측면(토지대장을 포함한)에 관한 연구서로는 Halphen, *Études critiques sur l'Histoire de Charlemagne* (1921)과 A. Dopsch,

Wirtschaftsentwicklung der Karolingerzeit, Vornehmlich in Deutschland, 2 vols. (Weimar, 1912~1913)가 탁월하다. 전자는 후자를 비판한 책이다.

B. 본문의 주

1. "콜로누스인 보도와 그의 아내 에르망트뤼드는 생제르맹의 소작인으로, 자녀 셋을 두고 있다. 그가 보유한 자유 망스는 8보니에와 2안트싱가의 경작지, 2아르팡의 포도밭과 7아르팡의 목초지로 이루어져 있다. 그는 군역 대납세로 은화 2실링을 지불하고, 숲에 돼지를 방목하는 대가로 포도주를 큰 통으로 2통 바친다. 또 3년에 한번씩 울타리를 만드는 데 사용되는 목판 100장과 버팀목 3개를 바친다. 그는 겨울철에 파종하는 농지 4페르슈와 봄철에 파종하는 농지 2페르슈를 경작한다. 그리고 매주 두 번의 경작부역과 한 번의 수공에 부역을 나간다. 또한 영계 3마리와 달걀 15개를 바치고, 집사가 요구하는 운반부역도 수행해야 한다. 그는 풍차 사용권을 절반 가지고 있고, 그 사용료는 은화 2실링이다." *Op. cit.*, II. p. 87.
2. *De Villis*, 45조.
3. *Ibid*. 43조와 49조.
4. "The Casuistry of Roman Meals," in *The Collected Writings of Thomas De Quincey*, ed. D. Masson (1897), VII, p. 13.
5. Aelfric's *Colloquium* in *op. cit.* p. 95.
6. The Monk of St Gall's *Life* in *Early Lives of Charlemagne*, pp. 87~88.
7. Einhard's *Life* in *op. cit.*, p. 45.
8. Stopford Brook, *English Literature from the Beginning to the Norman Conquest* (1899), p. 43에 번역되어 있는 앵글로색슨의 주문.
9. 10세기에 고대 고지 게르만어로 필사된 주문. 이것은 9세기의 사본에서 베낀 것인데, 현재 바티칸 도서관에 소장되어 있는 이 사본에는 성 아우구스티누스의 설교도 포함되어 있다. Brawne, *Althochdeutsches Lesebuch* (fifth edition, Halle, 1902), p. 83.
10. 현재 빈에 보관되어 있는 10세기의 사본 중에 수록된 또 다른 고대 고지 게르만어 주문. Brawne, *op. cit.*, p. 164.
11. Ozanam, *La Civilisation Chrétienne chez les Francs* (1849), p. 312에 나오는 9세기의 *Libellus de Ecclesiasticis Disciplinis*, art. 100을 재인용했다. 하지만 이 훈령은 사실상 최근에 정복된, 다분히 이교도적인 색슨인을 겨냥한

것이다.

12. 캉브레의 주교 할리가르트의 고해규정서, *ibid.* p. 314.
13. *Documents relatifs à l'Histoire de l'Industrie et du Commerce en France*, ed. G. Faigniez, t. I, pp. 51~52.
14. Chambers, *The Medieval Stage* (1913), I, pp. 161~63의 주를 참조하라.
15. 유명한 쾰비크(Kölbigk)의 무용수들에 대해서는 Gaston Paris, *Les Danseurs Maudits, Légende Allemande du XIe Siècle* (Paris 1900, reprinted from the *Journal des Savants*, Dec., 1899)을 참조. 원래는 *Zeitschrift für Kirchengeschichte* (1899)에 게재되었던 슈뢰더의 연구보고이다. 인용된 시는 영어판본에 나온다. 무용수 중 한 명인 티에리는 평생 수족이 떨리는 병으로 고생했으나, 윌턴 수녀원의 성 이디스의 기적이 나타나 치유되었다고 한다. *loc. cit.*, pp. 10, 14.
16. 원문에는 "Swete Lamman dhin are"로 되어 있다. 이 이야기는 *Gemma Ecclesiastica*, pt. I, c. XLII에서 기랄두스 캄브렌시스(일명 웨일스의 제럴드)가 한 것이다. *Selections from Giraldus Cambrensis*, ed. C. A. J. Skeel (S. P. C. K. *Texts for Students*, No. XI), p. 48을 보라.
17. Einhard's *Life* in *op. cit.* p. 45. *Ibid.*, p. 168의 주도 참조.
18. The Monk of St Gall's *Life* in *op. cit.*, pp. 144~47.
19. Einhard's *Life* in *op. cit.*, p. 39.
20. *Ibid.*, p. 35.
21. Beazley, *Dawn of Modern Geography* (1897), I, p. 325.
22. The Monk of St Galll's *Life* in *op. cit.*, pp. 78~79.
23. Lavisse, *Hist. de France* II, pt. I, p. 321을 참조. 또 G. Monod, *Les moeurs judiciaires au VIIIe Siècle*, Revue Historique, t. XXXV(1887)도 보라.
24. Faigniez, *op. cit.*, pp. 43~44.
25. 생골의 수도사는 프랑크인 귀족의 화려한 복장에 대해 다음과 같이 설명하고 있다. "일요일에 그들은 파비아에서 막 돌아왔다. 파비아에는 베네치아인이 바다 건너 영토로부터 긁어모은 동양의 모든 부가 집중되었다. 귀족들 중 일부는 꿩의 깃털과 비단으로 만든 옷을 입고 거드름을 피우며 돌아다녔다. 어떤 자는 공작의 목과 등, 꼬리 부분의 최고급 깃털로 만든 의복을 입고 있었고, 또 어떤 자는 자주색과 오렌지색의 리본이 장식된 옷을 입고 있었다. 모포를 몸에 두른 자도 있었고, 담비의 모피로 만든 외투를 걸친 자도 있었다." *Op. cit.*, p. 149. 이 번역은 다소 엉성하다. 원문에 나오는 '불사조의 옷'은 꿩이 아니라 홍학의

최고급 깃털로 만들어졌을 것이다. 이는 호지슨(*Early Hist. of Venice*, p. 155)의 생각이다. 또는 하이드(*Hist. du Commerce du Levant*, I, p. 111)가 설명하는 것처럼, 그것은 비단에 새의 형상을 수놓은 옷일 수도 있다.

26. The Monk of St. Gall's *Life* in *op. cit.*, pp. 81～82.
27. 이 짧은 시는 아일랜드의 한 필경사가 프리스키아누스가 저술한 문법서 사본의 여백에 아일랜드어로 적어 넣은 것이다. 이 책은 스위스의 생골 수도원에 보관되어 있다. 풍부한 상상력을 발휘하여 샤를마뉴의 전기를 쓴 늙은 수도사도 그 수도원 소속이었다. 원문은 Stokes and Strachan, *Thesaurus Palœohibernicus* (1903) II, p. 290에 실려 있다. 이 시는 여러 차례 영역되었는데, 여기서 내가 인용한 것은 Kuno Meyer, *Ancient Irish Poetry* (2nd ed., 1913), p. 99에 실린 영역문이다. 이 장에 나오는 『아일랜드의 삼제가』(*Triads of Ireland*)도 Kuno Meyer, *ibid.* pp. 102～03에서 인용했다.

2장 마르코 폴로

A. 자료

1. *The Book of Ser Marco Polo the Venetian concerning the Kingdoms and Marvels of the East*, trans. and ed. with notes by Sir Henry Yule (3rd edit., revised by Henri Cordier, 2 vols., Hakluyt Soc., 1903). H. Cordier, Ser *Marco Polo: Notes and Addenda* (1920)도 참조. 가장 괜찮은 프랑스어 원문은 *Le Livre de Marco Polo*, ed. G. Pauthier (Paris, 1865)이다. 영어권 독자들이 쉽게 구할 수 있는 저렴한 판본은 마스던이 라틴어 텍스트를 번역하고 주를 단 것으로 1818년에 처음 출판되었다. William Marsden, *The Travels of Marco Polo the Venetian*, with an introduction by John Masefield(Everyman's Library, 1908; reprinted, 1911). 그러나 지명 등에 관한 주 가운데는 시대에 뒤떨어진 것이 있으므로 정확하고 상세한 지식을 얻고자 한다면 율과 코르디에의 책을 참조해야 한다. 두 책은 동양의 역사와 지리에 관한 지식의 보고이다. 이하에서 마스던의 판본을 인용할 때는 Marco Polo, *op. cit.*로, 율의 판본을 인용할 때는 Yule, *op. cit.*로 적을 것이다.〔김호동 역주, 『동방견문록』, 사계절, 2000 참조〕
2. *La Cronique des Veneciens de Maistre Martin da Canal*. In *Archivo Storico Italiano*, 1st ser., vol. VIII (Florence, 1845). 프랑스어 원문과 현대

이탈리아어 번역문을 함께 싣고 있는 이 책은 대단히 흥미로운 중세의 연대기 가운데 하나이다.

B. 참고문헌

1. 중세의 베네치아에 대해서는 다음의 책들을 참조.

   F. C. Hodgson: *The Early History of Venice from the Foundation to the Conquest of Constantinople* (1901); and *Venice in the Thirteenth and Fourteenth Centuries, A Sketch of Venetian History*, 1204-1400 (1910).

   P. G. Molmenti: *Venice, its Growth to the Fall of the Republic*, vols. I and II (*The Middle Ages*), trans. H. F. Brown (1906); *La Vie Privée à Venise*, vol. I (1895).

   H. F. Brown: *Studies in the History of Venice*, vol. I (1907).

   Mrs Oliphant: *The Makers of Venice* (1905). 마르코 폴로에게 한 장을 할애하고 있는 재미있는 책이다.

2. 중세의 중국과 타타르, 유럽과 극동의 교섭에 대해서는 아래 책을 참조하라.

   The Book of Ser Marco Polo의 Sir Henry Yule 서문.

   Cathay and the Way Thither: Medieval Notices of China, trans. and ed. by Sir Henry Yule, 4 vols. (Hakluyt Soc., 1915～1916). 중세의 유럽인이 남긴 수준 높은 중국여행기를 집대성하고 있을 뿐 아니라, 귀중한 서문이 실려 있다. 특히 오도리코 데 포르데노네(1331년 사망)가 쓴 여행기는 마르코 폴로 여행기의 부록에 해당하는 것으로, 반드시 읽어보아야 한다.

   R. Beazley: *The Dawn of Modern Geography*, vols. II and III (1897～1906).

   R. Grousset: *Histoire de l'Asie*, t. III(3rd edit., 1922)의 1장은 칭기즈칸에서 티무르에 이르기까지 몽골 제국의 역사를 간략하고 흥미롭게 설명하고 있다.

   H. Howarth: *History of the Mongols* (1876).

3. 중세의 동양무역에 관한 최상의 저서는 아래 책을 참조하라.

   W. Heyd: *Histoire du Commerce du Levant au Moyen-Âge*, trans., F. Raynaud; 2 vols. (Leipzig and Paris, 1885～1886, reprinted 1923).

C. 본문의 주

1. 정확히 말하자면, 플랑드르의 갤리선이 처음으로 지브롤터 해협을 지나 사우샘프턴과 브루게로 항행한 것은 1268년에서 40년이 지난 1308년이었다. 14세기

와 15세기에는 갤리선이 매년 왕래했다. 사우샘프턴이 번영을 누리게 된 것은 갤리선의 기항지였기 때문이다.

2. 인용된 답변은 568년에 랑고바르드인의 침입을 막기 위해 베네치아에 도움을 요청하러 온 롱기누스라는 로마 황제의 사신이 베네치아인에게 황제의 신민이 되라고 권유했을 때 나온 것이다. *Encyclop. Brit.*, Art. *Venice*(by H. F. Brown), p. 1002에서 인용. 빵 포탄을 날린 것은 샤를마뉴의 아들 피핀이 809~810년의 겨울에 리알토인을 아사시키려 했을 때의 에피소드이다. 샤를마뉴는 칼을 바다에 던지면서 다음과 같이 말했다고 한다. "실로 내가 지금 바다에 던진 칼은 나의 것도, 너의 것도, 이 세상 누구의 것도 아니지만, 아무도 베네치아인의 영토를 침범할 수는 없다. 베네치아를 침범하려는 자는, 나와 나의 신민이 이미 겪은 것처럼 하느님의 분노와 불만을 사게 될 것이다." Canale, *Cron.*, c. VIII을 보라. 물론 이런 이야기들은 모두 전설이다.
3. "Voirs est que la mer Arians est de le ducat de Venise.," Canale, *op. cit.*, p. 600. 알베르티노 무사토는 베네치아를 "아드리아 해의 지배자"라고 부르고 있다. Molmenti, *Venice*, I, p. 120.
4. 이 의식에 대한 당대인의 서술은 Molmenti, *Venice*, I, pp. 212~15에 인용되어 있다.
5. 1381년에 끝난 베네치아와 제노바 두 공화국 사이의 키오자 해전기간에, 제노바의 제독(혹자는 그가 프란체스코 카라라라고 말한다)은 휴전협상에 응하라는 베네치아 총독의 요구에 다음과 같이 답했다고 한다. "산마르코 성당의 말들에게 재갈을 물리기 전까지는 절대로 휴전할 수 없다." H. F. Brown, *Studies in the Hist. of Venice*, I, p. 130.
6. Canale, *op. cit.*, p. 270.
7. "맑게 갠 날이었다. ……바다로 나간 뱃사람은 바람에 돛을 달았다. 그리고 돛을 완전히 펼쳐서 해풍을 타고 배를 달렸다." Canale, *op. cit.*, pp. 320, 326을 보라.
8. Canale, *op. cit.*, cc. I and II, pp. 268~72. 베네치아에 대한 당대인의 기록은 운 좋게도 많이 남아 있다. 비단 베네치아의 시민(카날레, 사누도, 모체니고 총독)뿐 아니라 다른 도시의 시민도 그 도시에 대한 기록을 남겼다. 특히 베네치아의 무역에 대한 페트라르카의 유명한 서술은 자주 인용되는데, 그것은 14세기에 그가 창문을 통해 내다본 장면을 기술한 것이다. "황량한 겨울날, 또는 변덕이 심하고 폭풍우가 몰아치는 봄날, 동쪽 또는 서쪽으로 뱃머리를 돌려 이탈리아의 해안을 떠나는 수많은 배를 보라. 어떤 배는 잉글랜드인이 마실 포도주

를 싣고 가고, 어떤 배는 스키타이인의 입맛을 사로잡을 과일을 운반한다. 더욱 믿기 어려운 것은 우리의 숲에서 난 목재가 에게 해와 아카이아의 여러 섬으로 운송된다는 것이다. 시리아·아르메니아·아라비아·페르시아로 오일과 아마포와 사프란을 실어 나르고 다양한 물품을 싣고 돌아오는 배들도 있다. ……여러분, 내가 하는 이야기를 한 시간만 더 들어보시게. 하늘이 잔뜩 찌푸린 한밤중, 피곤해서 꾸벅꾸벅 졸면서 집필을 마무리할 무렵, 갑자기 선원들의 고함소리가 내 귀를 찔렀다. 그 소리가 무엇을 의미하는지 이미 알고 있던 나는 급히 자리에서 일어나 항구가 내려다보이는 이 집의 제일 높은 창으로 달려갔다. 아, 이 얼마나 멋진 광경인가! 연민과 놀라움과 두려움과 기쁨이 동시에 밀려왔다. 이 자유로운 도시는 내게 대저택을 제공해주었는데, 여러 척의 배가 그 저택의 방파제 구실을 하는 대리석 안벽(岸壁) 근처에 닻을 내리고 겨울을 지났다. 높이 솟은 두 배의 돛대와 활대(帆桁)는 마치 내 집 양쪽에 서 있는 두 개의 탑처럼 보였다. 그 중 더 큰 배는 별이 구름에 가려 있고, 바람이 벽을 뒤흔들고, 바다의 포효가 천지를 진동시키는 그 시각에 닻을 풀고 출항하고 있었다. 이아손과 헤라클레스도 놀라움에 넋을 잃을 것이고, 키잡이 티피스도 자신의 명성을 부끄러워할 것이다. 당신도 그 장면을 보았다면, 배가 아니라 산이 바다를 헤엄쳐갔다고 말했으리라. 비록 육중한 날개의 무게 때문에 선체의 대부분은 파도 속에 숨어버렸지만 말이다. 행선지는 우리의 배가 항행할 수 있는 한계지점인 돈 강이었다. 그러나 선상에 있는 자들은 그 지점에 도달해도 항해를 중단하지 않고, 갠지스·캅카스·인도를 지나 동양의 바다까지 진출하고 싶어 했다. 이익은 인간의 마음을 그토록 자극한다." Petrarch's Lettere Senili in Oliphant, *Makers of Venice* (1905), p. 349에서 재인용. 이 인용문이 포함된 'The Guest of Venice'라는 매력적인 장은 꼭 읽어보길 권한다. 베네치아에 대한 또 하나의 유명한 서술은 1527년부터 1533년까지 베네치아에 초빙되어 머물렀던 피에트로 아레티노가 티치아노에게 보낸 편지에 포함되어 있다. E. Hutton, *Pietro Aretino, the Scourge of Princes* (1922), pp. 136~37을 보라. 이 편지를 아레티노가 자기 집 창문에서 목격한 것을 기술한 글과 비교해보라. *Ibid.*, pp. 131~33에 인용되어 있다. 이런 종류의 글 중에서 가장 오래된 것은 6세기에 카시오도루스가 베네치아인에게 쓴 유명한 편지인데, 그 일부가 Molmenti, *op. cit.*, I, pp. 14~15에 번역되어 있다.

9. 자주 인용되는 길드의 행진에 대해서는 Canale, *op. cit.*, CCLXIII~CCLXXXIII, pp. 602~26을 보라.
10. Canale, *op. cit.*, c. CCLXI, p. 600.

11. 항저우에 대한 이 설명은 Marco Polo, *op. cit.*, bk. II, c. LXVIII, '고귀하고 위대한 도시 킨사이'와 Odoric of Pordenone, *Cathay and the Way Thither*, ed. Yule, pp. 113~20에서 발췌한 것이다.
12. 평범한 속인으로 살다가 수도사가 된 오도리코 데 포르데노네는 다음과 같이 말한다. "중국인은 잘 생겼지만 그리 세련되지는 않았다. 그들은 쥐를 잡는 동물, 즉 고양이처럼 제멋대로 난 수염을 길게 늘어뜨리고 있다. 중국 여성은 세상에서 가장 아름답다." 마르코 폴로도 중국 여성의 아름다움을 그냥 지나치지 않았다. 이 지방에 대해 상세한 기록을 남긴 여행가 아서 영도 프랑스인 여관에서 일하는 여자 종업원의 용모에 대단히 신경을 쓰고 있다. 그는 못 생긴 종업원의 시중을 받았을 때는 모욕감을 느꼈다고 한다. 마르코 폴로는 페르시아의 북동국경지대에 있는 티모카인(또는 다마간) 지방의 여성이 아름답다고 인정하면서 이렇게 적고 있다. "이곳 사람들은 대체로 인물이 좋다. 특히 여자들은 내가 생각하기에 세상에서 가장 아름답다." Marco Polo, *op. cit.*, p. 73. 킨사이의 여성에 대해서는 이렇게 말한다. "기녀들은 세련되었을 뿐 아니라, 갖은 교태로 손님을 유혹하는 솜씨가 보통이 아니다. 온갖 부류의 남자를 사로잡을 만한 표정을 지으며 애교를 부리기 때문에, 일단 그 매력에 홀린 여행객들은 마법에 걸린 것처럼 황홀경에서 헤어나지 못한다. 성적 쾌락을 맛보고 집에 돌아간 그들은 자신들이 킨사이, 아니 천상의 도시에 다녀왔다고 자랑하면서, 이 낙원에 다시 방문하길 바란다." 그는 정숙한 귀부인과 직인의 아내들에 대해서도 언급하고 있다. "그들은 매우 아름다우며, 조신하고 우아한 태도가 몸에 배어 있다. 비단과 보석으로 장식된 그들의 옷은 상상을 초월할 정도로 비싸다." *op. cit.*, pp. 296, 297~98.
13. Yule, *op. cit.*, II, p. 184.
14. 프레스터 존에 대해서는 Sir Henry Yule의 논문 "Prester John" in the *Encyclopœia Britannica*, and Lynn Thorndike, *A History of Magic and Experimental Science* (1923), II, pp. 236~45를 참조. S. Baring Gould, *Popular Myths of the Middle Ages* (1866~1868)에는 널리 알려진 재미있는 이야기가 나온다.
15. 이들의 이야기에 대해서는 *The Journal of William of Rubruck to the Eastern Parts*, 1253-5, *by himself, with two accounts of the Earlier Journey of John of Pian da Carpine*, trans. and ed. with notes by W. W. Rockhill (Hakluyt Soc., 1900)을 보라. 루브루크는 매우 유쾌한 인물이다.
16. 마르코 폴로의 책 첫 장에 나오는 이야기이다. 이 장에는 부친과 삼촌의 첫 여행

의 개요, 두 번째 여행의 정황, 귀국에 얽힌 사연이 적혀 있다. 첫 장은 책 전체의 서문에 해당하며, 그 다음 장부터는 그가 여행한 지방을 차례로 서술하고 있다. 안타깝게도 이 자전적인 장은 너무 간략하다.

17. 사실은 루브루크가 그보다 먼저 그것을 보고 설명했다.
18. 마르코 폴로가 '카르단단'이라 부르는 성(省)의 이 관습에 대해서는 *op. cit.*, p. 250을 보라. 그것을 묘사한 그림은 명조 말기의 한 화첩에 나오며, S. W. Bushell, *Chinese Art* (1910), fig. 134에 수록되어 있다.
19. Marco Polo, *op. cit.*, pp. 21~22.
20. 원조의 연대기에는 폴로라는 사람이 1282년 직후에 양저우의 소금광산 감독에 임명되었다는 기록이 나온다. 파커 교수는 그가 마르코 폴로일 것이라고 생각하지만, 코르디에는 동일인물이 아니라고 본다. E. H. Parker *Some New Facts about Marco Polos Book in Imperial and Asiatic Quarterly Review* (1904), p. 128; H. Cordier, *Ser Marco Polo*, p. 8; Yule, *Marco Polo*, I, Introd., p. 21 등을 참조하라.
21. P. Parrenin in *Lett. Edif.*, xxiv, 58, Yule, *op. cit.*, I, Introd., p. II에서 재인용.
22. 마르코 폴로가 언급하지 않은 것에 대해서는 Yule, *op. cit.*, I, Introd., p. 110을 보라.
23. Marco Polo, *op. cit.*, p. 288.
24. 자오멍푸에 대해서는 S. W. Bushell, *Chinese Art* (1910), II, pp. 133~59와 H. A. Giles, *Introd. to the History of Chinese Pictorial Art* (Shanghai, 2nd ed., 1918), pp. 159ff. 참조. 자일스의 책 6장은 원대에 꽃핀 미술을 흥미롭게 설명하고 있다. 또 L. Binyon, *Painting in the Far East* (1908), pp. 75~77, 146~47도 보라. 자오멍푸가 그린 말 그림(또는 일본인 화가의 모사품) 한 점이 Giles, *op. cit.*, opposite p. 159에 실려 있다. 그가 왕웨이(王維) 풍으로 그린 유명한 산수화에 대해서는 본서의 그림설명을 보라.
25. Bushell, *op. cit.*, p. 135.
26. 이 그림은 *Ibid.*, pp. 135~36에 실려 있다.
27. 니콜로와 마페오가 네스토리우스파 그리스도 교도들을 지휘하여 투석기를 만든 에피소드에 대해서는 Marco Polo, *op. cit.*, pp. 281~82 참조.
28. Marco Polo, *op. cit.*, bk. III, c. I, pp. 321~23.
29. 이 이야기와, 루스티차노가 마르코 폴로의 구술을 받아 적어 책을 완성하게 된 경위는 라무시오의 서문에 나온다. 이 서문은 Yule, *op. cit.*, I, Introd., pp. 4

~8에 번역되어 있다.

30. Marco Polo, *op. cit.*, pp. 136, 138, 344.
31. Yule, *op. cit.*, I, Introd., p. 79.
32. 루스티차노(라무시오는 그가 제노바인이라고 잘못 말했다)에 대해서는 *ibid.*, Introd., pp. 56ff. 참조.
33. *Ibid.*, Introd., p. 61에 인용된 폴랭 파리의 말.
34. *Ibid.*, Introd., pp. 67~73.
35. *Ibid.*, Introd., p. 54에 인용된 Jacopo of Acqui, *Imago Mondi* 에서 발췌.
36. M. Ch.-V. Langlois in *Hist. Litt. de la France*, XXXV (1921), p. 259. 다음의 책은 마르코 폴로의 정확성을 찬양하고 있다. Aurel Stein, *Ancient Khotan* (1907) and *Ruins of Desert Cathay* (1912); Ellsworth Huntington, *The Pulse of Asia* (1910); Sven Hedin, *Overland to India* (1910).
37. Yule, *op. cit.*, I, Introd., pp. 106~07.
38. 마르코 폴로 이후 중국에 간 선교사와 상인에 대해서는 Yule, *Cathay and the Way Thither*, Introd., pp. cxxxii~cxxxiv, and text, *passim* 참조.
39. *Ibid.*, II, p. 292; 또 App., p. lxv.
40. 콜럼버스가 책 여백에 적어 놓은 의견에 대해서는 Yule, *op. cit.*, II, App. H, p. 558을 보라. 이 책은 현재 스페인 남부의 도시 세비야의 콜럼버스 도서관에 보관되어 있다. 최근의 연구는 상당히 우상파괴적인 경향을 보인다. 그래서 루크레치아 보르자와 카테리나 데 메디치(카트린 드 메디시스) 또는 시에나의 카테리나의 역사적 의의를 거의 인정하지 않는다. 학자들은 나아가 콜럼버스에 대한 고정관념도 깨뜨리고 있다. 그들은 콜럼버스가 1492년에 안틸라 섬을 찾기 위해 출항했을 가능성이 크다고 본다. 콜럼버스는 1493년에 대발견을 하고 돌아왔을 때 자신의 계획이 치팡구에 가는 것이었다고 주장했지만, 이는 사후(事後)에 지어낸 이야기라는 것이다. 치팡구를 찾는다는 것은 그의 동료 마르티노 핀촌의 발상이라는 게 오늘날의 통설이다. 유감스럽게도 우리는 그가 언제 마르코 폴로의 책(1485년에 출판되었을 가능성이 크다)에 방주를 달았는지 모른다. 그 연대만 알 수 있다면 문제는 해결될 수 있다. 이 문제에 대해서는 Henry Vignaud, *Études critiques sur la vie de Colomb avant ses découvertes* (Paris, 1905); *Histoire de la Grande Enterprise de 1492*, 2 vols.(Paris, 1910), 그리고 그의 결론을 요약하고 검토한 A. P. 뉴턴 교수의 *History*, VII (1922), pp. 38~42(*Historical Revisions* XX. 'Christopher Columbus and

his Great Enterprise') 참조. A. H. Lybyer, *The Ottoman Turks and the Routes of Oriental Trade in Eng. Hist. Review*, XXX (1915), pp. 577~88은 투르크인이 동양으로 가는 기존의 통상로를 봉쇄하고 있었기 때문에 서양인이 새로운 통상로를 찾고 있었다는 설을 비판한다.

3장 마담 에글렌타인

A. 자료

1. 『캔터베리 이야기』의 프롤로그에서 초서가 수녀원장에 대해 서술한 부분.
2. 주교관구의 기록부에 첨부된 각종 순회기록. 교회문서, 특히 순회기록에 대해서는 R. C. Fowler, *Episcopal Registers of England and Wales* (S. P. C. K. Helps for Students of History, No. 1); G. G. Coulton, *The Interpretation of Visitation Documents* (Eng. Hist. Review, 1914)와 아래에 인용된 나의 저서 12장 참조. 지금까지 방대한 양의 문서가 여러 학회에 의해 간행되었고, 현재도 간행되고 있다. 특히 캔터베리 및 요크 학회는 그 목적을 위해 설립되었다. 가장 중요한 것은 링컨의 순회기록으로 A. 해밀턴 톰슨 박사가 세 권으로 편찬했다. *Visitations of Religious Houses in the Diocese of Lincoln*, ed. A. Hamilton Thompson (Lincoln Rec. Soc. and Canterbury and York Soc., 1915~1927). 특히 2권에 수록되어 있는 안윅 주교의 순회기록(1436~1449) 참조. 각 권마다 원문과 영역문, 훌륭한 해설이 실려 있다. 또 H. G. D. Liveing, *Records of Romsey Abbey* (1912)에 실려 있는 윈체스터 순회기록의 발췌 영역문도 참조. 좀 더 풍부한 순회기록과 주교훈령의 발췌문은 Victoria County Histories (이하 V. C. H.)의 각 권에 수도원별로 수록되어 있다.
3. 수도원 규율. *The Rule of St Benedict*, ed. F. A. Gasquet (Kings Classics, 1909)와 F. A. Gasquet, *English Monastic Life* (4th ed., 1910) 참조.
4. Eileen Power, *Medieval English Nunneries c. 1275 to 1535*(1922)는 이 시대 잉글랜드의 수도원에 관한 각종 주제를 상세하게 연구한 책이다.

B. 본문의 주

1. *The Register of Walter de Stapeldon, Bishop of Exeter* (1307-1326), ed. F. Hingeston Randolph (1892), p. 169. 필리파에 대한 이야기는 G. G. Coulton, *Chaucer and His England* (1908), p. 181에 영역되어 있다.

2. 1468년에 엘리자베스 시워드비를 넌몽크턴의 수녀로 만드는 데 든 비용에 대해서는 *Testamenta Eboracensia*, ed. James Raine (Surtees Soc., 1886), III, p. 168 참조. 또 Power, *op. cit.*, p. 19도 보라.
3. *Year Book of King Richard II*, ed. C. F. Deiser (1904), pp. 71~77; Power, *op. cit.*, pp. 36~38.
4. G. J. Aungier, *Hist. of Syon* (1840), p. 385.
5. 그레이스듀(1440~1441)에서 있었던 일이다. *Alnwick's Visit*, ed. A. H. Thompson, pp. 120~23.
6. G. J. Aungier, *op. cit.*, pp. 405~09.
7. G. G. Coulton, *A Medieval Garner* (1910), pp. 312~14. 엑서터의 주교 John de Grandisson의 기록부를 번역한 것이다.
8. *Rule of St Benedict*, c. 22.
9. *V. C. H. Lincs.*, II, p. 131.
10. G. G. Coulton, *A Medieval Garner*, p. 423에 번역된 것.
11. *Myroure of Oure Ladye*, ed. J. H. Blunt (E. E. T. S., 1873), p. 54. 티티빌루스에 관해서는 *The Cambridge Magazine* (1917), pp. 158~60에 실린 나의 논문을 보라.
12. *Linc. Visit.*, ed. A. H. Thompson, II, pp. 46~52; Power, *op. cit.* pp. 82~87.
13. *V. C. H. Oxon*, II. p. 77.
14. *Linc. Visit.*, ed. A. H. Thompson, I, p. 67.
15. 수녀들의 여가활동에 대해서는 Power, *op. cit.*, pp. 309~14 참조.
16. *Linc. Visit.*, II, pp. 3~4. 수녀들의 화려한 복장에 대해서는 Power, *op. cit.*, pp. 75~77, 303~05 참조.
17. *Linc. Visit.*, II. p. 175.
18. Power, *op. cit.*, p. 307. 애완동물에 대해서는 *ibid.*, pp. 305~09와 Note E ('Convent Pets in Literature'), pp. 588~95 참조.
19. Power, *op. cit.*, p. 77.
20. *Ibid.*, pp. 351~52. 그리고 교황의 교서와 속세를 방황하던 수녀들에 대해서는 *ibid.*, 9장 여기저기를 보라.
21. *Linc. Visit.*, II, p. 50.
22. *V. C. H. Yorks.*, III, p. 172.

4장 메나지에의 아내

A. 자료

1. *Le Ménagier de Paris, Traité de Morale et d'Economie Domestique, la Société des Bibliophiles Francois* (Paris, 1846). 2 vols., edited with an introduction by Jérôme Pichon. 이 책은 파리의 한 시민이 1393년에 쓴 것이다. *A Booke of Precedence* (Early English Text Soc., 1869 and 1898), ed. by F. J. Furnivall의 권말(pp. 149~54)에 보면 메나지에의 저서에 관한 언급이 있다. 퍼니벌은 그 책이 대단히 흥미롭고, 영어로 번역할 만한 가치가 충분히 있다고 말하고 있다.
2. 여성의 예의범절을 논한 중세의 책에 관해서는 A. A. Hentsch, *De la littérature didactique du moyen âge s'addressant spécialement aux femmes* (Cahors, 1903) 참조. 이 책은 성 히에로니무스 시대부터 르네상스 직전까지 서유럽에서 나온 이 방면의 주요 저작들을 총망라하여 분석한 걸작으로, 지적 호기심이 강한 사람들을 위한 정보의 보고이다.
3. 요리에 관한 메나지에의 설명을 *Two Fifteenth Century Cookery Books*, ed. by Thomas Austin (E. E. T. S., 1888)과 비교해보면 재미있을 것이다.

B. 본문의 주

1. pp. 1~2.
2. 7대 죄악과, 정말로 지키기 힘든 미덕에 대한 기나긴 도덕적 교훈이 중세에는 상당히 널리 퍼져 있었다. 영어권 독자에게 가장 유명한 것은 초서의 『캔터베리 이야기』에서 본당신부가 들려주는 이야기로, 그 출전은 Frère Lorens, *Somme de Vices et de Vertus*이다. 저자는 13세기 도미니크회의 수도사였다. 하지만 치명적인 죄악에 대한 이야기는 일상생활의 여러 면을 조명해주는 생생하고 구체적인 사례를 많이 담고 있기 때문에 읽어볼 만하다. 우리의 기대에 어긋나지 않게, 메나지에의 이야기에는 활력과 개성이 넘친다. 예컨대 그는 식탐이 많은 여성에 대해 다음과 같이 서술하고 있다. "하느님이 단식을 명하자, 대식가인 그 여자가 답했다. '저는 먹을 거예요.' 하느님이 아침 일찍 일어나서 교회에 가라고 명하자, 대식가인 그녀가 답했다. '저는 더 자야 해요. 어제 술을 마셨거든요. 교회가 토끼도 아닌데, 왜 그렇게 일찍 문을 여나요. 제가 갈 때까지 기다리라고 하세요.' 일어나기 싫은 날, 도대체 그녀가 몇 시에 일어나는 줄 아시오?

그녀의 아침기도는 '아, 뭘 마실까요? 어젯밤에 마시다 남은 게 없을까요?'이고, 그녀의 찬미경은 '아, 어제 마신 포도주 맛은 정말 좋았습니다'라오. 그러고 나서 기도를 한다오. '머리가 아픕니다. 술을 마시지 않으면, 기분이 좋아지지 않습니다.' 이런 대식가는 참으로 여성의 수치가 아닐 수 없소. 무릇 그런 여자는 음란해지고 평판이 나빠지고 결국에는 도둑이 된다오. 선술집은 악마의 교회라오. 그곳은 악마의 제자들이 모여들고, 악마가 기적을 행하는 곳이오. 그곳에 갈 때는 사람들이 똑바로 걷고, 말도 잘하고, 현명하고, 분별력도 있고, 남의 충고도 잘 받아들인다오. 그러나 돌아갈 시간이 되면, 몸도 똑바로 가누지 못하고, 말도 못하고, 어리석고, 난폭한 사람으로 돌변한다오. 그들은 서로 욕설을 퍼붓고 치고받고 거짓말을 하면서 귀가한다오." *Op. cit.*, I, pp. 47~48. 탐욕에 관한 절은 유언집행인, 가렴주구를 일삼는 영주, 바가지를 씌우는 상점주인, 부정한 법률가, 고리대금업자, 도박꾼의 죄를 서술하고 있어서 특히 흥미롭다. *Ibid.*, I, pp. 44~45.

3. 멜리베우스와 프루던스의 이야기는 초서의 버전 또는 르노 드 루앙의 버전으로 한번 읽어볼 만하다. 그 이야기는 중세에 널리 퍼져 있던 것이고, 군데군데 흥미진진한 대목이 있기 때문이다. 예컨대 초서의 버전에는 멜리베우스가 현자들과 청년들을 불러놓고 전쟁의 가부에 대해 토론하는 에피소드가 있다. 현자들은 멜리베우스에게 전쟁을 하지 말라고 충고한다. "이때 청년들이 일어나서 반대했는데, 대부분의 청년은 늙은 현자들을 경멸하며 소리를 지르기 시작했다. '쇠도 뜨거울 때 두드려야 하듯이 복수도 시일이 더 경과하기 전에 해야 합니다.' 그러면서 큰 목소리로 '전쟁! 전쟁!'을 외쳤다. 그때 늙은 현자 한 사람이 일어나 손짓으로 좌중을 진정시키고 이렇게 말했다. '여러분, 전쟁을 외치는 사람은 많지만, 전쟁이라는 것이 어떤 희생을 요구하는지 아는 사람은 별로 없는 것 같습니다. 전쟁은 사람을 끌어들이는 힘이 강하기 때문에 처음에는 누구나 쉽게 찬성하고 곧바로 전쟁을 시작하려 들지만, 그 결과가 어떻게 될지 예측하기란 결코 쉬운 일이 아닙니다. 일단 전쟁이 시작되면, 엄마 뱃속에 있는 아기가 태어나기도 전에 무수히 죽고, 사람들은 불행에 빠져서 비참하게 죽어갈 것입니다. 따라서 전쟁을 시작하려면, 사전에 수없이 토론하고 심사숙고해야만 합니다." Chaucer, *Tale of Melibeus*, §12와 불어판, *op. cit.*, I, p. 191 참조.
4. II, p.72~79.
5. I, pp. 71~72. 이런 중세의 놀이가 어떤 것이었는지 정확하게 알아내기란 무척 어렵다. 박식한 편집자가 연구한 바에 의하면, 13세기에 〔프랑스의 시인〕 뤼트뵈프가 언급한 브릭은 막대기를 가지고 앉아서 하는 놀이이고, 키 페리는 오늘

날 프랑스에서 맹 쇼드라 불리는 놀이인 듯하며, 팽스 메리유는 〔프랑스의 작가 라블레가 쓴 풍자소설〕『가르강튀아』에 언급된 게임으로, '메리유' 또는 '모리유'라고 외치며 친구의 팔을 꼬집는 놀이이다. 이런 놀이들에 대해 구체적으로 알 길은 없지만, 현대의 어린이들이 즐기는 놀이 중에도 그것들과 비슷한 것이 많으므로 대충 짐작은 할 수 있다.

6. I, pp. 13~15.
7. I, 92, 96.
8. 잔 라 캉탱의 이야기는 마르그리트 당굴렘의 『엡타메롱』(*Heptameron*)에도 나온다(제38화, 또는 네 번째 날의 여덟 번째 이야기). 마르그리트는 그것이 투르의 한 시민이 전하는 이야기라고 말하고 있지만, 메나지에의 이야기가 오리지널일 가능성도 있다. 그는 이 이야기를 아버지에게 들었다고 한다. 그렇지만 직업적인 이야기꾼의 속성을 알고 있는 나로서는, 그것이 결정적인 증거는 못된다는 점을 인정하지 않을 수 없다.
9. I, pp. 125~26.
10. I, p. 139.
11. 이것은 널리 인용되던 속담이었다. 멜리베우스의 이야기에도 "주인을 집에서 짜내는 것은 세 가지다. 즉 매캐한 연기, 누수, 바가지 긁는 아내이다"라는 구절이 나온다. *Ibid.*, I, p. 195. 이것을 초서의 표현과 비교해보라. "가장을 집밖으로 내모는 세 가지는 비가 새는 지붕, 막힌 굴뚝, 바가지 긁는 여자." *Tale of Melibeus*, §15.

   "당신은 집에 비가 새거나 굴뚝이 막히거나
   마누라가 잔소리를 하면,
   남자는 집을 나간다고 말했지."(*Wife of Bath's Prologue*, LL, 278-280)
12. I, pp. 168~71, 174~76.
13. II, p. 54. 메나지에는 또한 대금결제의 지연에 대해 주의를 주고 있다. "당신은 하인들에게 언제나 점잖은 사람들과 거래할 것, 사전에 계약할 것, 그리고 부절(符節)이나 장부만 믿지 말고 그때그때 대금을 결제할 것 등을 주지시키시오. 물론 부절과 장부를 사용하는 것은 모든 것을 기억에 의존하는 것보다는 낫소. 하지만 빌려준 측은 언제나 돈을 받아야 한다고 생각하고 있으나 빌린 측은 돈을 갚아야 한다는 점을 잊기 쉽고, 이로 인해 시비와 증오와 비난이 생겨나는 법이오. 그러므로 선량한 채권자들이 당신에게서 멀어지는 일이 없도록 그들에게 흔쾌히 그리고 자주 빚을 갚아 친분을 유지하시오. 좋은 사람을 다시 찾아내기란 지극히 어려운 일이기 때문이오."

14. II, pp. 56~59.
15. 여기에서 흥미로운 것은 '피가 흐르는'(bloody)이란 용어가 상당히 오래전부터 저속한 표현에 사용되었다는 점이다. 메나지에는 다음과 같이 말한다. "하녀들에게……못 배운 사람들이 저주할 때 흔히 쓰는 '피가 흐르는' 열병, '피가 흐르는' 주, '피가 흐르는' 날과 같은 저급하고 상스러운 표현을 사용하지 못하게 하시오. 피가 흐르는 것 따위는 모르는 게 좋고 알 필요도 없소. 정숙한 여인은 어린 양이나 비둘기가 눈앞에서 죽어갈 때 그 피를 보는 것도 꺼려야 하거늘, 그런 것을 알아서 무엇 하겠소." *Ibid.*, II, p. 59.
16. 이상에서 서술한 가사일 처리에 관한 내용은 메나지에의 저서 2장 2절에 나온다(II, pp. 53~72).
17. I, pp. 171~72.
18. I, pp. 172~73.
19. 요리에 관한 설명은 2장 4절과 5절에 있다(II, pp. 80~272).
20. II, pp. 222~23. *A Booke of Precedence* (E. E. T. S.), pp. 152~53에는 퍼니벌 박사의 영역문이 있다.
21. II, pp. 108~18, 123. 메나지에는 이런 식으로 구체적인 정보를 수집하여 장차 향연을 열 생각이었다. "5월의 어느 화요일에 메트르 엘리가 준비한 결혼식 축하연……그날의 식단."
22. "이 여성들의 임무는 실내장식용 직물을 주문하여 벽에 걸고, 특히 침실과 축복받아야 할 침대를 꾸미는 것이오. ……침대 위에 얇은 시트만 깔려 있을 때는 그 위에 다람쥐 모피를 덮어주어야 하지만, 모직이나 센달(중세에 널리 사용되던 견직물의 일종)로 만든 이불, 또는 자수가 들어간 이불이 깔려 있을 때는 그럴 필요가 없소." II, p. 118. 편집자는 신혼부부의 침대에 축복을 내리는 다음과 같은 의식을 인용하고 있다. "신혼부부를 위한 침대의 축복. '주여, 이 침대와 침대에 있는 두 사람이 당신의 뜻 가운데 쉬고 머물고 또 오랫동안 번영할 수 있도록 축복을 내려주소서. 예수 그리스도의 이름으로, 운운.' 신방에 향이 피워지고 신랑과 신부가 침대에 나란히 앉거나 눕고 나면, 다음과 같은 축도가 이어진다. '주여, 당신이 일찍이 토비아스와 라구엘의 딸 사라를 축복하셨듯이, 이 젊은이들을 축복하여 주시옵소서. 예수 그리스도의 이름으로, 운운. 전능하신 성부와 성자와 성령의 축복이 여러분에게 내리고 또 여러분 위에 머물지어다. 하느님 아버지의 이름으로, 운운.'" *Ibid.*, I, *Introd.*, p. lxxxvi.
23. Chaucer, *Tale of Melibeus*, §15.

5장 토머스 벳슨

A. 자료

1. *The Stonor Letters and Papers*, 1290-1483, ed. C. L. Kingsford (Royal Hist. Soc., Camden, 3rd Series), 2 vols., 1919. 벳슨의 편지는 제2권에 실려 있다.
2. *The Cely Papers, selected from the Correspondence and Memoranda of the Cely Family*, Merchants of the Staple, 1475-88, ed. H. E. Malden (Royal Hist. Soc., Camden 3rd series), 1900. 나는 이 두 권의 탁월한 서문에 빚진 바가 많다. 편집자 서문이 어떠해야 하는가를 보여주는 전형이다.
3. 지정거래소 상인조합의 역사를 알고 싶으면, 몰던이 쓴 『셀리 문서』의 서문을 보라. 그의 서문은 당시 잉글랜드·프랑스·부르고뉴 사이의 정치적 관계에 대해서도 잘 기술하고 있다. 나는 지정거래소 제도의 기능에 대한 몰던 씨의 설명을 언제나 신뢰한다. Sir C. P. Lucas, *The Beginnings of English Overseas Enterprise* (1917), c. II와 A. L. Jenckes, *The Staple of England* (1908)도 양모무역과 지정거래소 상인조합에 대한 간결하고 유익한 설명을 제공한다.

B. 본문의 주

1. 당대인이 1523년, 1585년, 17세기의 어느 해, 1742년의 의회를 각각의 동시대인이 묘사한 흥미로운 네 개의 도판이 탁월한 연구서인 A. F. Pollard, *The Evolution of Parliament* (1920)에 실려 있다.
2. *The Lybelle of Englyshe Polycye*, in *Political Poems and Songs*, ed. Thos. Wright (Rolls Ser., 1861), II, p. 162. 이 뛰어난 시는 1436년 또는 1437년에 쓴 것이다. 작자는 잉글랜드의 번영은 무역에 기반을 두어야 하고, 그러기 위해서는 바다를 지배할 필요가 있다고 주장하면서, 잉글랜드인에게 "주변의 바다" 즉 도버와 칼레 사이에 있는 "좁은 바다를 확보해야 한다"고 역설하고 있다. 이 시의 주된 가치는 잉글랜드와 유럽 각국의 수출입무역을 아주 완벽하게 묘사하고 있다는 점이다. 좀 더 구하기 쉬운 다음 책에도 같은 시가 수록되어 있다. *The Principal Navigations Voyages Traffiques and Discoveries of the English Nation by Richard Hakluyt* (Everyman's Lib. Edition, 1907), I, pp. 174～202.
3. G. W. Morris and L. S. Wood, *The Golden Fleece* (1922), p. 17.

4. 이 기념비에 대한 설명은 H. Druitt, *A Manual of Costume as Illustrated by Monumental Brasses* (1906), pp. 9, 201, 205, 207, 253 참조. 존 포티와 윌리엄 그레벌의 기념비는 G. W. Morris and L. S. Wood, *op. cit.*, pp. 28, 32에 전재되어 있어서 손쉽게 찾아볼 수 있다. 그 책에는 양모무역에 관련된 다른 도판도 여러 개 실려 있다.
5. Gower, *Mirour de l'Omme in The Works of John Gower*. I. *The French Works, ed. G. C. Macaulay* (1899), pp. 280～81.
6. *The Paston Letters*, ed. J. Gairdner (London, 1872～1875); Supplement 1901. 또 H. S. Bennett, *The Pastons and their England* (1922)를 참조하라.
7. *Plumpton Correspondence,* ed. T. Stapleton (Camden Soc., 1839).
8. *Cely Papers*, p. 72. 그리고 Stonor Letters, II, p. 134와 비교해보라.
9. *Stonor Letters*, II, p. 2.
10. *Ibid.*, II, pp. 2～3.
11. 그의 아버지 '양모상인 존 린드우드'와 동명의 동생 '양모상인 존 린드우드' (1421년 사망)의 기념비는 아직까지 린우드 교회에 남아 있다. 이들 역시 양모포대 위에 발을 걸치고 있다. 아들의 양모포대에는 상표가 찍혀 있다. H. Druitt, *op. cit.*, pp. 204～05를 보라.
12. *Magna Vita S. Hugonis Episcopi Lincolniensis*, ed. J. F. Dimock (Rolls Series, 1864), pp. 170～77.
13. 이 인용문들은 무지하게 재미있는 책인 *Child Marriages and Divorces in the Diocese of Chester*, 1561-1566, ed. F. J. Furnivall (E. E. T. S., 1897), pp. xxii, 6, 45～47에서 발췌.
14. *Stonor Letters*, II, pp. 6～8.
15. *Ibid.*, II, pp. 28, 64.
16. *Ibid.*, II, p. 64.
17. *Ibid.*, II, pp. 42～43.
18. *Ibid.*, II, p. 44.
19. *Ibid.*, II, pp. 61, 64～65.
20. *Ibid.*, II, pp. 46～48.
21. *Ibid.*, II, p. 53.
22. *Ibid.*, II, p. 28.
23. *Ibid.*, II, p. 47.

24. *Ibid.*, II, p. 53.
25. *Ibid.*, II, pp. 54～55.
26. *Ibid.*, II, pp. 56～57.
27. *Ibid.*, II, p. 69.
28. *Ibid.*, II, pp. 87～88.
29. *Ibid.*, II, pp. 88～89.
30. *Ibid.*, II, p. 89.
31. *Ibid.*, II, pp. 102～03, 117.
32. 이 재미있는 일화는 리처드 셀리가 동생 조지에게 보낸 1482년 5월 13일자 편지에 나온다. *Cely Papers*, pp. 101～04. 양모중개인 윌리엄 미드윈터에 대해서는 *Ibid.*, pp. 11, 21, 28, 30, 32, 64, 87, 89, 90, 105, 124, 128, 157, 158을 보라.
33. *Stonor Letters*, II, p. 3.
34. *Ibid.*, II, p. 64.
35. *Testamenta Eboracensia* (Surtees Soc.), II, p. 56. 그는 1435년에 사망한 요크의 유명한 양모상인으로, 12인으로 구성된 시회의의 일원으로 뽑히기도 했고 주지사와 시장도 지냈다. 시의 기록에는 그의 이름이 자주 나온다. *York Memorandum Book*, ed. Maud Sellers (Surtees Soc., 1912 and 1915), vols. I and II, *passim*.
36. *Cely Papers*, pp. 30～31.
37. *Ibid.*, p. 64.
38. *Test. Ebor.*, IV, p. 61에 실려 있는 그의 유언장(1490) 참조. 여기서 그는 "뉴어크 인근 홈(Holme) 출신이며 칼레 시 지정거래소 상인 존 바턴"이라 불리고 있다. 그는 유언에서 "나는 내 아들 토머스가 존 탬워스를 칼레의 지정거래소 상인으로 만들어주기 바란다"고 당부했다. *Ibid.*, p. 62.
39. *Ibid.*, p. 45.
40. *Ibid.*, p. 48.
41. *Ibid.*, pp. 154～55.
42. *The Lybelle of Englysche Polycye* in *loc. cit.*, pp. 174～77, *passim*. 롬바르디아인의 간계에 대한 가워의 기술과 비교해보라. *Op. cit.*, pp. 281～82.
43. 이런 절차에 대한 명료한 설명은 몰던 씨의 『셀리 문서』 서문에 나와 있다. pp. xi～xiii, xxxviii.
44. *Ibid.*, p. vii.

45. *Cely Papers*, pp. 194~96. 서문, pp. xxxvi~xxxviii도 보라.
46. *Ibid.*, pp. 71~72.
47. *Ibid.*, pp. 174~88. [책의 형태를 갖추고 있는 문서 136의] 표지에는 '마거릿 셀리 호에 대하여'라는 제목이 붙어 있고, 첫머리에 다음과 같이 적혀 있다. "런던의 마거릿 호는 서기 1485년에 제일란트로 첫 항해를 했고, 두 번째는 칼레로, 세 번째는 보르도로 항해했다. 나는 그 배의 사무장에게 항해비용을 장부에 기록하게 했다. 조지 셀리 씀."
48. *Ibid.*, p. xxxviii.
49. *Stonor Letters*, II, p. 2.
50. *Ibid.*, II, p. 4.
51. *Cely Papers*, pp. 112~13.
52. *Ibid.*, p. 106; *Ibid.*, p. 135와 비교해보라.
53. "귀하께 아룁니다. 세 척을 뺀 모든 양모선이 칼레에 도착했습니다. 칼레에 도착하지 못한 세 척 가운데 두 척은 샌드위치 항에, 한 척은 오스텐데 항에 대피 중입니다. 그리고 그는 양모를 모두 바다에 던져버렸습니다." *Ibid.*, p. 129. "2월 27일 금요일에 도버에서 편지가 왔습니다. 편지에 의하면, 그 전 목요일에 도버에서 칼레로 오던 여객선이 프랑스인의 추격을 받아 덩커크 항으로 달아났다고 합니다." *Ibid.*, p. 142. (이와 같은 추격에 대해서는 많은 기록이 남아 있다. *Introd.*, pp. xxxiv~xxxv 참조.)
54. *Ibid.*, p. 135.
55. "아직까지 귀하의 양모에 대한 검사를 받지 못했습니다. 사연인즉 이렇습니다. 금번의 포고령에 의해 모든 상인은 칼레의 관리가 지정하는 번호의 사플러를 제출하여 검사를 받게 되었습니다. 저의 경우는 24번 사플러를 제출하라는 지시를 받았습니다. 그런데 포장담당자 윌리엄 스미스가 그것을 풀어보니, 그 안에는 중급 양모 60자루가 들어 있는데 양모가 너무 빽빽하다고 합니다. 그래서 저는 윌리엄 스미스에게 은밀히 부탁하여 8번 사플러를 열어보게 한바, 상급 양모가 들어 있다 하기에, 그것을 24번 사플러의 양모와 바꾸도록 했습니다. 그런 다음 그와 같은 품질의 사플러가 몇 개 있는지, 그 번호는 몇 번인지 확인했습니다. 이제 포장을 다시 해야 합니다"(1487년 9월 12일). *Ibid.*, p. 160. "귀하의 양모는 제가 마지막에 다시 꾸린 사플러로 검사를 받았습니다. 운운. 그리고 오늘 법정에서 귀하는 이번 의회 회기에 지정거래소 조합장을 보조하는 28인에 선출·임명되셨습니다." *Ibid.*, p. 162.
56. Gower, *op. cit.*, p. 281.

57. *Cely Papers*, pp. xii, xxiv～xxv.

58. *Stonor Letters*, II, pp. 62～63. 또 *Cely Papers*, pp. 1, 10, 13 참조.

59. *Stonor Letters*, II, p. 4.

60. Chaucer, *Canterbury Tales*(*Shipman's Tale*), LL, 1243～1246.

61. *Stonor Letters*, II, p. 48.

62. *Cely Papers*, p. xxiii.

63. *Lybelle of Englyssbe Polycye* in *loc. cit.*, pp. 179～81.

64. 몰던 씨의 『셀리 문서』 서문 자체는 훌륭하지만, 그가 App. II, pp. lii～iii에서 싱손 시장(市長)을 성 요한 축일에 안트베르펜에 서던 특별 시장에, 바뮈스 시장을 〔벨기에 동부 리에주의〕 성(聖) 레미(바뮈스는 레미를 지칭하는 플랑드르어이다)에서 8월 8일에 서던 시장에, 그리고 한랭기 시장을 〔플랑드르 서부〕 토르하우트 근처의 코르테마르크 시장에 한정시키려고 한 것은 잘못이라고 본다. 각 시장의 명칭은 대부분의 상업 중심지에서 시장이 열리는 계절을 지칭할 따름이다. 물론 어떤 곳에서는 겨울 시장이, 다른 곳에서는 봄이나 여름, 또는 가을의 시장이 다른 시장보다 중요했을 것이다. 그 명칭이 장소가 아니라 계절을 가리킨다는 사실은 요크의 모험상인들과 관련된 서한과 규정에 명백하게 나타난다. *The York Mercers and Merchant Adventurers*, 1356-1917, ed. M. Sellers (Surtees Soc., 1918), pp. 117, 121～25, 160, 170～71 참조. 셀러스 여사가 주(*Ibid.*, p. 122)에서 인용한 W. 커닝엄의 글도 참조. "고대 켈트족의 시장은……광범위하게 퍼져 있던 원시적인 제도로, 계절의 변화에 따라 정기적으로 열렸던 것으로 보인다." *Scottish Hist. Review*, xiii, p. 168. 예컨대 1509년의 기록("브라반트의 바로우에서 지난번에 열린 한랭기 시장에서는," *loc. cit*. p. 121)은 한랭기 시장이 코르테마르크에서 열린 시장이라는 주장을 정면으로 부정하는 것이다. 또한 다른 문서는 "여러 한랭기 시장"과 "여러 싱손 시장"으로 물건을 선적하려는 상인들에 대해 언급하고 있다. 시장이 복수로 표현되어 있다. *Ibid.*, p. 123. 게다가 바뮈스 시장을 8월 8일에 성(聖) 레미에서 열리는 시장과 동일시하려는 것도 같은 문서(1510～1511)에 의해 부정된다. "우리는 이번 시장에서……여러분이 다음 바뮈스 시장에 물품을 자유롭게 선적할 수 있게 허가했습니다. 그렇지만……우리의 이 편지를 받는 대로……여러분이 모여서 그 문제를 잘 협의해보시기 바랍니다. ……우리는 여러분이 중지를 모아 다음 바뮈스 시장에 물품을 출하하는 일을 신중하게 취소하시는 것이 좋으리라고 생각합니다.……8월 17일, 안트베르펜에서 씀." *Ibid.*, p. 124. 바뮈스 시장은 분명히 가을에 열리는 시장이었다. 몰던 씨가 밤스(Balms 또는 Bammys,

Bammes)를 성(聖) 레미를 가리키는 플랑드르어 바뮈스와 동일시한 것은 물론 옳다. 그러나 성(聖) 레미의 날은 10월 28일이고, 바뮈스 시장은 8월 8일에 서는 장이 아니라, 성(聖) 레미의 날을 전후하여 열리는 장이었다. 1552년의 또 다른 문서는 세 곳의 시장에 화물을 실어 나르는 일에 대한 흥미로운 정보를 제공해준다. "최초로 선적할 화물은 바뮈스 시장에 가는 것으로, 그 마감일은 다가오는 3월의 마지막 날로 정해졌습니다. 싱손 시장으로 보내도록 지정된 두 번째 화물의 선적 마감일은 다가오는 6월 말일입니다. 그리고 한랭기 시장으로 향하는 화물의 선적은 11월 말일까지 마쳐야 합니다." *Ibid.*, p. 147. 간혹 모험상인들은 가장 중요한 한랭기 시장과 싱손 시장에 다른 상인들이 참가하지 못하게 방해했다.

65. *Cely Papers*, p. xl, and *passim*.
66. *Ibid.*, p. 74. 리처드 셀리 2세는 조지에게 편지를 썼다. "네가 근사한 매를 입수했다는 소식을 들었다. 너와 내가 사냥을 즐기는 데 큰 도움이 될 것이라 생각하니 무척 기쁘다. 네가 어떤 배로 그 매를 보낼 것인지 알려주면, 도버에서 인수하여 네가 올 때까지 잘 돌봐주겠다. 그런데 너의 암캐에게 불행한 일이 닥쳤다. 훌륭한 새끼 14마리를 낳았지만, 산후에 아무것도 먹지 않더니 죽고 말았고 새끼들도 따라 죽었다. 그렇지만 네가 돌아오기 전까지 그놈만큼 좋은 개를 사둘 테니 너무 상심하지 말았으면 좋겠다." *Ibid.*, p. 74.
67. *Ibid.*, p. xlix.
68. *Ibid.*, App. I., pp. xlix～lii은 당시의 화폐에 대한 대단히 흥미로운 주석으로 서한집에 언급된 모든 화폐를 다루고 있다.
69. *Ibid.*, p. 159.
70. *Ibid.*, p. 161.
71. *Stonor Letters*, II, p. 43. 엘리자베스 스토너 부인도 남편에게 보낸 편지를 다음과 같이 맺고 있다. "이만 잠자리에 들어야겠어요. 성모 영보 축일 다음날 아침, 스토너에서 씀." *Ibid.*, p. 77.
72. Chaucer, *Canterbury Tales*(*Shipman's Tale*), LL, 1265～1278, in *Works* (Globe Ed., 1903), p. 80.
73. 그의 유언은 서머싯 하우스(정리번호 P. C. C. 24 Logge)에 있다. *Stonor Letters*, I, pp. xxviii～xxix를 보면 그 유언의 내용이 무엇인지, 또 스토너 가와 결별한 이후 벳슨이 어떻게 생활했는지 알 수 있다.
74. 그들은 ①존 베이컨, 시민, 양모상인, 아내 조앤(1437년 사망) ②토머스 길버트, 런던의 시민, 직물상, 칼레의 지정거래소 상인(1483년 사망), 아내 애그니스

(1489년 사망) ③크리스토퍼 로슨, 런던의 포목상, 칼레의 지정거래소 상인, 1566년 포목상조합의 부감독(1518년 사망), 그의 두 아내이다. 토머스 벳슨은 물론 길버트나 로슨과도 친했을 것이다.

6장 코그셜의 토머스 페이콕

A. 자료

1. 다음과 같은 자료가 이 장에 사용되었다. ① 하원의원 노엘 벅스턴이 1924년에 국민에게 공개한 페이콕의 집. 이 집은 현재 에식스 주 코그셜의 웨스트 스트리트에 있다. ② 코그셜 교구의 성 베드로 아드 빈쿨라 교회 북쪽 측랑에 있는 페이콕 가의 기념비. ③ 존 페이콕(1505년 사망), 토머스 페이콕(1518년 사망), 토머스 페이콕(1580년 사망)의 유언. 이것들은 현재 서머싯 하우스에 보관되어 있다(각각의 정리번호는 P. C. C. Adeane 5, Ayloffe 14, Arundell 50이다). 1518년에 사망한 토머스의 유언은 아래에 인용된 보몬트 씨의 저서에 실려 있다. 나머지 두 명의 유언은 내가 *The Paycockes of Coggeshall* (1920)에서 상세히 검토한 바 있다. 그 책은 페이콕 가의 역사와 그 고택을 자세히 다루고 있다. G. F. Beaumont, *Paycocke's House, Coggeshall, with some Notes on the Families of Paycocke and Buxton* (reprinted from Trans. Essex Archæl. Soc., IX, pt. V)과 같은 저자의 *History of Coggeshall* (1890)도 참조하라. *Country Life* (June 30, 1923), vol. LIII, pp. 920～26에는 그 고택을 아름다운 사진과 함께 설명한 논문이 게재되어 있다.
2. *The Pleasant History of John Winchcomb, in his younger days called Jack of Newbery, the famous and worthy Clothier of England*와 *Thomas of Reading, or the Six Worthy Yeomen of the West*, in *The Works of Thomas Deloney*, ed. F. O. Mann (1912), nos. II and V는 직물업자에 대한 예찬이다. 전자는 1597년에 초간이 나왔고, 후자는 그 직후에 간행되었다. 두 책 모두 1600년까지 여러 차례 간행되었다.
3. 직물업 전반에 대해서는 다음의 저서를 참조하라. G. Morris and L. Wood, *The Golden Fleece* (1922); E. Lipson, *The Woollen Industry* (1921); W. J. Ashley, *Introd. to English Economic History* (1909 edit.). 이스트앵글리아의 모직물공업에 대해서는 특히 *Victoria County Histories*의 에식스와 서퍽 편을 보라. B. McClenaghan, *The Springs of Lavenham* (Harrison,

Ipswich, 1924)은 유명한 직물업자의 가문을 매력적으로 설명한 책이다.

B. 본문의 주

1. *Deloney's Works*, ed. F. O. Mann, p. 213.
2. Thomas Fuller, *The Worthies of England* (1622), p. 318.
3. W. Macklin, *Monumental Brasses* (1913)는 기념비 연구에 대한 편리한 입문서로, 각 주별로 잉글랜드에 남아 있는 모든 기념비의 목록과 사진을 싣고 있는 책이다. H. Druitt, *Costume on Brasses* (1906)도 참조하라. 이 책들은 초기의 유명한 기념비 연구자들(Weaver, Holman, and A. J. Dunkin)에 대한 구체적인 정보도 제공해준다.
4. *Testamenta Eboracensia, a selection of wills from the Registry at York*, ed. James Raine, 6 vols. (Surtees Soc., 1836～1902). 서티스 협회는 그 밖에도 더럼을 비롯한 북부 여러 주의 유언집을 몇 가지 발간했다. 지금까지 막대한 수의 유언장이 인쇄되거나 요약되었는데, 그 예는 다음과 같다. *Wills and Inventories from the Registers of Bury St Edmunds*, ed. S. Tymms (Camden Soc., 1850); *Calendar of Wills Proved and Enrolled in the Court of Hastings, London*, ed. R. R. Sharpe, 2 vols.(1889); *The Fifty Earliest English Wills in the Court of Probate, London*, ed. F. J. Furnivall (E. E. T. S., 1882); *Lincoln Wills*, ed. C. W. Foster (Lincoln Record Soc., 1914); *Somerset Medieval Wills*, 1383-1558, ed. F. W. Weaver, 3 vols. (Somerset Record Soc., 1901～1905).
5. 1580년에 사망한 또 다른 '직물업자' 토머스 페이콕의 유언도 가업에 대해 언급하고 있다. 그는 20실링을 "직공 윌리엄 지온"에게 유산으로 남겼다. 또한 "잉글랜드의 법화 7파운드 10실링을 전술한 코그셜의 일용직 축융공 가운데 가장 가난한 사람 30명에게 나누어줄 것. 따라서 각 사람의 몫은 5실링이 된다"라고 유언했다. 윌리엄 지온 또는 기욘은 1592년에 세례를 받고 1664년에 사망한 부유한 직물업자 토머스 기욘의 친척이었다. 그는 무역으로 10만 파운드의 재산을 모았다고 한다. 토머스 페이콕의 사위 토머스 틸 역시 직물업자 집안에서 태어났다. 코그셜 직물업자들이 1577년에 발간한 전년도 양모구입증명서에는 토머스 틸, 윌리엄 지온, 존 굿데이(이 장의 주인공인 토머스 페이콕은 그 가족에게 유산을 남겼다), 로버트 리덜런드(조카 토머스의 유언에 의해 적지 않은 유산을 받았다), 로버트 제곤(교회 근처에 집을 가지고 있다고 유언 중에 잠시 언급되고 있다. 이름이 같은 노리치의 주교의 아버지이다) 등의 이름이 보인다. Power, *The*

Paycockes of Coggeshall, pp. 33～34를 보라.

6. Lipson, *Introd. to the Econ. Hist. of England* (1905), I, p. 421에서 재인용.
7. *Ibid.*, p. 417에서 재인용.
8. 존 윈치콤에 관해서는 Power, *op. cit.*, pp. 17～18과 Lipson, *op. cit.*, p. 419 참조.
9. Deloney's Works, ed. F. C. Mann, pp. 20～21.
10. *Ibid.*, p. 22.
11. C. L. Powell, *Eng. Domestic Relations*, 1487-1563 (1917), p. 27에서 재인용.
12. 이 집은 그 후 또 다른 직물업자 집안인 벅스턴 가로 넘어갔는데, 언제인지는 확실치 않다. 벅스턴 가는 1537년 이전에 페이콕 가와 통혼했다. 윌리엄 벅스턴(1625년 사망)은 "코그셜의 직물업자"를 자칭하면서 "자기의 모든 직기"를 아들 토머스에게 물려주었다. 부친이 사망할 당시 17세였던 토머스는 1647년까지 살았고, 직물업자로 활약했다. 그 가옥은 아마 그의 소유였을 것이다. 토머스나 그의 부친이 그 집을 존 페이콕의 유언집행인으로부터 구입했을 것으로 추정된다. 그는 집을 직물업자인 아들 토머스(1713년 사망)에게 넘겼고, 토머스는 그것을 역시 직물업자인 아들 아이잭(1732년 사망)에게 상속했다. 아이잭의 장남과 차남도 직물업에 종사했으나, 부친이 세상을 떠나자 가업에서 손을 뗐다. 그는 죽기 전에 셋째 아들인 존을 차가인(借家人)으로 그 집에 살게 했던 것으로 보이며, 존은 1740년까지 그 집에 살고 있었다. 그러나 아이잭은 1732년에 그 집을 막내아들 새뮤얼에게 물려주라는 유언을 남겼다. 새뮤얼은 1737년에 사망할 때, 그 집을 아이잭의 넷째 아들이자 자신의 형인 찰스에게 넘겼다. 찰스는 기름상인으로 대부분의 시간을 런던에서 보냈기 때문에, 그 집에 살지는 않았다. 하지만 그도 선조들과 함께 코그셜 교회에 묻혔다. 1746년에 그는 이 집을 로버트 러드게이터에게 매각함으로써 이 집과 페이콕-벅스턴 가의 인연은 끝났다. 그 후 이 집은 모진 세월의 풍파를 겪다가, 급기야 두 채의 작은 집으로 나뉘고 아름다운 천장에는 회반죽이 덕지덕지 칠해졌다. 하마터면 무너질 뻔한 그 집을 노엘 벅스턴 씨가 매입하여 지금과 같은 훌륭한 상태로 복원시켰다. 그는 이 집을 처분했던 찰스 벅스턴의 직계후손이다. Power, *op. cit.*, pp. 38～40을 참조하라.
13. *Deloney's Works*, ed. F. O. Mann, p. 213.
14. Defoe, *Tour through Great Britain*, 1724 (1769 edit.), pp. 144～46.
15. "이 주는 가장 비옥하고 풍요로우며 유익한 산물이 가득하다. (내가 아는 한) 이

곳보다 산물이 풍부한 곳은 없다. 물론 혹자는 서퍽을 더 높이 평가하기도 한다 (나는 그곳에 대해서는 잘 알지 못한다). 그래서 이 주는 잉글랜드의 낙토(Goshen)로 불려야 마땅하다고 생각한다. 이곳은 젖과 꿀이 흐르는 팔레스타인의 가나안에 견줄 수 있는 대단히 기름진 땅이다." Norden, *Description of Essex* (1594), (Camden Soc.), p. 7.

16. 리크는 1577년경에 다음과 같이 말하고 있다. "1528년경에 실톳대가 달린 직기를 이용하여 처음으로 코그셜의 옷감을 만들 수 있게 되었다.……코그셜의 옷감을 만드는 법은 본비세라는 이탈리아인이 처음으로 전수해주었다." *V. C. H. Essex*, II, p. 382에서 재인용.

그림설명

그림 1. 일하는 보도

영국박물관이 소장하고 있는 11세기 앵글로색슨인의 달력(MS. Tit., B. V., pt. I)에서 선별한 것이다. 이 달력은 각 달에 보도 또는 그의 영주가 무슨 일을 했는지 보여준다. 여기에 실은 것은 1월(소를 이용한 쟁기질), 3월(폭풍우 속에서의 밭갈이), 8월(수확), 12월(탈곡과 선별)이다. 나머지 그림은 2월(나뭇가지 치기), 4월(영주의 축연), 5월(양치기), 6월(풀베기), 7월(벌목), 9월(영주의 멧돼지 사냥), 10월(영주의 매사냥), 11월(불꽃놀이)을 재현한 것이다.

그림 2. 마르코 폴로 일행이 베네치아를 출항하는 광경

마르코 폴로의 책의 호화판 사본에 나오는 그림이다. 이 책은 15세기 초에 쓰였으며, 현재 옥스퍼드 대학 보들리 도서관에 보존되어 있다(MS. no. 264, f. 218). 중세 베네치아의 멋진 광경을 잘 묘사하고 있다. 왼쪽에는 광장이 있고, 마르코 폴로 일행이 승선하기 위해 나룻배에 타고 있다. 전경에는 그들이 통과한 진기한 나라들이 묘사되어 있다(이는 동일 화면에 이야기의 몇 가지 장면을 동시에 담아내는 중세회화의 양식에 따른 것이다). 베네치아의 무역선에 주목하라.

그림 3. 자오멍푸의 산수도권의 부분

이 절경은 1309년에 자오멍푸가 당조(A.D. 699～759)의 시인이자 화가였던 왕웨이(王維)의 화풍을 본받아 그린 두루마리 그림의 부분이다. 로렌스 비니언 씨는 이 그림을 멋지게 해설하고 있다. "대영박물관의 소장품 중에는 5미터가 넘는 길이의 두루마리 그림이 한 점 있는데, 예의 붉은 색이 감도는 갈색 비단에 거

의 청색과 녹색만 써서 그린 것이다.……그것은 새로운 풍경이 차례로 전개되는 일련의 산수화이다. 이런 두루마리 그림은 전체를 펼쳐놓고 한꺼번에 감상하는 것이 아니라, 천천히 그림을 펴는 동시에 이미 본 부분을 말아가며 한번에 조금씩 음미해야 한다. 두루마리의 어느 부분을 펴도 구도가 조화를 유지하고 있다는 점을 깨닫는 데는 특별한 감식안이 필요치 않다. 두루마리를 펼치면 즐거운 나라를 여행하는 듯한 감동을 맛볼 수 있다. 전경에는 강이 푸르른 야산과 잔디밭 사이를 혹은 좁아지고 혹은 넓어지며 굽이쳐 흐르고, 군데군데 작은 나무다리가 걸려 있다. 청금석과 비취처럼 파랗게 빛나는 기암괴석을 타고 소나무 사이로 흘러내리는 급류가 그 강에 물을 댄다. 우뚝 솟은 산봉우리 밑에는 수목이 울창한 계곡이 있고, 사슴 몇 마리가 뛰노는 작은 숲, 담으로 둘러싸인 정원, 우아한 대나무숲, 멀리 떨어진 한적한 마을의 초가지붕이 눈에 들어온다. 강가 곳곳에 마련된 정자에는 시인과 현자가 앉아서 주변의 아름다운 경치를 바라보고 있다. 하지만 이 즐겁고 낭만적인 광경은 어부들이 탄 작은 배가 파도에 심하게 흔들리고 있는 곳과 강어귀 부근의 갈대밭에서 갑자기 끝난다. 이 그림에는 지상의 환희를 거쳐 무한의 관조로 나아가는 영혼의 여정을 표현하려는 화가의 철인적인 태도가 담겨 있다." Laurence Binyon, *Painting in the Far East* (1908), pp. 75~76. 본서에 실린 두루마리의 부분은 S. W. Bushell, *Chinese Art* (1910), II, Fig. 127에도 전재된 바 있다. 저자는 이 그림에 대해 다음과 같이 서술하고 있다. "호수 위의 섬에는 정자가 있고, 한 방문객이 배를 타고 그곳으로 향하고 있다. 또 다른 배에 탄 어부는 예망(曳網)을 끌어당기고 있다. 멀리 보이는 산, 하단에 보이는 소나무가 우거진 언덕, 그 맞은편의 버드나무숲, 그리고 강바람에 흔들리는 갈대가 정겹게 묘사되어 있고, 이런 풍경들이 교묘하게 어우러져 한 폭의 독특한 그림을 만들어내고 있다. *Ibid*., II, p. 134. 같은 산수도권의 다른 부분이 H. A. Giles, *Introd. to the Hist. of Chinese Pictorial Art* (2nd ed., 1918), facing p. 56과, L. Binyon, *op. cit*., plate III(facing p. 66)에 게재되어 있다. 이 그림을 마르코 폴로가 베네치아를 떠나는 광경을 묘사한 약 한 세기 뒤의 그림과 비교해보는 것도 대단히 흥미롭다. 전자가 고도로 발달한 문명의 소산이라면, 후자는 소박하고 다소 유치한 문명의 산물이다.

그림 4. 마담 에글렌타인의 일상생활

이 그림은 라생트 수도원의 훌륭한 사본에서 뽑은 것으로, 현재 영국박물관에 소장되어 있다(MS. Add. 39843, f. 6 v0). 그림 상단에는 사제가 두 명의 복사(服事)와 함께 미사를 준비하고 있다. 그 뒤에는 수녀원 사제와 성물(聖物) 담당자를 대동한 수녀원장이 직권을 상징하는 지팡이와 책을 들고 있다. 종을 치고 있는 사람이 성물 담당자이다. 그 뒤에는 4명의 수녀가 서 있는데, 열쇠를 들고 있는 수녀는 식료품 담당이다. 그 위쪽에 있는 수녀원 숙소의 창에도 수녀들의 모습이 보인다. 하단에는 사제와 복사와 수녀가 성가대석을 지나고 있다. 맨 앞에 선 젊은 수녀들(아마도 견습수녀들)이 들고 있는 큰 양초와 노래책의 악보를 눈여겨보라.

그림 5. 가든파티를 열고 있는 메나지에의 아내

이 아름다운 광경은 15세기에 출판된 *Roman de la Rose* (Harl. MS. 4425)의 사본에 나오는 것이다. 이것은 영국박물관의 가장 중요한 보물 가운데 하나이다.

그림 6. 남편이 써준 책을 보며 저녁을 준비하고 있는 메나지에의 아내

이 그림은 기야르 데 물랭이 프랑스어로 쓴 산문체의 성서 이야기 *petite bible historiale* 의 사본(영국박물관 소장, MS, Royal, 15 D. I, f. 18)에서 뽑은 것이다. 이 사본에 수록된 그림은 잉글랜드 왕 에드워드 4세의 명에 의해 J. 뒤 리라는 사람이 브루게에서 그린 것으로, 메나지에가 책을 쓴 지 약 80년이 지난 1470년에 완성되었다. 이것은 토비아스의 이야기에 나오는 한 장면을 묘사한 것이다. 눈먼 토비트(토비아스의 아버지)는 병이 들어 침대에 누워 있고, 그의 아내 안나는 책과 하녀의 도움을 받아 불 옆에서 요리를 하고 있다. 여기에 실리지 않은 이 그림의 오른쪽 절반은 집의 외관과, 천사 라파엘을 데리고 오는 토비아스를 묘사하고 있다. 이 그림의 원판이 게재된 페이지의 여백은 에드워드 4세의 문장(紋章)과 가터 훈장, 왕관으로 둘러싸여 있다.

그림 7. 토머스 벳슨 시대의 칼레

1545년 당시 칼레의 모습을 보여주는 이 그림은 영국박물관이 소장한 토머스 페티트의 'Platt of the Lowe Countrye att Calleys'(Cott. MS. Aug. I, vol. II, no. 70)에서 따온 것으로, 페티트는 헨리 8세가 즉위한 지 37년째 되던 해의 10월에 이 항구도시의 전경을 화폭에 담았다. 비록 이 책에는 지면 관계상 그림의 상부밖에 수록하지 못했지만, 작은 마을과 해협을 통과하는 커다란 선박이 묘사

된 그림의 전체 구도는 대단히 매력적이다.

그림 8. 코그셜에 있는 토머스 페이콕의 집
이 사진은 도로에 접한 페이콕의 집 정면을 촬영한 것이다. 돌출된 2층을 지탱하고 있는 기다란 대들보가 눈길을 끈다. 왼쪽에는 양쪽에서 여닫을 수 있는 아치형의 대문이 있고, 그 틀에는 아마포가 드리워져 있다(실제보다 훨씬 작아 보인다). 현재의 창문은 원래의 설계를 바탕으로 수리한 것이지만, 내리닫이 창틀은 18세기에 설치된 것이다.

찾아보기

ㄱ·ㄴ

가스코뉴 208
가워(Gower) 172, 203, 265
개 39, 121, 122, 123, 141, 163, 208, 222
결혼식 피로연 157, 235
경건왕 루이(the Pious Louis) 36
경화(硬貨)의 품질과 환율 209
고려 61
고비 사막 70
고에스(Goës, Benedict) 69
골콘다 53
관다오성(管道昇) 77
광저우(廣州) 92
교황 49, 51, 63, 66, 67, 68, 71, 93, 125, 258
교회: ―내의 기념비, 기념비를 보라; ―에 대한 유산 기증 213, 239; 통속성에 대한 ―의 비판 99; 평의회 247
구시과(九時課) 106
굿데이(Goodday) 가(家) 227, 237, 270
그랜저(Graunger, Thomas) 198, 202
그레고리우스 10세 68
그레벌(Grevel, William) 171, 264
그레베 광장 157
그루지야 62
그리셀다(Griselda) 136, 141～44, 164, 165
그리스 27
글로스터셔 190
금장한국(金帳汗國, 킵차크한국) 62, 63
금화(Guelder, guilder, gulden) 171, 209, 210, 또 주화를 보라
기념비 171, 172, 191, 213, 222, 223, 224, 225, 227, 236, 264
길드: ―의 규제 217, 회사/조합을 보라; 베네치아의 행진 55, 56
끝기도(Compline) 106, 109
나일 강 48
네덜란드 170, 171, 200, 206, 208, 209, 216
네스토리우스파 63, 255
노르만족 219
노리치(Norwich) 219, 270
노샘프턴(Northampton) 126, 197
노슬리치(Northleach) 171～72, 190～93, 223
『농부 피어스』 84, 112, 241
뉴버리(Newbury) 229; ―의 잭(존 윈치콤) 215, 230, 231

『뉴버리의 잭의 유쾌한 역사』(*Pleasant History of Jack of Newbury*) 230~31
뉴어크(Newark) 193, 265
뉴하이스 174, 196, 198
니코바(Nicobar) 89

‖ ㄷ·ㄹ ‖

다뉴브 강 62
다르다넬스 해협 48
다마간 254
단돌로(Dandolo, Enrico, 베네치아의 총독) 50
달마치야 41, 42
대니얼(Danyell, John) 198
『대화』(*Colloquium*) 247
덜로니(Deloney, Thomas) 216, 228, 230, 231, 234, 236, 238
덜롭스(Delowppys, John) 210
데덤 218
데스터머(Destermer, John) 192
데카손(Decasonn, Benynge) 210
데푸예(Defuye, Gabriel) 210
도나타(Donata) 87, 또 폴로를 보라
도리아(Doria, Lamba) 84
도미니크회 수도사 68, 88, 259
독일/독일인 48, 52
돈 강 253
돌먼(Dolman, Thomas) 229
돌턴(Dalton, William) 197, 203
『둠즈데이 북』 19
디포(Defoe) 216, 238
라니의 수도원장 157
라무시오(Ramusio) 81, 85, 255
라오스 89
라이아초 68
라주놀(Ragenold) 25
램즈보텀(Ramsbotham, Elizabeth) 176
랭런드(Langland) 29, 165, 241
러드게이터(Ludgater, Robert) 271
러셀(Russell, Richard) 191
러시아 51, 62, 70, 81
런던 124, 171, 173, 174, 175, 180, 181, 184, 187, 190, 192, 194, 196, 197, 198, 200, 202, 210, 212, 213, 222, 235
럼니(그리스 포도주) 182
럼지 수도원 123
레딩의 토머스(Thomas of Reading) 215
레반트 48, 51, 52, 53, 60
레이너(Reyner, John) 241
레이널드(Raynold, John) 211
레인엄 196, 197, 198
로더하이스 196
로마 31, 116, 138, 219
로마 제국 51, 57
로마의 별장 219
로킹턴(Lokyngton, John) 197
로프노르 70
롤링턴(Lollington, John) 190, 198
롬바르디아 44
롬바르디아 거리 210
롬바르디아인 52, 194, 206, 211, 265
루마니아 52
루뱅 207
루스티차노(Rusticiano) 85, 86, 255
루앙 44
루카 207
르노 드 루앙(Renault de Louens) 136, 260
리그마든(Rigmarden, John) 176
리든홀 196
리알토(Rialto) 53, 72, 84, 252
리치(Riche): 앤— 181; 엘리자베스— 174, 또 엘리자베스 스토너를 보라; 제

인— 187~89; 캐서린— 175~86, 196, 212, 213
린(Lynn) 223, 226, 223
린드우드(Lyndwood 또는 Lyndewode): 윌리엄— 176; 존— 264
린우드 172, 264
린즈(Lyndys, William) 197
린즈헤이 191
링컨 103, 121, 257

|| ㅁ·ㅂ ||

마다가스카르 53, 92
마르그리트 당굴렘(Marguerite d'Angoulém) 261
마르모라 해 51
마리뇰리(Marignolli, John) 93
마리아노 팔리에로 궁전 83
마크 레인 196, 212
마크셜 240
만시, 만지를 보라
만주 61
만지 60
말라바르 53, 60, 73
망스(manse) 20, 22, 25, 27, 45, 248
맨(Mann, John) 242
메나지에 드 파리 4장 여기저기, 177, 259: 남편에 대한 의무에 대해서 135, 138, 140~48, 164~65; 농장 관리에 대해서 137; 대금결제에 대해서 261; 아내의 재혼에 대해서 134, 157; 예의범절에 대해서 135, 139~41, 160; 오락에 대해서 138, 163, 261; 요리에 대해서 137, 154~60, 259; 의복과 이불에 대해서 134, 136, 139, 153, 154, 164, 262; 하인 다루기에 대해서 137, 139, 147~153, 158~65; 해충(이/모기/파리)의 박멸에 대해서 154
메드웨이 196, 199
메이드스톤 196, 197, 199
메헬렌 170
『멜리베우스와 프루던스』(*Melibeus and Prudence*) 136, 260
모레(More, Lewis) 211
모레타(Moreta.) 87, 또 폴로를 보라
모술(Mosul) 69
모직물 6장 여기저기, 269; —상인, 상인, 페이콕, 지정거래소를 보라; —업의 자본주의화 233; —을 제조하는 곳 170~71, 218, 219; —종사자 167, 228; 잉글랜드—제조업의 성장 169~72; —제조공정 216, 217, 228, 233; 코그셜 화이트 245
모험상인(Merchant Adventurers) 169, 267
몰던 239
몽골 61, 70, 73, 74, 89, 251
몽골인 74, 79
몽케(원의 칸) 62
몽포르(Montfort, Simon de) 100
묑(Meung, Jean de) 136
무슬림 51, 62
무역, 상인을 보라
미델뷔르흐(Middelburg) 200
미드윈터(Midwinter, William) 191, 192
미사 34, 36, 51, 94, 107, 134, 135, 160, 238, 239, 243, 244, 275
미신 33~33, 또 주문(呪文)을 보라
밀턴 196
밀홀 196
바그다드 53, 69
바다흐샨 53, 69, 89
바르디(Bardi)가(家) 93
바서(Base, Jacob van de) 210

바스의 여인(Wife of Bath) 112, 116~17, 127, 142, 164, 216
바쿠 69
바턴(Barton, John, of Holme) 193, 265
발크 69
밤스(Balms) 시장(市場) 207, 267
배/선박 190, 196, 197, 198~202, 266; —의 이름 190, 197~202; 선장 197, 198, 199
백년전쟁 18, 220
밸러드(Ballard): 제인— 131; 제임스— 131
버마 72, 89
벅스턴(Buxton): 노엘 벅스턴 269; 찰스, 아이잭, 새뮤얼, 토머스, 윌리엄 271
법정기록 29
베긴회의 아그네스 수녀 148, 150, 151, 160, 163, 164
베네치아: —에 관한 근대의 연구서 251; —에 대한 교황의 파문 51; —에 대한 카시오도루스의 기술 48; —의 기록 86; 제노바와의 경쟁 51, 83~85; —의 무역 44, 48~54, 60, 92, 204, 252; —의 양모상인 204; —의 역사 47~58, 64, 252; —의 총독 50, 54~57, 83; —인 47~55, 55~61, 64, 67, 82~86, 92, 93, 204, 251~52; 길드의 행진 55, 56, 61, 64; 바다와의 혼인 48~50; 폴로의 귀환 67, 81; 항저우의 —상인 92, 93
베비스(Bevice) 부인 186
베이즈와 세이즈(Bays and Says) 245
베이징: —에 대한 오도리코 데 포르데노네의 기술 92; —에 파견된 교황의 사절 93; —에 파견된 일한국의 사신 61, 73, 79, 93; —의 대주교 92; 타타르인의 근거지 62. 또 캄발루크와 폴로를 보라
베이컨(Bacon, Francis) 168
베일(Bale): 피터— 194; 윌킨— 194
벨렐라(Bellela) 87, 또 폴로를 보라
벳슨(Betson): 아그네스, 앨리스, 엘리자베스, 존, 토머스(2세) 212; 캐서린 벳슨, 캐서린 리치를 보라
벳슨(Betson, Thomas) 5장 여기저기 225; —의 와병 186~89; —의 유언 187, 213, 268; —의 자식 212; —의 죽음 213; —의 편지 177~87, 263; 어상조합의 회원 213; 윌리엄 스토너 경과의 사업적 제휴 174, 191
보도(Bodo) 1장 여기저기, 17~45, 247~48, 273
보르도 199, 266
보킹 218
볼가나(Bolgana, 일한국 칸의 아내) 79
부르고뉴 공(公) 156, 209
부시(Busshe, John) 191
부하라 65, 66
부활절 시장(Pask mart) 207
불링거(Bullinger, Henry) 235
붓다 75
브라반트 206, 209
브라운치(Braunch, Robert) 223
브라이틀링 시 196
브래드웰 196
브레네르 고개 48
브레시아(Brescia, Albertano de) 136
브로드웨이의 화이트(Whyte of Broadway) 191
브루게(Brugge) 168, 170, 204, 205, 207, 251, 275
브루스(Brews, Margery) 175
브뤼앙(Bruyant, Jean) 136
브르타뉴 199, 208
브리그스(Briggs, Henry) 241

브리지(Bridge, John) 177
브리턴(Breten, Will) 192
브링클리(Brinkley) 188
블레이키(Blakey, Sir Roger) 176
비야리스 24, 27
비잔티움 51, 52, 또 콘스탄티노플을 보라
비첨의 성폴 교회 241
『빈곤과 부유의 길』 136
빌름 반 뢰스브루크(Willem van Ruysbroeck) 63, 68
빌리쿠스 24, 집사를 보라

‖ ㅅ ‖

사마르칸트 64
산리(Sanly, Peter) 210
산시(山西) 72, 77
산시(陝西) 60, 72
산업혁명 168, 217, 238
삼시과(三時課) 106
상관(商館) 51, 93
상두(上都) 73
상원 167, 168
상인: —에 의한 도로 보수 240~41; 베네치아—, —의 무역을 보라; 상표 222, 223, 225, 226, 227; 스페인— 210; 아라비아— 60; 이탈리아— 210; 인도— 60; 잉글랜드—, 벳슨, 조합, 모험상인, 페이콕, 지정거래소를 보라; 중국— 58, 60, 74, 94
샌드위치 200, 266
생골의 수도사 37, 39, 247, 249, 250
생드니: —수도원 43; —의 시장 44
생제르맹 데 프레 수도원 18~25, 31, 247
생제르맹 데 프레 수도원 원장 이르미농(Irminon)의 토지대장 18~28, 29, 31, 247
샤를마뉴(Charlemagne) 19, 23~28, 30, 34~43, 45, 247, 250, 252
샤틀레(Chêtelet) 136
서드버리(Sudbury) 219, 239
서머싯 하우스 212, 219, 223, 268
서퍽(Suffolk) 196, 218, 226, 269, 272
성(聖) 레미(Saint Remy) 207, 267
성 루이(St. Louis) 63
성 베네딕트 69, 108, 109
성 소피아 성당 51
성 아우구스티누스 248
성 이디스(St. Edith) 249
성 휴(St. Hugh)의 이야기 127
성모 마리아 수녀원(윈체스터)의 원장 115
세비야의 콜럼버스 도서관 256
세일비(Saleby, Grace de) 176
『셀리 문서』 174, 175, 199, 208, 209, 263, 265, 267
셀리(Cely): 양모상인 일가 191~208 여기저기; 리처드— 174, 191, 192, 193, 199; 윌리엄— 175, 193, 199, 210; 조지— 174, 191, 192, 193, 199, 208
셰일퍼드(Shalford) 218
셴(Chesne, Jean du) 157
소(小)영지(fisc) 19
소디베일(Sordyvale, William) 197
『소라브와 루스툼』(Sohrab and Rustum) 65
소크라테스 131
솔다이아 63, 64
송(宋) 왕조 58, 77, 80
수녀 3장 여기저기, 275; —의 복장 117, 118, 120; —의 성무일도 105~06; —의 식사 106; —의 애완동물 122, 123; —의 오락 117; —의 일 106; —의 지참금 104~05; 속세와의 접촉 124~27; —의 침묵 107; 주교에게 털어놓은

—의 불만 101~05, 114, 124. 또 에글렌타인, 수녀원, 수녀원장을 보라
『수녀들의 거울』(*Myroure of Our Ladye*) 111
수녀원 3장 여기저기, 180, 257; —관리 113~17; —내의 애완동물 122, 123; —내의 여학생 106, 124; —내의 유행 117, 118, 120; —내의 침묵 107; —연구를 위한 사료 257; —연구에 요긴한 초서의 자료 99; —의 유료 기숙인 116, 122; —의 해산 103, 125; 스테인필드의— 109; 시온— 111; 월턴— 249; 유언에 언급된— 224; 작은 수녀회 180; 주교의 —방문 101~05
수녀원장 3장 여기저기, 257; —에 대한 수녀들의 불만 101~05, 113, 124; —에 의한 수녀의 학대 112; —의 방문객 접대 115, 116; —의 복장 117~21; —의 애완동물 122, 123; —의 업무/임무 113~16, 124; 속세와의 접촉 124~27; 주교의 기록부에 나오는— 98~105. 또 에글렌타인, 수녀원, 수녀를 보라
수녀회, 수녀원을 보라
수도사/수도회: 몰던의— 239; 서드버리의— 239; 아우구스티누스회— 126; 첼름스퍼드의— 239; 콜체스터의 십자가 239; 클레어의— 239; 프란체스코회— 92, 93
수마트라 80, 83, 89
수직식 건축/교회/가옥 215, 220, 226
순찰사(Missi Dominici) 42
스타인(Stein, Sir Aurel) 88, 89
스타키(Starkey, Humphrey) 187
스탬퍼드(Stamford) 203
스테인필드 109
스테프니 186, 188
스토너(Stonor): 엘리자베스 —부인 179~86, 188; 윌리엄 —경 174, 180~82, 187, 190, 205; 험프리— 228; 서한집 174, 190, 204
스톡네일런드(Stoke Nayland) 240
스트라반트(Strabant, Gynott) 210
스트랫퍼드 앳 더 보 97, 105
스트로시(Strossy, Marcy) 210
스페인/스페인인 44, 95, 199, 206, 209, 210
스푸너(Spooner, Thomas) 242
시리아 44, 48, 50, 52, 84, 253
시베리아 62, 92
시암 89
시온 수녀원 111
시장(mart) 207, 212, 267. 또 정기시를 보라
시칠리아 52
시토회 111, 190
신성로마제국의 황제 49, 66
신입단원 239
실론 53, 60, 80, 92
십자군 50, 223
싱손 시장 207, 267
쑤구이, 쑤저우를 보라
쑤저우(蘇州) 60, 75, 84
쓰촨(四川) 72

‖ ㅇ ‖

아그네스 수녀, 베긴회의 아그네스 수녀를 보라
아널드(Arnold, Matthew) 65
아드리아 해 48, 49, 51, 84
아드리아노플(Adrianople) 51
아라라트 산 68
아라스 208

아랍/아라비아 53, 60, 80, 253
아레티노(Aretino, Pietro) 253
아르군(Arghun, 일한국의 칸) 79, 80
아르메니아 52, 62, 68, 253
아시아: 소— 62; 중앙— 48, 62, 63, 64, 65, 68, 88, 94
아우구스티누스회의 탁발수사 126
아인하르트(Einhard) 247
아침기도(Matins) 106, 109, 111, 135, 160
아퀴(Acqui, Jacopo of) 88
아크레(Acre) 64, 67, 68
아틸라(Attila) 62
안다만 제도 88, 92
안윅(Alnwick, William, 링컨의 주교) 103, 257
안트베르펜 168, 205, 207, 267
안틸라 95, 256
알렉산드로스 대왕 69, 80, 92
알렉산드리아 48, 51
야르칸트 69
야즈드(Yazd) 53
양모: —를 실은 선박의 출항지 196; —무역에 관한 사신(私信) 172~73; —상인의 무덤 172; —상인의 생활 213; —에 관련된 규제(규정) 194~203; —에 대한 가워의 서술 172, 203~04; —에서 얻는 세수 168; —의 검사 203; —의 매입 190~92; —의 산지 172, 190; —의 수출 170, 171; —의 판매 192, 204~11; —의 포장과 선적 194~204; 농민과의 직거래 191. 또 벳슨, 셀리, 상인, 지정거래소를 보라
양모포대 167, 168, 172, 198, 203, 222, 264
양저우(揚州) 72, 73, 255
양쯔(揚子) 강 58
언더베이(Underbay, John) 192
업처(Uppcher): 마거릿— 237; 로버트— 237
에게 해 51, 253
에글렌타인(Eglentyne, Madame) 3장 여기저기. 또 수녀원과 수녀원장도 보라
에드워드 2세(Edward II) 100
에드워드 3세(Edward III) 18, 223
에르망트뤼드(Ermentrude, 보도의 아내) 25~44, 248
에르무앵(Ermoin) 25
에릭(Eryke, Robert) 202
에식스(Essex) 196, 198, 218, 230, 240, 242, 244, 269
엑서터: —의 수도참사회원 109; —의 주교 100, 258
엘름스(Elmes, John, of Henley) 191
엘리아스(Elias, 메트르) 157, 159
엘리자베스 여왕 157, 168
『엡타메롱』(*Heptameron*) 261
예농(villein) 18, 22, 225
예루살렘 50, 67, 68
오도리코 데 포르데노네(Ordorico de Pordenone) 75, 92, 251
오들리(Audley) 부인 122
오비스 폴리 69
오빙턴 241
오웰 강 200
오트쿠르(Hautecourt) 부처의 결혼식 157
옥수스 강 65, 69
옥스브리지(Oxbridge, Goddard) 196
올드게이트 180
왕웨이(王維) 255, 273
요크 126, 191, 224, 265, 267
요크셔 174, 190, 191, 217, 238
우드(Wood, John) 69
우디네 93
원(元) 왕조 62

원탁의 기사 37, 85, 86
월버스워 196
월폴(Walpole, Horace) 220
웨스트라이딩 238
웨스트스트리트(West Street) 243
웰벡(Welbech, William) 213
위도 25, 33, 39, 또 보도를 보라
위컴의 윌리엄(William of Wykeham) 123
윈난(雲南) 72
윈치콤(Winchcomb, John) 231, 271, 또 뉴버리의 잭을 보라
윌리엄 1세(William I) 19
윌킨스(Wylkyns Henry) 197, 198
윌턴 249
유대(Judea) 44
유대인 44
유언(Ewen, Robert) 198
유언장/유언: —의 출전 224, 265, 270; 예농의— 225; 존 바턴의— 265; 주교의— 225; 토머스 벳슨의— 187, 213, 268; 페이콕 가의— 223, 225, 269, 270
육시과(六時課) 106
율(Yule, Sir Henry) 89, 250
은화(groat) 23, 44, 61, 209, 210, 211, 248, 또 주화를 보라
음유시인 36, 37, 117, 118, 136, 159
의회 18, 99, 171, 263
이소마쿠스 131, 132
이스트앵글리아 217, 218, 222, 226, 269
이슬람 94
이집트 48, 52
이탈리아/이탈리아인 51, 63, 87, 92, 93, 113, 142, 209, 252, 또 피렌체, 제노바, 베네치아를 보라
이프르(Ypres) 170, 216
인도 53, 58, 68, 69, 73, 80, 83, 92, 220
인도 제도(諸島) 60, 89
인도양 69, 80
인도차이나 53, 60, 61
일드가르(Hildegard) 25, 26
일본 89
일시과(一時課) 106
입스위치 202
잉글랜드 18, 44, 48, 49, 73, 95, 97, 101, 117, 129, 149, 168, 169, 171, 190, 194, 206, 208, 209, 215, 216, 220, 222, 230, 234, 245, 263
『잉글랜드 정책소론』(*Libelle of Englyshe Policye*) 206

ㅈ · ㅊ · ㅋ

자무이(쿠빌라이칸의 부인) 80
자바 61, 89
자오멍푸(趙孟頫) 77, 78, 255
자오융(趙雍) 77
자이톤 59, 60, 80, 93, 94
작은 수녀회(Minoresses) 180
잔지바르 92
『장미 이야기』 136
장원(manor) 220, 또 보도를 보라
장크트고타르트 고개 48
재너두 73, 상두를 보라
저녁기도(vespers) 106
정기시(fair) 43, 44, 207, 267, 또 시장을 보라
제노(Zeno, Renier) 55
제노바 51, 83, 84, 85, 86, 94, 95, 204, 206, 207, 210, 252
제르베르(Gerbert) 25, 39
제일란트(Zeeland) 199, 206, 266
조반니 데 몬테코르비노 92
조혼(早婚) 177

존슨(Johnson, Samuel) 109, 220
종교개혁 35, 244
주교의 기록부 99, 103, 118
주문(呪文) 31～33, 137, 160, 191, 247, 248, 또 미신을 보라
주화: 기마화폐(스코틀랜드, 부르고뉴) 209; 노블 210; 베네치아의 은화 61; 브라반트의 펠리페 금화 209; 샤를 은화, 헤티누스 은화, 림뷔르흐 은화, 밀라노 은화, 네이메헨 은화 209; 세틸러 209; 앤드루 금화(스코틀랜드), 아르놀트 금화(헬데를란트), 라인 금화 209; 위트레흐트의 다비드 209; 위트레흐트의 플라크 209; 잉글랜드의 라이얼 209; 포스틀레이트 209; 프랑스의 루이 금화 209; 프랑스의 신구 금화 209; 플로린 레나우 209
중간계급: —의 가옥 220, 222, 224, 225; —의 성장(번영) 217, 222, 225, ; —의 실례로서의 메나지에 225
중국 53, 58, 60, 61, 62, 63, 66, 70, 71, 74, 79, 80, 82, 84, 87, 89, 92, 94, 95, 156, 220, 251, 254, 256, 또 카타이를 보라
중세의 게임(놀이) 137～38, 235, 261
중세의 요리 137, 154～64, 186
지브롤터 해협 48
지정거래소(staple) 5장 여기저기; —상인의 기념비 171, 22; —상인의 사업 167～214; —상인의 유언 171; —상인조합의 역사 268; —와 금융제도 208; —의 규제(규정) 169, 194, 195, 196, 204; —의 소재지 168; —의 혜택 168, 169, 170; —제도의 정비 168; 모험상인 조합과의 경쟁 169. 또 벳슨과 상인을 보라
지중해 48, 54
집사: —에게 내린 샤를마뉴의 칙령 19, 24, 26, 27, 43; 메트르 장(메나지에의 집사) 137, 148～50, 157～60; 비야리스의— 20, 22, 24～27
차가타이한국의 칸 65
차라 50, 51
찬미경(Lauds) 106, 260
첸쉬안(錢選) 77
첼름스퍼드(Chelmsford) 239
초서(Chaucer, Geoffrey) 29, 53, 98, 99, 101, 103, 108, 113, 114, 118, 120, 121, 123, 125～29, 136, 142, 155, 165, 192, 198, 200, 205, 209, 216, 257, 259, 260, 261
춤: —에 대한 교회의 태도 34, 35, 36, 37, 117; 교회마당에서의— 34, 35, 36, 37; 노샘프턴에서 수녀의 춤 126; 직물업자의 결혼 피로연에서의— 235; 쾰비크의 무용수들의— 35, 249
치팡구(일본) 94, 95, 256
칠턴 174
카날레(Canale, Martino da) 53～55, 57, 61, 64, 252
카라라(Carrara, Francesco) 252
카라코룸 63, 73
카르시(Carsy, Anthony) 210
카슈가르 69
카스트로(Castro, Diego da) 211
카스피 해 48, 69
카시오도루스(Cassiodorus) 48, 253
카타이 75, 85, 92, 93, 94, 95, 또 중국을 보라
카파 51
칸: 일한국(페르시아)의 79, 80, 또 몽케와 쿠빌라이를 보라; 중앙아시아의— 62; 킵차크한국의— 62, 63
칸디아 52

칼레 168, 173, 174, 175, 187, 192, 194, 195, 196, 200, 202～06, 208, 212, 213, 263
캄발루크 73, 75, 80, 81, 89, 또 베이징을 보라
캄브렌시스(Cambrensis, Giraldus) 249
캅카스 62, 253
캉탱(Quentine, Jehanne la) 144, 261
캔터베리 99
『캔터베리 이야기』 101, 121, 122, 123, 126, 136
커버데일(Coverdale) 236
케르만 69
코그셜 218, 219, 223, 226, 227, 236～45, 269, 270, 271, 272
코그셜 화이트 245
코르테 밀리오네 83
코츠월드 지방 171, 174, 180, 190, 191, 192, 193, 194, 204, 208, 212
코친차이나 73, 89
코튼(Cotton, Ann) 237
콘스탄티노플 48, 49, 51, 57, 61, 63, 65, 81
콘의 대리사제 176
콜럼버스 94, 256
콜로누스 22, 42, 248
콜리지(Coleridge) 73
콜체스터 196, 218, 219, 238, 239
쾰른 35, 209
쿠빌라이칸(Kublai Khan) 66, 67, 71, 73, 74, 75, 77, 79, 80, 81, 83, 84, 86, 87, 88
퀸시(Quincey) 28
크로크(Croke) 부인 188
크림 반도 51, 63
크세노폰(Xenophon) 131
클라크(Clarke, Thomas) 203
클레어 218, 236, 239, 240, 241
키오자 해전 252
킨사이 47, 58, 59～61, 73, 75, 254, 또 항저우를 보라
킵차크한국 62, 64

‖ ㅌ · ㅍ ‖

타나 93
타브리즈 81
타타르/타타르인 62～67, 73, 81, 87～94, 251; —노예 87; —에 관한 근대의 연구서 251; —에 대한 서양의 태도 62; —왕조의 멸망 94; —의 공주 80, 92; —의 사절이 된 폴로 형제 66; —의 위세 62; —피에트로 87
타타르인의 나라/타타르 국 63, 64, 83
탕구트 70, 73, 77, 79, 82
터벗(Turbot, Robert of Lamberton) 191
테밍턴(Temyngton, Ralph) 203
『테스타멘타 에보라켄시아』(*Testamenta Eboracensia*) 224
테오둘프(Theodulf, 오를레앙의 주교) 42, 43
테이트(Tate, John) 187, 191
테일러(Taylor, Robert) 228
템스 강 222
템플기사단 68
토니(Torneys, Robert) 203
토머스(Thomas of Lancaster) 100
토스카나인 52
토지대장(Polyptychum) 10, 19, 24, 29, 247
투르크메니스탄 68
투르키스탄 62
트라브존 48, 51, 52, 81
트리폴리 42

티레(Tyre) 48, 51
티모카인 80, 254
티베트 53, 61, 72, 87, 89
티에폴로(Tiepolo, Lorenzo, 베네치아 총독) 44, 45, 50
티티빌루스 110~12
파리 19, 24, 29, 38, 42, 43, 97, 131, 132, 149, 156, 157
판티나(Fantina) 87, 또 폴로를 보라
패스턴(Paston, John) 175; —서한집 173
패티스윅 240
퍼포인트(Perpoint, Thomas) 229
페골로티(Pegolotti, Francis Balducci) 93
페르시아(일한국) 48, 62, 69, 80, 81, 89, 92, 253
페이콕(Paycocke)가(家): —가의 기념비 223, 269; —가의 상표 225, 226; —가의 유언 223, 225, 269, 270; 로버트—(동생) 237; 로버트—(조카) 237; 마거릿— 234, 236; 에마— 237; 존—(동생) 223, 234; 존—(조카) 237; 토머스—(조카) 223
페이콕(Paycoke, Thomas) 6장 여기저기, 또 모직물을 보라; —의 가옥(집) 222, 225, 234, 241, 269, 276; —의 결혼식 234; —의 도로보수비 유증 240~41; —의 두 번째 부인 237, 242, 244; —의 성격 238; —의 유언 227, 236, 237, 238, 240, 241; —의 자식 237, 243; —의 장례식 243~44; —의 죽음 236~37, 243; —의 지인들 238; 십자가 수도회 형제단의 일원 239
페트라르카(Petrarca) 136, 252
페트루스 롬바르두스(Petrus Lombardus) 166
펠머샴(Felmersham)의 처 116
펨브록(Pembroke, William, Earl of) 135
포르트 드 파리 157
포리스트오브딘(Forest of Dean) 223
포목상 211
포티(Fortey): 존— 172; 토머스— 172
폴로 가(家) 82, 83
폴로(Polo):
마르코— 2장 여기저기, 250; —의 베네치아 귀환 81; —의 삼촌 63~74, 254; —의 석방 86; —의 아내와 자녀 87; —의 아버지 63~101; —의 여행 68~82, 254~55; —의 죽음 88; —의 책 68 이후, 82, 88, 254, 273; —의 타타르 출국 80; —의 타타르인에 대한 관심 60~64; '백만의 마르코 씨'라는 별명 83; 베네치아의 문서에 언급된— 86; 양저우의 지사 73, 255; 제노바의 감옥에 수감된— 84~87; 칸에 대한 —의 이야기 84~88; 칸의 사절로 각지를 방문한— 73; 칸의 수행원이 된— 70
니콜로(Nicolo) 63~94
마페오— 63~74
벨렐라, 도나타, 판티나, 모레타 87
푸젠(福建) 75
풀러(Fuller, Thomas) 216, 218
프란체스코회: —수녀원 180; —수도사 63, 68, 92; —수도원 93; 제3수도회 148
프랑베르(Frambert) 25
프랑스/프랑스인 19, 25, 48, 49, 52, 53, 63, 86, 88, 132, 149, 156, 169, 209, 220, 260, 261
프랑크인 24
프레스터 존(Prester John) 62, 254
프롤로그: 메나지에 드 파리의— 132; 『캔터베리 이야기』의— 97~99, 121, 126

~29, 155, 198, 259
프리슬란트 44
플라노 카르피니의 존(John of Plano Carpini) 63
플랑드르 48, 49, 63, 169, 170, 193, 194, 195, 199, 206, 208, 212, 251
플랑드르인 171, 204, 205, 207
플럼턴 가의 서한집 174
플로든 전투 231
피렌체 93, 204
테발도 디 피아첸차(Tebaldo di Piacenza) 68
피에르 오레(Pierre au Lait) 157
피에트로 데 루코롱고(Pietro de Lucolongo) 93
필그림스 웨이 196
필리파(Philippa of Hainault) 9, 100, 257
필즈(Fyldes, Welther) 197

‖ ㅎ ‖

하룬 아르라시드(Harun ar-Rashid) 39
한랭기 시장 207, 263, 268
한자동맹의 상인 207
할리가르트(Haligart) 249
항저우(杭州) 47, 58, 61, 80, 92, 93, 94, 254, 또 킨사이를 보라
해군: 베네치아의— 56, 83, 84; 제노바의— 51, 83
해럴드(Horrold): 마거릿— 240; 토머스— 236
향료제도 92
향신료 44, 48, 58, 60, 69, 89, 95, 156, 157, 159
헌팅턴(Huntington, Ellsworth) 88, 89
헐 196, 198
헝가리/헝가리인 52, 62
헤딘(Hedin, Sven) 88
헨리 8세(Henry VIII) 125, 168, 209, 275
헨리의 존 엘름스, 엘름스를 보라
헨엄(Henham, Thomas) 189, 196, 200, 205, 213
헨트(Ghent) 170
현장(玄奘) 89
호라산 69
호르무즈 69
호탄 69, 89
홀레이크(Howlake, Thomas) 177, 196, 204
홀스테드 218
화폐, 주화를 보라
환율 208~09
황허(黃河) 62
회사/조합: 동인도회사 220; 모험상인의 조합 169; 지정거래소 상인조합 5장을 보라; 어상조합 213; 잡화상조합 213; 포목상조합 209
훈족 62
흑사병 117, 149
흑태자(黑太子) 18
흑해 48, 51, 63, 92, 93